◎ 孙文基 戴民辉 主编

政府采购理论与实务
<<<<< THE THEORY AND PRACTICE OF GOVERNMENT PROCUREMENT

苏州大学出版社
Soochow University Press

图书在版编目(CIP)数据

政府采购理论与实务/孙文基,戴民辉主编. —苏州：苏州大学出版社,2014.9(2015.9重印)
ISBN 978-7-5672-1075-2

Ⅰ.①政… Ⅱ.①孙… ②戴… Ⅲ.①政府采购制度—中国 Ⅳ.①F812.2

中国版本图书馆 CIP 数据核字(2014)第 202577 号

政府采购理论与实务
孙文基　戴民辉　主编
责任编辑　施小占

苏州大学出版社出版发行
(地址：苏州市十梓街1号　邮编：215006)
苏州恒久印务有限公司印装
(地址：苏州市友新路28号东侧　邮编：215128)

开本 700mm×1 000mm 1/16 印张 14 字数 274 千
2014 年 9 月第 1 版　2015 年 9 月第 2 次印刷
ISBN 978-7-5672-1075-2　定价：29.00 元

苏州大学版图书若有印装错误，本社负责调换
苏州大学出版社营销部　电话：0512-65225020
苏州大学出版社网址　http://www.sudapress.com

编委会

主　　编：孙文基　戴民辉
编　　委：欧国平　吴小明　陶雨花　茆晓颖
　　　　　陈　忠　邵伟钰　孙峻可　龚云峰
　　　　　华静娴　王建明　陈网英　王坤鹏
　　　　　陶小星　丁伯文　唐正香　俞雪华
执行主编：王建明

序

  政府采购是财政支出管理改革的重要措施。我国政府采购制度建设始于 20 世纪 90 年代中期,至今已经走过了十多年的历程。十多年来,完成了从单纯满足政府运作需要到发挥政府采购政策功能的转变,取得了长足的发展。特别是近年来随着政府采购制度改革的不断深化,政府采购管理方式和程序逐步完善,国家、地方出台了一系列新的政府采购制度政策。为了适应工作需要,我们组织了一批长期从事政府采购监督管理和实务操作的专家学者及专业人士编写了这本政府采购教材,供专业人员学习。

  本书不仅从政府采购基本理论、政府采购当事人、政府采购方式、政府采购财政管理及规范管理、政府购买公共服务等方面阐述了我国政府采购基本理论和方法,还对目前政府购买服务、批量采购、融资担保等热点问题进行了深入探讨和阐述,力求为政府采购从业人员提供一本以理论为铺垫,侧重实践性,并将前瞻性与实用性融会一体的专业指导书。本书适合政府采购专业人员和有志于从事政府采购工作的人员学习和参考。

编 者

2014 年 8 月 5 日

目 录

第一章　政府采购基本理论　1

　　第一节　政府采购概述　1
　　第二节　政府采购内容　4
　　第三节　政府采购功能　6
　　第四节　政府采购目标与原则　9

第二章　政府采购当事人　14

　　第一节　政府采购当事人概述　14
　　第二节　采购人　15
　　第三节　供应商　19
　　第四节　采购代理机构　23
　　第五节　政府采购监督管理机关　29
　　第六节　政府采购其他当事人　31

第三章　政府采购方式　33

　　第一节　政府采购方式分类　33
　　第二节　公开招标采购方式　35
　　第三节　邀请招标采购方式　52
　　第四节　竞争性谈判采购方式　56
　　第五节　单一来源采购方式　62
　　第六节　询价采购方式　64

　　　第七节　政府采购方式变更　68
　　　第八节　电子化政府采购　69
　　　第九节　协议供货(定点采购)　70

第四章　政府采购财政管理　72

　　　第一节　政府采购预算　72
　　　第二节　政府采购计划　78
　　　第三节　政府采购合同及其履行　82
　　　第四节　政府采购过程的监督　87
　　　第五节　政府采购绩效评价　91

第五章　政府采购规范管理　102

　　　第一节　政府采购信息管理　102
　　　第二节　政府采购评审专家管理　106
　　　第三节　政府采购代理机构管理　109
　　　第四节　政府采购供应商管理　118
　　　第五节　政府采购档案管理　130
　　　第六节　政府采购学习和培训管理　133

第六章　政府采购救济制度　138

　　　第一节　政府采购救济制度概述　138
　　　第二节　我国政府采购救济制度　139
　　　第三节　我国政府采购救济制度存在的问题　146

第七章　政府采购法律责任　149

　　　第一节　政府采购法律责任概述　149
　　　第二节　政府采购代理机构法律责任　151
　　　第三节　采购人法律责任　155
　　　第四节　供应商法律责任　158
　　　第五节　政府采购监督管理部门法律责任　159

第八章　政府购买公共服务　162

第一节　政府购买公共服务概述　162
第二节　政府购买公共服务实践　169
第三节　政府购买公共服务推进　173

第九章　政府采购其他专项政策　178

第一节　政府批量集中采购政策　178
第二节　政府采购信用担保　187

第十章　政府采购案例　202

案例一　发生在招标环节的投诉案　202
案例二　发生在投标环节的投诉案　203
案例三　发生在评标环节的投诉案　206
案例四　供应商违法违规投诉案　207
案例五　投诉处理技巧　211
案例六　采购人能否自请专家重新审核中标方案　213

主要参考文献　215

后记　216

第一章
政府采购基本理论

第一节 政府采购概述

政府采购制度起源于欧洲。1782年,英国政府成立了"文具公用局",负责采购政府所需货物和投资建设项目,并建立了一套特有的政府采购程序及规章制度,其中包括超过一定金额的政府采购合同必须使用公开的、竞争的程序,即公开招标。瑞士是世界上较早具有完善的政府采购制度的国家之一,他们制定和实施政府采购制度已有200多年的历史。1861年,美国通过了一项联邦政府采购法,规定了采购机构、采购官员所应遵守的程序和方法。我国在20世纪90年代起草《中华人民共和国招标投标法》的过程中引入政府采购的概念;1996年,财政部开始在比较研究的基础上探索现代政府采购制度;2003年,我国《政府采购法》正式实施。

一、政府采购的概念

(一)采购的概念

采购是现代工商业管理中的一种专门学问与技能。对于采购的概念,人们有不同的理解。一般认为,采购是指采购人或采购实体基于生产、转售、消费等目的,购买商品或劳务的交易行为。英国学者贝雷在其《采购与供应管理》一书中将政府采购描述为一种过程:"组织采购是这样一个过程,组织确定它们对货物与服务的需要,确认和比较现有的供应商和供应品。同供应商进行谈判或以其他方式同其达成一致的交易条件,签订合同并发出订单,最后接收货物或服务并支付货款。"中国台湾学者叶彬在《采购学》中认为采购是一种技术,"采购者,即以最低总成本于需要的时间和地点,以最高效率,获得适当数量与品质之物资,并顺利交予需用单位及时使用的一种技术。"

采购专家和学者基于不同角度对采购进行了界定,加深了我们对采购的理解。

采购可分为广义采购和狭义采购两种。广义的采购是指在国民经济和社会活动过程中,各类社会主体为了生产、消费或其他目的购买各种商品的活动,其中包括政府采购、教育采购、军事采购、医疗采购、消费采购等。

狭义的采购即企业采购,是工商企业以营利为目的,为提供社会最终产品或业务使用而购买生产资料的活动。

(二) 政府采购的概念

政府采购(Government Procurement)是一个外来词,是西方经济学里的一个专业词汇。目前,学术界对政府采购尚没有一个统一、规范的定义,比较流行的定义有以下两个。

1. 关税与贸易总协定的定义

在1979年关税与贸易总协定制定的《政府采购协议》中将政府采购定义为:成员国的中央政府、次中央政府采购租赁货物、服务、工程,以及对公共设施的购买营造。

2. 我国《政府采购法》的定义

我国《政府采购法》将政府采购定义为:政府采购是各级国家机关、事业单位和团体组织,使用财政性资金采购依法制定的集中采购目录以内的或者采购限额标准以上的货物、工程和服务的行为。这个概念包含以下四个方面的内容:

一是作为政府采购当事人之一的采购人只能是各级国家机关、事业单位和经国家机关批准设立的团体组织,而其他单位和个人不能作为政府采购人。

二是政府采购所使用的资金仅限于财政性资金。

三是政府采购的组织形式有两种:一是集中采购,是指各级国家机关、事业单位和团体组织采购依法制定的集中采购目录以内的货物、工程和服务;二是分散采购,是指采购集中目录以外、采购限额标准以上的货物、工程和服务。

四是政府采购的对象也即采购的客体包括货物、工程和服务。这里所说的货物是指各种形态和种类的物品,包括原材料、燃料、设备、产品等。所谓工程是指建设工程;服务则是指除货物和工程以外的其他政府采购对象。

二、政府采购的特点

(一) 公共性

政府采购也称公共采购,政府采购活动通过采购货物、工程和服务来确保政府及公共部门的有效运转,满足社会公众的公共需要。因此,从这个意义上说,政府采购在公共财政职能上体现着公共性。同时,政府采购资金来源具有公共性,政府采购活动的资金来源主要是财政收入和需要由财政偿还的公共借款,其最终来源为纳税人的税收和行政事业性收费。所以政府采购无论从目的还是资金来源来说都具有公共性。

（二）调节性

调节经济发展是政府采购的一大功能。政府采购由于范围广、规模大，它在一定程度上能左右经济发展态势，直接影响经济活动的效益，能够弥补市场对资源配置的缺陷，实现政府对经济总量和结构调整的功能，尤其是在调节经济结构和产业结构方面更能发挥出杠杆作用。如当政府鼓励某产业发展时，政府可通过扩大对这些产业产品或服务的采购量，扶持产业的发展促进该产业的扩张；而当政府限制某产业发展时，则可以收缩采购规模，从而实现经济结构或产业结构的优化。

（三）集中性

政府采购实行集中采购和分散采购相结合，集中性是政府采购最为显著的特点。在一定意义上讲，政府采购就是集中采购。实行集中采购有利于实现规模效益，有利于对政府采购活动进行监督。

（四）公开性

公开是政府采购的重中之重。人们之所以将政府采购称为"阳光采购"，就是说政府采购的各个环节、各套程序都应该是透明的，没有公开就没有公平，更不可能有公正。

（五）竞争性

一般地说，政府采购没有既定的供应商，供应商的地位都是平等的，任何供应商都不能垄断政府采购。竞争是市场经济最为显著的特点，也是政府采购的内在要求。只有竞争，才能实现政府采购效益的最大化，才能优中选优、廉中选廉；只有竞争，才能有效地预防腐败；只有竞争，才能刺激产品质量和服务水平的提高，从而提高政府采购水准，实现政府采购的良性发展。

三、政府采购制度

（一）政府采购制度的概念

政府采购行为的规范和政府采购原则的实现需要依靠法律制度，用合理、严格的制度管理政府采购，才能规范政府采购。

制度是在一定的历史条件下形成的，旨在为人类行为设定制约和控制，它作用于各种社会主体并由权威予以保障，其外在的表现形式是规则与习惯。基于对制度的一般认识，我们将政府采购制度定义如下：政府采购制度是指在长期的政府采购实践中，为规范政府采购行为而制定的一系列规则、法律、规章和办法的总称。

（二）政府采购制度的内容

从政府采购产生之日起，各国就制定了相应的政府采购制度对政府采购行为进行规范和约束。随着政府采购实践的发展，政府采购制度的内容变得越来越丰富和全面,其主要内容一是政府采购法律,主要表现为各国制定的适合本国国情的《政府采购法》,该项法律主要包括总则、招标、决议、异议及申诉、履约管理、验收、处罚等内容。二是政府采购法规,在我国主要指国务院制定和颁布的有关政府采购行政法规,省、自治区、直辖市人大及其常委会制定和公布的有关政府采购的地方性法规。

(三) 现代政府采购制度的特征

1. 规范性

政府采购制度通过一系列法律、法规、规章和办法规范政府采购行为,有相应的专门管理政府采购工作的部门,在政府采购的采购人、采购机构、供应商等当事人之间形成制约关系。

2. 集中性

传统政府购买大多是分散进行的,现代政府采购则以集中采购为主。集中采购能体现效益优势,节省交易成本,还便于监督。同时,出于采购效益方面的考虑,现代政府采购制度也允许一些适宜分散采购的物品实行分散采购。

3. 计划性

政府采购物品的范围和数量受预算制度的约束,一般来讲,政府采购物品要严格按照每年的政府预算进行。

4. 透明性

现代政府采购制度对政府采购的透明性作出了严格的规定。政府采购过程要公开,受相关部门和公众的监督。一些大宗的、关键的政府采购项目,通常要求采用公开竞争的招标方式进行,除了政府采购的当事人互相监督之外,还可以由公众对整个采购过程进行监督。

第二节 政府采购内容

政府采购所涉及的内容包罗万象,既有有形的,也有无形的;既有物品、工程,也有技术,非常庞杂。为了便于管理和统计,国际上通行的做法是按其性质将采购内容分为三大类:货物、工程和服务。

一、货物

货物是指各种各样的物品,包括原材料、产品、设备、器具等。

二、工程

工程指在地面上下新建、扩建、改建、修建、拆除、修缮或翻新构造物与其所属设备,以及改造自然环境的行为,包括建造房屋、兴修水利、改造环境及交通设施、铺设下水道等建设项目。

三、服务

（一）服务的概念

这里所说的服务是政府利用财政性资金为满足社会公共需要而提供的使社会成员共同受益的各项服务。我国《政府采购法》将服务定义为"除货物和工程以外的其他政府采购对象"。《政府采购法实施条例（征求意见稿）》进一步指出："服务，是指除货物和工程以外的政府采购对象，包括各类专业类服务、信息网络开发服务、金融保险服务、运输服务，以及维修与维护服务等。"

（二）服务的分类

按不同的标准分类，服务有不同的类型。

1. 按服务范围的大小，将服务分为广义服务和狭义服务

广义的服务是指政府为社会提供的服务，主要包括公共安全、劳动就业、社会事业、社会保障、环境保护等。狭义的服务是指政府购买本身需要的服务，或者说是政府为维持其自身运转需要的服务，主要包括专家类服务、工程建设类服务、后勤保障类服务、中介类服务、政府服务外包等。

2. 按照政府提供服务的必要性和可能性划分，将服务区分为基本服务和非基本服务

目前理论界对基本服务和非基本服务没有明确的界定。一种观点认为，基本服务是指与民生密切相关的服务，依据是中共中央十六届六中全会《关于构建社会主义和谐社会若干重大问题的决定》中，把教育、卫生、文化、就业再就业、社会保障、生态环境、公共基础设施、社会治安等列为基本公共服务。另一种观点认为，基本服务是政府根据经济发展阶段和总体水平来提供，旨在保障个人生存权和发展权所需要的最基本社会条件的服务。

3. 按照服务质量标准是否清楚、明确，将服务区分为"硬服务"和"软服务"

服务质量标准清楚明白，可以事先确定权利责任与价格的是"硬服务"，如各类市政服务。服务没有详细的质量标准，在很大程度上取决于接受者的主观感受的就是"软服务"。

4. 按照公共服务受益对象划分，将公共服务分为三类服务

第一类公共服务是指为保障政府部门自身正常运转需要的向社会购买的服务，如公文印刷、物业管理、公车租赁、系统维护等。

第二类公共服务是指为政府部门履行宏观调控、市场监管等职能而向社会购买的公共服务，如法规政策、发展规划、标准制定的前期研究和后期宣传、法律咨询等。

第三类公共服务是指为增加国民福利,受益对象特定,政府向社会公众提供的服务,包括以物为对象的公共服务,如公共设施管理服务、环境服务、专业技术服务;以人为对象的公共服务,如教育、医疗卫生和社会服务等。

第三节 政府采购功能

一、政府采购功能概述

（一）经济效益功能

经济效益一般是指社会再生产过程中投入和产出的比较。所谓投入(inputs),是指在生产过程中耗费或占用的人力、物力和财力的总和,一般称为劳动消耗或劳动占用量。所谓产出(outputs),是指在生产过程中提供的劳动成果,一般指满足社会需要的劳动成果。从投入产出角度分析政府采购经济效益,实际是指政府在市场购买过程中所投入(消耗掉的)资金与它所产生的社会经济效用,或满足社会需求的满意程度的比较。

政府采购经济效益包括微观经济效益与宏观经济效益。政府采购微观经济效益是从单个实体角度讨论政府的购买行为,如某机关单位通过政府集中采购购买办公设备,既节约了资金,又使办公效率大大提高。

政府采购宏观经济效益是指政府购买在经济总体运行过程中所起的作用和产生的效益。政府采购宏观经济效益是从国民经济总体角度考虑的全社会的经济效益,是研究政府采购在社会总需求和总供给之间的平衡中所起的作用。政府采购宏观效益是财政支出效益中的重要部分,尤其在发展中国家,政府购买性支出占财政支出的比重较高,因此,政府采购的宏观效益是研究采购支出的规模效益、结构效益,以及采购支出在教育、科研、行政管理、支农资金支出、国防等领域的作用。

政府采购的宏观经济效益和微观经济效益,从总体上来说是一致的,但有时也发生冲突,二者的一致性体现在微观经济效益是宏观经济效益的基础,宏观经济效益是微观经济效益的前提和外部条件。

（二）宏观调控功能

发挥政府采购的宏观调控作用,是国际上的通行做法。在国际上,利用政府采购实施的经济和社会政策目标很多。主要有:(1)购买国货,支持本国企业发展。(2)促进就业。要求拿到一定规模采购合同的企业,必须安排一定数量的失业人员。(3)保护环境。如我国的香港特区鼓励采购再生纸张。(4)支持中小企业发展。如美国的中小企业法规定,10万美元以下的政府采购合同,要优先考虑中小企业,通过价格优惠方式对中小企业给予照顾。

中型企业的价格优惠幅度为6%,小企业为12%。《小企业和劣势企业分包合同法》规定,政府采购合同中,凡是50万美元以上的货物合同和100万美元以上的工程合同,中标企业都必须提交分包计划,将合同价的40%分包给小企业。大多数国家的政府采购法律中都有类似规定。(5)保护妇女权益。对妇女经营的企业给予支持,对歧视妇女就业的企业给予禁止准入政府采购市场的处分。此外还有保护残疾人兴办的企业等。

二、我国政府采购的功能

我国《政府采购法》总则第1条明确规定:"为了规范政府采购行为,提高政府采购资金的使用效益,维护国家利益和社会公共利益,保护政府采购当事人的合法权益,促进廉政建设,制定本法。"该法第9条还规定:"政府采购应当有助于实现国家的经济和社会发展政策目标,包括保护环境、扶持不发达地区和少数民族地区、促进中小企业发展等。"

关于我国政府采购功能,理论界没有统一的观点。根据《政府采购法》的规定,可将我国政府采购功能概括为监督功能和政策功能。《政府采购法》规定的规范政府采购行为,提高政府采购资金的使用效益,维护国家利益和社会公共利益,保护政府采购当事人的合法权益,促进廉政建设,实际上可理解为政府采购的监督功能。而政府采购实现国家的经济和社会发展政策目标,包括保护环境、扶持不发达地区和少数民族地区、促进中小企业发展等,都可归纳为政府采购政策功能。

(一)政府采购的监督功能

1. 提高资金使用效益

政府采购资金主要是指财政性资金,推行政府采购制度,将财政监督管理延伸到使用环节,从货币形态延伸到实物形态,可降低采购成本,提高财政资金的使用效益。我国《政府采购法》颁布十多年来,政府采购的范围和规模不断扩大,经济效益明显提升,社会关注度和影响力日益提高。货物类采购从通用类货物向专用类货物延伸;服务类采购从专业服务快速扩展到服务外包、公共服务等新型服务领域。全国政府采购规模由2002年的1 009亿元增加到2011年的11 332亿元,占财政支出的比重也相应由4.6%提高到11%,累计节约财政资金6 600多亿元。① 2013年政府采购规模为16 381.1亿元。

2. 保护当事人合法权益

政府采购的当事人包括各级政府的国家机关、事业单位、团体组织、供应商以及采购代理机构(集中采购机构、政府采购业务资格中介机构等社会中

---

① 王保安.继往开来 锐意创新 努力谱写政府采购事业新篇章.中国政府采购网,2012年7月2日

介机构)。政府采购活动在进入采购交易时,政府和供应商都是市场参与者,其行为属于商业性行为,并且各当事人之间是平等的。但是,在实际工作中,由于采购人都是政府单位,处于强势,容易出现政府采购人将政府行为和行政权限带到交易活动中的情况。而其他当事人因有求于采购机构,处于被动地位。因此,要建立政府采购各当事人之间平等互利的关系和按规定的权利和义务参加政府采购活动的规则。从保护弱者角度考虑,还应特别赋予供应商对采购机构和采购活动投诉的权利,加强监督和制约,在保护采购机构合法权益的同时,也要保护供应商和中介机构的合法权益。

3. 促进廉政建设

政府采购制度是财政监督机制的有机组成部分,它是财政分配职能的延伸,是对财政支出的监督和管理。政府采购制度使政府的各项采购活动在公开、公正、公平的环境中运作,形成了财政、审计、供应商和社会公众等全方位参与监督的机制,从而从源头上有效地抑制了公共采购活动中的各种腐败现象。

(二) 政府采购的政策功能

政府采购发挥宏观调控作用的基础是将政府机构作为一个消费者对待,通过政策引导,使之在落实国家经济和社会发展政策等方面发挥合力作用。

1. 保护环境

这一目标是要求政府采购要有利于促进产品制造环境的改造,并采购符合环境保护要求的产品。也就是说,政府采购不能采购环境不合格企业生产的产品,如小造纸厂生产的纸张。政府采购要考虑环保要求,通过将政府采购形成的商业机会向符合环境保护要求的企业或产品倾斜,鼓励和支持这类企业的发展。

2. 扶持不发达地区和少数民族地区的发展

不发达地区和少数民族地区的经济发展水平不高,企业竞争实力普遍不强,促进这些地区的发展,是国家经济实现均衡发展的客观要求,完全靠市场经济作用很难实现这一要求。政府采购可以将政府采购形成的商业机会向这些地区倾斜,在竞争的前提下,将采购合同优先授予相对有实力的不发达地区和少数民族地区的供应商,支持企业发展,提高企业的竞争实力,逐步改变不发达的状况。

3. 促进中小企业的发展

在政府采购活动中,中小企业因规模小,竞争力不强,处于弱势地位,所以,通常难以拿到相应的采购合同。但是,中小企业也是纳税人,有权利享受政府采购带来的商机。同时,中小企业是社会就业的主要渠道,对维护社会稳定起着至关重要的作用,应当给予必要的扶持。因此,政府采购应当将一定限额以下的采购项目或适合中小企业承担的项目,适度向中小企业倾斜,甚至可以规定年度政府采购总额的一定比例留给小企业,以此扶持小企业发展。

《政府采购法》颁布以来,其政策功能实现重大突破。推动节能减排的采购政策成效初显,强制采购节能产品制度基本建立,节能环保清单管理不断优化。支持中小企业发展的政府采购政策框架基本形成。预留采购份额、给予评审优惠、鼓励联合体投标、信用担保等举措扎实推进。优先采购本国产品的政策逐步建立。政府采购进口产品审核管理全面加强,全国政府采购总量中进口产品比例保持在3%以内。政府采购的政策功能在更高层次、更大领域得到重视。

第四节 政府采购目标与原则

一、政府采购的目标

根据我国《政府采购法》规定,政府采购的目标如下:

(一)规范政府采购行为

在政府采购制度运行中,政府行为具有双重性。政府从事管理时,是代表国家履行管理职责;而在采购交易时,作为采购的一方,又是市场的参与者。如果缺乏法律规范和刚性约束,则这种双重性在实际采购中就会被混淆,一些部门或凭借手中的权力,凌驾于市场规则之上,从而损害正常的市场秩序和政府采购制度。建立政府采购制度,将政府采购纳入法制化轨道,实行政府采购的法制化和规范化管理,改变原来政府采购行为无法可依、自由、分散、随意采购的局面,可有效解决或抑制现行采购中存在的各种问题和弊端,维护政府形象。

(二)提高政府采购资金的使用效益

政府采购资金主要是指财政性资金,推行政府采购制度,制定法律规范,就是使财政管理不仅重预算,也要重视支出分配及其使用,将财政监督管理延伸到使用环节,从货币形态延伸到实物形态,增强财政履行分配职能的力度和水平,保证政府采购资金按预算目标使用,做到少花钱,多办事,办好事,从而降低采购成本,提高财政资金的使用效益。

(三)维护国家利益和社会公共利益

政府采购的一个重要特征,就是它不同于一般商业采购活动,也不同于企业和个人采购,是政府行为,要体现国家利益和政策要求;同时,一个国家和政府可以通过政府采购制度的实施,发挥宏观调控作用。

（四）维护政府采购当事人的合法权益

政府采购必须遵循公开透明、公平竞争、公正和诚实信用原则,建立政府采购各当事人之间平等互利的关系和按规定的权利和义务参加政府采购活动的规则。从保护弱者角度考虑,还特别赋予供应商对采购机构和采购活动投诉的权利,加强监督和制约,在保护采购机构合法权益的同时,也要保护供应商和中介机构的合法权益。

（五）促进廉政建设

由于政府采购项目多,规模大,其采购合同成为各供应商的竞争目标,所以,在具体采购活动中,经常出现采购人将政府行为与商业行为混淆的现象。政府采购纳入法制范围内后,强化了对采购行为的约束力,增强了有效地抑制政府采购中各种腐败现象滋生的可行性,进而有助于上述措施和决定的落实,净化交易环境,使政府采购成为名副其实的"阳光下的交易",从源头上抑制腐败现象的发生,促进廉政建设。同时,为惩处腐败提供了法律依据和手段。

二、政府采购的原则

（一）政府采购的基本原则

对政府采购所遵循的基本原则,学术界观点也不尽相同。有的认为,政府采购所应遵循的基本原则为公开、公正、公平、竞争、高效、透明度六项内容。台湾著名学者叶彬在其《采购学》中认为,为确保供应商和承包商之间的公平竞争,政府采购制度必须通过向所有人公开采购规则和平等对待所有供应商,在采购过程中广泛邀请竞争和鼓励竞争。为了实现这一点,这一制度必须做到:第一,向所有供应商和承包商提供公平合理的待遇;第二,确保采购过程的诚实,消除欺诈和滥用;第三,确保在采购过程中得到公众的信任;第四,在让公众了解管理采购过程的法律和规章方面要透明;第五,提供一种公正的制度,使承包商和供应商因采购实体未遵守采购法律和规章而遭受的损失得到赔偿。由此,我们将政府采购的基本原则归纳为经济有效性原则、竞争性原则、公平性原则、公开性原则、公正性原则。

1. 经济有效性原则

经济有效性原则也称物有所值原则。这是西方国家通用的原则之一,它是指投入(成本)与产出(收益)之比。在政府采购中经济有效性原则是指以最有利的价格采购质量最满足要求的物品,也就是常说的采购性价比高、价廉物美的物品。政府采购所需资金来源是税收,是纳税人的钱。因此,政府采购活动是用纳税人的钱采购货物、劳务和工程来为大众服务。要使得整个采购做到物有所值,所选用的采购方式应是竞争性的,这样可以使采购物品性能价格比最优。

国际上的政府采购制度中都特别强调经济有效性原则。如联合国贸易法委员会《示范法》在序言中指出"应使采购尽量节省开销和提高效率";世界银行《采购指南》中提到"在项目实施中,必须注意经济性和有效性,包括货物和工程的采购"。

2. 竞争性原则

竞争性原则是政府采购制度的灵魂。竞争可以促使投标人提供更好的商品和技术,降低产品成本和投标报价,从而使用户可以较低价格采购到优质的商品。政府采购竞争原则通过公开采购信息、规定招标公告的时限,从而确保供应商最大限度地参与竞争。国际政府采购规则都将竞争性原则作为政府采购的一条重要原则。如《欧共体指令》将改善公共供应和服务合同有效竞争的条件作为其目标之一,并通过在共同体范围内授予合同的竞争权来实现政府采购的经济有效目标。世界银行认为,为了实现世行的目标,最好的办法是实行国际竞争性招标。

3. 公开性原则

公开性原则也称为透明度原则。政府采购使用公共资金,采购政策、采购程序要有透明度。透明度高的采购方法和采购程序具有可预测性,使投标商可以计算出采购活动的代价和风险,从而提出最有竞争力的价格;还有助于防止采购机关随意地或不正当做出采购决定,从而增强潜在的供应商参与采购的信心。公开性原则有广义和狭义之分。广义的公开原则是指与政府采购法律制度以及政府采购活动有关的所有信息原则上都应当公开。狭义的公开原则是指政府采购的采购人或采购机构依据法定的条件和要求,向潜在供应商披露与政府采购活动有重大关系的信息。政府采购信息的公开要符合全面性、真实性、易得性要求。所谓信息公开的全面性是指采购人应当将与采购招标除例外并经批准不公开的信息外全面毫无保留地披露。所谓信息公开的真实性是指采购方所披露的信息必须是真实、准确的,不得存有虚假、遗漏、欺诈或误导的内容。所谓信息公开的易得性又称为供应商接近采购人真实信息的容易性,政府采购信息应该在相对固定的媒体上发布,各国政府采购实践都指定相对固定的媒体就是这个原则的具体体现。

4. 公平性原则

政府采购活动中各方当事人之间的权利与义务应当是大体对等的。它既适用于采购方与供应商之间的合同关系,也适用于采购方与采购方代理人之间的代理关系。

公平性原则主要包括两方面的内容。一是机会均等。政府采购因使用公共资金,所有供应商、承包商和服务提供者获得公平的政府采购的机会,凡符合条件的供应商都有资格参加。政府采购人或采购机构不能无故排斥有资格条件的供应商参加政府采购活动。二是待遇均等。政府采购信息要在相对固定的媒体上发布,便于所有供应商及时便利地获得,信息内容一致,资格条件对所有投标人使用统一标准。公平是竞争的重要前提,竞争只有在公平的土壤上才能充分进行。公平性原则是国际上政府采购规则中的一个重要原则。WTO 的《政府采购协议》和世界银行《采购指南》(以下简称《指南》)都规定非歧视原则是政府采购适用的重要原则。联合国贸易委员会《示范法》也规定应给所有供应商和承包商以公正和平等的待遇。《指南》规定,所有世行成员国的投标商都可参加由世行资助项目的投标活动并被给予平等待遇。

5. 公正性原则

公正原则有别于公平原则之处在于,公平原则调整双方当事人之间的权利义务关系,公正原则调整一方当事人与其余多方当事人之间的权利义务关系,强调的是一方当事人与其余多方当事人之间保持等边距离。强调政府采购活动必须体现公正原则,主要是因为政府开展采购活动的法律基础是供应商之间的法律地位平等原则和采购方与供应商之间的等价交换原则。此外,为了增强我国企业在国内外市场中的竞争力,必须强调政府采购行为的竞争性和开放性,鼓励企业踊跃参与政府采购活动。只有这样,才能使供应商自由地加入政府采购市场,使采购者有充分机会挑选最佳的合同当事人。因此,在开展政府采购活动时,要公正和平等地对待所有供应商。

(二) 我国政府采购制度的原则

我国《政府采购法》规定了政府采购遵循公开透明原则、公平竞争原则、公正原则和诚实信用原则等四条原则。在这些原则中,公平竞争是核心,公开透明是体现,公正和诚实信用是保障。

1. 公开透明原则

政府采购被誉为阳光下的交易,主要指政府采购公开透明原则。政府采购的资金来源于纳税人缴纳的各种税金,只有坚持公开透明,才能为供应商参加政府采购提供公平竞争的环境,为公众对政府采购资金的使用情况进行有效的监督创造条件。在政府采购制度中,公开透明原则贯穿于整个采购过程中。政府采购的法律、政策和程序要公布于众,采购项目信息要在政府采购指定媒体上发布,招标信息及中标或成交结果要公开,开标活动要公开,投诉处理结果或司法裁定决定等都要公开,使政府采购活动在完全透明的状态下运作,全面、广泛地接受监督。当然,对于一些采购项目,由于采购物品的特殊性质,采购信息和程序不能公开,但即使如此,采购机构也必须经过严格审批和授权,以确保程序和条件的规范化。

2. 公平竞争原则

公平原则是市场经济运行的重要法则,是政府采购的基本规则。公平竞争要求在竞争的前提下公平地开展政府采购活动。首先,要将竞争机制引入采购活动中,实行优胜劣汰,让采购人通过优中选优的方式,获得价廉物美的货物、工程或者服务,提高财政性资金的使用效益。其次,竞争必须公平,不能设置妨碍充分竞争的不正当条件。公平竞争是指政府采购的竞争是有序竞争,要公平地对待每一个供应商,不能有歧视某些潜在的符合条件的供应商参与政府采购活动的现象,而且采购信息要在政府采购监督管理部门指定的媒体上公平地披露。

3. 公正原则

公正原则是为采购人与供应商之间在政府采购活动中处于平等地位而确立的。从某种意义上来讲,"三公"原则是一个有机整体。公正原则是建立在公开和公平的基础上的,只有公开和公平,才能使政府采购得到一个公正的结果。公正原则主要由政府采购管理机关、采购机关和中介机构来执行。作为政府采购的管理机关,除制定统一的政策、法规和制度外,还必须坚持这些规则在执行中做到不偏不倚、一视同仁,统一执法的力度,要尽量做到公正合理。作为采购机构,必须对各供应商提出相同的供货标准和采购需求信息,对物品的验收要实事求是、客观公正,不得对供应商提出合同以外的苛刻要求或不现实的条件。

4. 诚实信用原则

诚实信用原则是发展市场经济的内在要求,诚实信用原则要求政府采购当事人在政府采购活动中,本着诚实、守信的态度履行各自的权利和义务,讲究信誉,兑现承诺,不得散布虚假信息,不得有欺诈、串通、隐瞒等行为。坚持诚实信用原则,能够增强公众对采购过程的信任。诚实信用原则的贯彻,一方面,要求采购机关在项目发标、信息公布、评标过程中确保真实;另一方面,对供应商而言,需要他们在提供所采购物品、服务时要达到投标时所作出的承诺,在采购活动中要有负责的意识。

第二章 政府采购当事人

第一节 政府采购当事人概述

一、政府采购当事人的概念

纵观各国政府采购立法实践,对政府采购当事人的理解有广义和狭义之分。广义的政府采购当事人指任何参与政府采购并在其中享有权利、承担义务的主体,它除了采购方和供应商之外,还包括政府采购代理机构。狭义的政府采购当事人仅仅指政府采购的采购方和供应商,不包括采购代理机构。我国 2002 年 6 月 29 日颁布的《政府采购法》就采用了广义的政府采购当事人的概念。《政府采购法》第十四条规定:政府采购当事人是指在政府采购活动中享有权利和承担义务的各类主体,包括采购人、供应商和采购代理机构、政府采购管理机关及其他政府采购当事人。

二、政府采购当事人的分类

根据政府采购人在政府采购活动中的地位和作用,主要分为以下三类:

(一)采购主体

采购主体又称采购实体或采购人,在政府采购当事人中居主体地位。政府采购的"主体"是政府。"政府"本来是指国家机关及其管理机构按世界贸易组织《政府采购协议》的规定,政府采购主体通常不仅包括政府部门本身,而且包括直接或间接接受政府控制的企事业单位。

(二)供应商

供应商是政府采购活动中需要采购的货物、工程或服务的提供者。在政府采购活动中,供应商的主体资格没有任何限制,可以是法人、其他组织或自然人。

1. 法人

法人是依法设立的一种社会组织,能够以自己的名义参加民事活动并独立承担民事责任。《中华人民共和国民法通则》将法人分为两类:一是企业法人;二是机关单位和团体法人。按照我国《政府采购法》的规定,供应商包括向采购人提供货物、工程或服务的法人以及其他组织或自然人。显然,政府采购中的法人供应商包括事业法人。

2. 其他组织

其他组织指依法设立的,有一定的组织机构和财产,但又不具备法人资格的社会组织。其他组织虽然不具备法人资格,但作为一种民事主体,能对其所从事的民事活动独立承担民事责任。

3. 自然人

自然人既包括本国公民,也包括外国人和无国籍人。自然人参加民事活动,必须具有完全的民事行为能力,即能够以自己的行为行使民事权利和履行民事义务,并且能够对自己的违法行为负民事责任。按照《中华人民共和国民法通则》的规定,个体工商户、农村承包经营户和个人合伙人也包括在自然人的范围之内。

(三)采购代理机构

采购代理机构是由国家设立或认可的独立法人,主要从事政府采购代理业务。在政府采购活动中,采购代理机构受采购人的委托,以采购人的名义,在委托的范围内办理政府采购事宜。政府代理机构根据其性质可分为集中采购代理机构和社会中介采购代理机构两种。

1. 集中采购代理机构

集中采购代理机构是专门为政府和公共事业部门集中采购设立的机构。这类机构不以赢利为目的,其人员属国家公务员或事业编制人员,按照政府颁布的法令,从事政府采购业务。

2. 社会中介采购代理机构

社会中介采购代理机构,主要接受企业或民间团体的委托,提供采购代理业务。这些机构业务一般以咨询服务为主,兼做采购代理,以营利为目的。

此外,政府采购当事人还包括政府采购管理机关及其他政府采购当事人。

第二节 采购人

一、采购人的定义

政府采购中的采购人,是政府采购的主体,即政府采购的货物、工程或服务的购买人和使用人,也就是使用财政性资金采购集中采购目录以内或者限额标准以上工程、货物和服务的单位,这些单位主要是指国家机关、事业单位和团体组织。

国家机关包括各级人大机关、各级人民政府及其所属部门、各级人民法院以及各级人民检察院,此外还包括中共中央机关系统。事业单位是国家为了履行社会公益事业而设立的非行政和非营利的机构。事业单位分为自收自支、差额拨款和全额拨款三种类型。在通常情况下,差额拨款和全额拨款的事业单位列入采购人范围,自收自支事业单位如果采购活动使用财政性资金或对社会公益有较大影响,则作为政府采购人。团体组织主要是民主党派、共青团等群众组织、财政供给的社会协会、联合会和基金会。

二、采购人的特征

1. 采购人法律界定的特殊性

采购人是依法进行政府采购的国家机关、事业单位和团体组织,具有我国现行《民法通则》规定的民事行为能力,是独立享有民事权利和承担民事责任的法人组织,不需要办理法人登记,从成立之日起便具有法人资格。政府采购的采购人不同于一般企业法人,更要与自然人相区别。

2. 采购人的公共权力性

采购人是依法进行政府采购的国家机关、事业单位和团体组织,采购人的采购活动关系到公共资金的使用和公共利益的实现,其本身又带有强烈的公共权力色彩,因而民法上的自治和合同自由原则不可能完全适用于政府采购活动,采购人合同自治要受到公共义务的限制。[①]

3. 采购人的集体决策性

由于采购人的政府采购行为是为了实现政府或社会公众的某些特定目标,是为国家和社会公共利益服务的,在采购过程中,体现着国家意志和社会公共意志,不是个人消费,也不是企业消费,采购人决策往往能够影响一个国家的产业政策发展,因此,采购人决策通常要经过集体决策的程序,其采购行为必须兼顾各方面的利益,从全局出发,以发挥政府采购的公平性和政策性,实现采购资源的优化。

4. 采购人采购过程的法律性

采购人采购行为从需求提出、采购实施、采购验收都必须遵循政府采购法律法规,不允许有任何随意性。

三、采购人的权利和义务

政府采购制度必须以法律形式明确采购人的正当、合法权益,这种权益既是对采购人合法权益的保障,也是对社会公共利益的保障。根据我国《政

---

① 于安,宋雅琴,万如意. 政府采购方法与实务. 北京:中国人事出版社,2012.1

府采购法》，采购人具有相应的权利和义务。

（一）采购人的权利

1. 采购人有权自己选择采购代理机构

在采购代理机构问题上，采购人是否享有自己的选择权，在我国政府采购实践中，社会各方一直有不同的看法。一种意见认为，采购人的采购被纳入政府采购预算，就应该由采购监督管理机构确定采购的种类、批量，并由其委托非营利性的集中采购机构统一组织、实施采购。这样一来，才能扩大采购批量，有利于统一监督和控制。但是，把权利赋予采购监督管理机构，谁又来对它进行监督呢？因此，采购人应有选择采购代理机构的权利。

2. 针对采购代理机构，采购人有权要求其遵守委托约定

采购人与采购代理机构在签订委托采购协议时就应当明确权利、义务和责任，采购人有权要求采购代理机构遵守委托协议，按照协议要求办好采购事宜。当采购代理机构在采购过程中出现违约行为时，采购人有权对采购代理机构违背协议的行为依法予以追究。

3. 针对政府采购供应商，采购人有权审查其资格

近年来，政府采购中由谁审查采购供应商资格各地存在差别，有的地方由政府采购管理监督部门进行审查，有的地方由政府采购机构审查。一般来说，由采购人亲自进行审查的做法并不多见。但是，在我国政府采购法立法的过程中，鉴于供应商的资格及提供货物和服务的能力将直接关系到采购人的采购质量和效率，因此在《政府采购法》中，对于采购人参与供应商资格审查的权利专门作出了规定：采购人可以要求参加政府采购的供应商提供有关的资质证明文件和业绩情况，并根据法律关于供应商条件的规定和采购项目对供应商的特定要求，对供应商的资格进行审查。

4. 采购人有权依法确定中标供应商

根据采购性质和数额的不同，采购人可以依法采用多种采购方式，包括公开招标采购、竞争性谈判采购、单一来源采购、邀请招标和询价采购。采购人确定某种采购方式后，可以依据采购要求，选择符合采购要求的供应商。在我国《政府采购法》中，采购人对于每一种采购方式都有关于如何选择和确定的规定，以选择成交供应商。值得注意的是，在政府采购实际操作中，如果采购人与采购代理机构同时来确定成交供应商时，更多的可能是由采购代理机构来确定成交供应商，而不是直接由采购人来确定。因为如果要由采购人来确定成交供应商的话，那么，当某次对产品、服务的采购涉及多个采购人时，成交供应商应该由哪一个采购人确定，将是个难以解决的问题。

5. 针对政府采购供应商，采购人有权直接或通过委托方式签订采购合同

按照我国《政府采购法》的规定，政府采购合同适用《中华人民共和国合

同法》,也就是说,政府采购合同是一种民事合同。采购人与供应商之间的合同是在自愿、平等的基础上签订的。《政府采购法》规定:采购人可以直接与供应商签订政府采购合同。而且,采购人与供应商之间的权利和义务,也必须在平等、自愿的原则下订立。此外,采购人也可以委托采购代理机构作为代表与供应商签订采购合同,但此时需要提交采购人的授权委托书。

6. 在特殊情况下,采购人有权提出特殊要求

采购人有些项目的采购可能对采购的实施有一些特殊的要求,必须以特殊的方式进行采购;而有些项目的采购,可能对供应商有特殊要求。因此,在我国的《政府采购法》中,对于一些特殊情况进行了相应规定:属于本部门、本系统有特殊要求的项目,应当实行部门采购;属于本单位有特殊要求的项目,采购人可以根据采购项目的特殊要求,规定供应商的特定条件。但是,为了防止由此引起对其他供应商的歧视行为,《政府采购法》又规定:采购人在提出特殊要求时,"不得以不合理的条件对供应商实行差别待遇或者歧视性待遇"。

(二) 采购人的义务和责任

政府采购的采购人是以实现社会公益为己任,采购目的是为社会提供高效率、高质量的货物或服务。对政府来说,采购法律、法规必须明确采购人的责任。作为采购人,必须按照政府采购方面的法律、法规及政策要求,遵循国家关于政府采购的各项规定。具体而言,政府采购人必须履行的义务和责任主要包括以下几个方面:

1. 接受财政部门及相关部门的监督

国家有关法律规定,各级政府财政部门是政府采购的监督管理部门。采购人必须接受监督管理部门的管理和监督,要对监督管理部门负责,同时还要接受国家审计部门、监察部门的监督,有责任积极支持和配合。

2. 按《政府采购法》的相关要求组织采购

按照我国相关法律、法规的规定,对《政府采购法》规定的集中采购目录以内和集中采购限额标准以上的工程、货物和服务的采购,必须由集中采购机构统一采购,并订立书面委托合同,采购人不得自行采购,否则必须承担法律责任。同时,采购人不得将应该公开采购的货物和劳务通过化整为零或者以其他方式规避公开招标采购。

3. 平等对待所有供应商

在采购过程中,采购人必须尊重供应商正当的、合法的权利。在供应商资格审查中,必须平等对待供应商,不得以不合理的要求影响供应商合法进行采购竞争。在实施政府采购的过程中,采购人有义务回答供应商的疑问。因为在采购中,供应商对采购人的采购要求、评标标准、交货期限与方式等方

面都有可能有一些疑问。在这种情况下，只要不属于应该保守的机密，采购人就有责任作出回答。

4. 及时签订合同

当投标方中标成为成交供应商后，采购人必须在规定的时间内与供应商签订采购合同。《政府采购法》规定，在中标、成交通知发出之日起30日内，签订合同双方必须按照采购文件确定的事项签订采购合同。如果中标、成交通知发出后，采购人改变中标、成交供应商的，应当依法承担法律责任。

5. 采购过程和结果的公开

为了增强透明度，政府采购人有义务将采购结果向社会公布，接受社会监督。采购人还必须对采购过程作详细的记录，包括采购活动、采购预算、招标文件、投标文件、评标标准、评委人员、评估报告、定标文件、合同文本、验收证明、质疑答复等。按照我国现行法律的规定，这些记录应至少保存15年，以便相关方面能够根据需要进行查阅和审核。

总之，在政府采购制度建设和政府采购实际运行中，采购人扮演着十分重要的角色。由于采购机制和采购方式的转变，采购人要及时转变观念，积极支持和配合政府采购制度的改革。同时，政府采购监督管理部门必须加大政府采购的管理力度，使采购人保持高度责任感，并规范采购行为，真正提高政府采购的质量和效率。

第三节 供 应 商

供应商是政府采购的另一个重要当事人，是采购的贸易伙伴，承担着向采购人提供采购对象的重要责任。供应商向采购人提供的采购对象主要包括货物、工程和服务。没有供应商就没有政府采购。我国《政府采购法》对政府采购供应商的定义是："供应商是指向采购人提供货物、工程或者服务的法人、其他组织或自然人。"

一、供应商的分类与认证标准

（一）供应商的分类

根据不同的标准，供应商便有不同的分类。

（1）根据供应商是否参加投标及投标结果，可将供应商分为潜在供应商、投标供应商和成交供应商。

由于招标采购是政府采购的主要方式，根据供应商参加投标与否，可将供应商分为潜在供应商与投标供应商。在政府采购中，采购人发布招标公告或发出投标邀请书后，所有对招标公告感兴趣并有可能参加投标的供应商，都称为潜在供应商。那些响应招标并购买招标文件,参加投标的供应商称为投标供应商。而经过开标、评标,最后中标的供应商为成交供应商。

(2)根据供应商主体的不同,将供应商分为法人供应商、其他组织和自然人供应商。

《中华人民共和国民法通则》规定,法人是指具有民事权利能力和民事行为能力,承担民事义务和责任的组织,包括企业法人、机关法人、事业单位法人和社会团体法人。法人是依法设立的一种社会组织,拥有自己的财产、组织机构,能够独立地享有民事权利并承担民事责任。

其他组织是指不具备法人条件的组织,主要包括:法人的分支机构、企业之间或者企业与事业单位之间的联营组织等。

自然人供应商是一种特殊的供应商群体。自然人是个人主体及居民的总称,包括本国公民和外籍人士。《中华人民共和国民法通则》规定,个体工商户、农村承包经营户、个人合伙人都属于自然人。自然人参加政府采购的相关活动,必须具有完全的民事行为能力,能够行使民事权利,履行民事义务,特别是要能承担民事责任。自然人作为社会的基本主体,同样具有提供采购人所需产品和服务的能力,因而理所当然也是政府采购的供应商。

(3)根据供应商的国籍不同,将其分为国内供应商和国际供应商。

与采购人同属一国的供应商称为国内供应商,与采购人分属不同国家的供应商称为国际供应商。

(4)根据供应商参加政府采购的形式,将其分为单一体供应商和联合体供应商。

单一体供应商是指以自己名义单独参加政府采购的供应商;联合体供应商是指两个以上的自然人、法人或者其他组织可以组成一个联合体,以一个供应商的身份共同参加政府采购。

以联合体形式进行政府采购的,参加联合体的供应商均应当具备《政府采购法》第二十二条规定的条件,并应当向采购人提交联合协议,载明联合体各方承担的工作和义务。联合体各方应当共同与采购人签订采购合同,就采购合同约定的事项对采购人承担连带责任。

(二)供应商资格认证的标准

世界各国都根据本国情况,设定各自的供应商资格认证的标准,都将以下供应商排除在外:

(1)已经破产或即将面临破产;
(2)有违反职业道德的行为;
(3)犯有严重的渎职罪;
(4)尚未支付社会保险金或税款;

（5）在提供的信息中有严重的歪曲和虚假陈述。
我国《政府采购法》规定了如下供应商的资格认证标准：
（1）具有独立承担民事责任的能力；
（2）具有良好的商业信誉和健全的财务会计制度；
（3）具有履行合同所必需的设备和专业技术能力；
（4）有依法缴纳税收和社会保障资金的良好记录；
（5）参加政府采购活动前三年内，在经营活动中没有重大违法记录；
（6）法律、行政法规规定的其他条件。

二、政府采购供应商的权利

政府采购供应商享有正当、合法的权利，这些权利在参与政府采购的过程中必须得到充分的尊重和保障。供应商的权利主要包括：

（一）平等参与竞争权

在确定供应商资格方面，各供应商有平等权利。就我国目前的情况看，任何具有合法经营资格的商家，只要符合《政府采购法》规定的政府采购供应商资格要求，都可以成为政府采购的潜在供应商，有权参与政府采购竞争。在进行供应商资格审查时，必须平等对待供应商，不能设置特定的、歧视性的条件阻止某些供应商平等地取得供应商资格。

（二）平等获取信息权

在政府采购信息方面，各供应商有平等获得的权利。政府采购作为公共部门的采购，各供应商有权平等地获得成为政府采购供应商的商业机会，而获得这种机会的前提是平等地获取政府采购信息。按照《政府采购法》的要求，采购人进行招标采购，必须在政府采购监管部门指定的媒体上公开政府采购信息，以使供应商能够及时地、便利地掌握相关信息。

（三）公平竞争权

在政府采购方面，各供应商自主、平等地参与竞争。政府采购供应商只要有合法资格，便有权自主决定是否参加政府采购项目的竞争，任何单位和个人不得干扰和阻止，不得通过与国家法律、法规相违背的地方保护性条款和行政直接干预的方式，歧视和排挤供应商参与投标竞争。供应商有权根据采购人的要求，自主决定投标报价和编制投标书，任何部门和单位都无权干涉或阻挠。

（四）询问质疑权

供应商对政府采购活动事项有疑问的，有权向采购人提出询问，采购人应当及时作出答复，但答复的内容不得涉及商业秘密。

供应商认为采购文件、采购过程和中标、成交结果使自己的权益受到损害的,可以在知道或者应知其权益受到损害之日起7个工作日内,以书面形式向采购人或采购代理机构提出质疑。采购人或采购代理机构应当在收到供应商的书面质疑后7个工作日内作出答复,并以书面形式通知质疑供应商和其他有关供应商,但答复的内容不得涉及商业秘密。

（五）合同签订平等权

在签订政府采购合同方面,各供应商有自主、平等的权利。供应商中标后,有权根据招标文件的要求,同采购人或集中采购机构签订政府采购合同,并要求其遵守承诺,严格履行合同。在采购人或集中采购机构变更或修改合同时,供应商有权就合同变更和修改进行协商,以维护自身正当权益。同时,供应商在签订政府采购合同时,与采购人或采购机构是平等的民事法律关系,采购人或集中采购机构不得凌驾于供应商之上,并以此侵害供应商的正当、合法权益。

（六）保留商业秘密权

供应商有权要求采购人或集中采购机构保守其商业秘密。首先,供应商参与政府采购市场竞争过程,需要接受采购人或集中采购机构的资格审查,并且在投票过程中供应商需要对自己的一些内容作特殊说明,可能有一些内容涉及供应商的商业机密,但如果是采购人必须了解的内容,供应商有义务按照规定提供。而作为采购方,应该按照供应商的正当要求,保守供应商的商业机密。其次,在采购人和不同的供应商进行谈判的过程中,采购人对于不同供应商的谈判内容、谈判条件等,同样负有保密的义务和责任。

（七）监督建议权

对政府采购,供应商有权进行监督并使其依法、公正地进行。供应商是政府采购工作最有力的监督者,只有供应商积极参与了,政府采购的公开性、公正性和透明度才能得到真正的体现。供应商对政府采购活动中的违法行为,有权依法向有关部门进行控告和检举。

（八）其他相关权利

供应商除享有上述权利外,还依法享有法律、法规规定的其他权利。

三、政府采购供应商的义务

政府采购供应商在参与政府采购的过程中,必须承担法律规定的义务。供应商的义务主要体现在以下几方面：

（1）自觉遵守政府采购制度,维护政府采购市场秩序；

（2）依法诚信经营,不得与采购人、采购代理机构或者其他供应商串通损害国家利益、社会公共利益和其他当事人的合法权益；

（3）自觉遵守政府采购公平竞争原则,不得提供虚假材料,不得采取不正

当手段诋毁、排斥其他供应商参与竞争,不得通过行贿、提供其他不正当利益等非法手段谋取中标或者成交;

（4）中标、成交供应商,应当严格依法签订和履行政府采购合同及政府采购活动中的各项承诺,严禁擅自分包、变更、中止或者终止合同;

（5）提出质疑、投诉应当依法进行,并依法接受政府采购监管部门、政府采购其他当事人和社会的监督;

（6）在参加政府采购活动中,对获悉的国家秘密和他人商业秘密,负有保密义务;

（7）全面、真实地登记供应商相关信息,及时调整变更信息,并按规定报送政府采购监管部门或其委托的审核机构审查;

（8）法律、法规规定的其他义务。

第四节　采购代理机构

一、采购代理机构概述

采购代理机构是国家设立或认可的独立法人,主要从事政府采购代理业务。在政府采购活动中,采购代理机构受采购人的委托,以采购人的名义,在委托的范围内办理政府采购事宜。

根据采购代理机构的性质,可将其分为官方采购代理机构和民间采购代理机构。我国的官方采购代理机构指的是集中采购机构,是由设区的市、自治州以上的人民政府根据集中采购的需要而设立的。民间采购代理机构又称为非官方采购代理机构,是指除了集中采购机构以外的其他从事政府采购代理业务的社会中介服务机构。根据我国《政府采购法》的规定,这些民间采购代理机构要从事政府采购代理业务,必须获得国务院有关部门或者省人民政府有关部门的资格认证,方能接受采购人的政府采购业务的委托。另外,采购人依法委托采购代理机构进行采购,应当签订委托代理协议,依法确定委托代理的事项,约定双方的权利、义务。

二、集中采购机构

（一）集中采购机构的概念

集中采购机构是指接受采购人的委托,代为从事政府采购活动的非营利事业法人。

（二）集中采购机构的特征

集中采购机构具备如下特征:

1. 集中采购机构依法设立

依法设立,是任何社会组织成立的条件。由于社会组织的性质、业务经营范围的不同,其成立的程序也有区别,但必须依法设立。依法设立的含义是:机构设立的目的和宗旨要符合国家和社会公共利益的要求;组织机构、设立方式、经营范围、经营方式要符合法律的要求;依照法律规定的审核和登记程序办理有关手续。我国《政府采购法》规定,设区的市、自治州以上人民政府可以根据本级政府采购项目组织集中采购的需要设立集中采购机构。

2. 集中采购机构必须具有相应的政府采购管理职能

政府采购是一项系统工程,涉及面广、事务多,采购程序比较复杂,这就要求集中采购机构不仅有一定的专业能力和采购经验,而且要求有一定的采购管理职能,才能从事集中采购代理业务,达到采购人对采购活动价廉、质优、高效的要求。因此,从事政府采购代理业务的集中采购代理机构必须具有官方性质,并经国家有关部门授权可以从事相关政府采购管理工作。

3. 集中采购机构是非营利事业法人

这是对集中采购机构性质的界定。《中华人民共和国民法通则》将法人分为两类:一类是企业法人,另一类是机关事业单位和社会团体法人。我国的集中采购机构显然属于后者。集中采购机构作为国家设立的政府采购执行主体,根据政府采购管理机构的授权,也承担着政府采购的一些具体管理职能,其性质应属于政府部门。更确切地说,是由财政全额拨款的事业单位,它接受政府采购代理委托,不收取费用,即使收取也应是成本性收费,不得以赢利为目的。

三、民间采购代理机构

(一)民间采购代理机构的概念及特点

民间采购代理机构,又称非官方采购代理机构,是指接受采购人的委托,提供政府采购代理业务的社会服务中介组织。这些机构一般为依法不需要进行集中采购的项目提供采购代理业务,并且大都是以赢利为目的的。

由此可见,民间采购代理机构具有两大特点:一是它的非官方性,即它不是由政府设立的社会中介机构;二是它必需取得政府有关部门的资格认证,才能从事政府采购代理业务。

(二)民间采购代理机构的权限

从我国《政府采购法》和《中华人民共和国民法通则》的规定来看,民间采购代理机构是依法设立、从事政府采购代理业务并提供相关服务的社会中介组织。其主要职责是受采购人的委托,代为办理有关政府采购事宜,如编制招标文件、组织评标、协调合同签订和履行等。因此,从法律意义上说,民间采购代理机构接受采购代理属于委托代理的一种,应遵守法律的有关规定。因此我国《政府采购法》规定,采购人依法委托采购代理机构办理采购事宜,应当由采购人与采购代理机构签订委托代理协议,依法确定委托代理的事项,约定双方的权利、义务。同时规定,采购代理机构应当在采购人委托的范围内办理采购事宜。民间采购代理机构在采购人委托的权限范围内,以采购人的名义办理政府采购事宜,为采购人取得权利、设定义务。因此,在政府采购活动中,尽管是采购代理机构与供应商进行联系的,但其代表的是采购人的利益,行为后果也由采购人承担。

(三)民间政府采购代理机构的资格要求

政府采购代理机构肩负着政府巨额财政资金采购的任务,其工作状况和业绩直接关系到巨额财政资金的使用效益,直接关系到社会公众的实际利益,并最终关系到政府采购制度建设的成败。因此,对政府采购代理机构的监督管理就显得特别重要,对其进行资格界定是重要一环。

根据我国目前的相关规定,要取得民间政府采购代理资格,必须具备如下条件:

1. *依法成立,具有法人资格*

根据《中华人民共和国民法通则》的规定,法人必须依法成立,即成立必须具有合法性;企业等必须进行法人登记,政府部门、事业单位和社会团体可以不进行法人登记,从其成立之日起,便自动具有法人资格。法人必须是能够独立享有民事权利、承担民事责任的实体。由于承担的责任重大、任务繁多,因此,政府采购代理机构首要的资格就是必须是一个法人实体。

2. *采购代理机构人员必须熟悉采购代理业务及相关法律、法规和政策*

政府采购政策性强,因此,采购代理机构的人员必须熟悉采购代理业务及相关法律、法规和政策。我国政府采购有关法律、法规规定:在政府采购人员中,具有高级技术职称的专业技术人员必须达到一定的比例;接受过省级以上有关部门对采购业务进行培训的人员也必须达到相应的比例。

3. *采购代理机构应当建立健全内部组织机制和监督管理制度*

为了切实履行职责,采购代理机构应当建立健全内部组织机制和监督管理制度,具体包括内部机构设置、内部人员的职责分工、采购的程序管理与采购过程管理规定等。

4. *具有运用现代科学技术完成政府采购代理工作的能力*

随着科学技术的迅速发展,现代采购代理机构不仅依赖于采购知识和制度,还需要相应的"硬性"条件,包括先进的电子信息处理能力、市场调查能力等。

5. 国家有关部门及省、市人民政府规定的其他条件

有关的代理机构只有符合上述条件,并经中央和省一级政府采购监督管理部门审核批准后,才能取得政府采购代理机构的资格。

(四) 民间政府采购代理机构的资质种类

2010 年 12 月,财政部发布了《政府采购代理机构资格认定办法》,将政府采购代理机构的资质分为甲级和乙级两类。

取得乙级政府采购代理资质必须具备以下条件:

(1) 具有企业法人资格,且注册资本为 100 万人民币以上;

(2) 与行政机关没有隶属关系或者其他利益关系;

(3) 具有健全的机构和内部管理制度;

(4) 有固定的营业场所和开展政府采购代理业务所需的开标场所以及电子监控等办公设备、设施等;

(5) 申请政府采购代理资格前 3 年内,在经营活动中没有因违反有关法律法规受到刑事处罚或者取消资格的行政处罚;

(6) 有参与过规定的政府采购培训,熟悉政府采购法规和采购代理业务的法律、经济和技术方面专职人员,母公司与子公司分别提出申请的,母公司与子公司从事政府采购代理业务的专职人员不得相同;

(7) 专职人员总数不得少于 10 人,其中具有中级以上专业技术职务任职资格的不得少于专职人员总数的 40%;

(8) 财政部规定的其他条件。

甲级资质的代理机构除了具备上述第 2 项至第 6 项条件外,还应当具备以下条件:

(1) 具有企业法人资格,且注册资本为 500 万人民币以上;

(2) 专职人员总数不得少于 30 人,其中具有中级以上专业技术职务任职资格的不得少于专职人员总数的 60%;

(3) 取得政府采购代理机构乙级资格 1 年以上,最近两年内代理政府采购项目中标、成交金额累计达到 1 亿元人民币以上;或者从事招标代理业务两年以上,最近两年中标金额累计达到 10 亿元人民币以上;

(4) 财政部规定的其他条件。

四、政府集中采购机构与民间采购代理机构的区别

(一) 目的不同

《政府采购法》规定:集中采购机构是非营利性事业法人,即该机构的人员工资是由国家开支的,并且,它的运行和从事集中采购活动的费用都由财政承担,不需要在招标投标活动中收取各种费用来维持。它的工作性质是为

党政机关服务,不以营利为目的。这就决定了该机构在招标投标活动中不受任何采购人和供应商左右,其工作目的是为供应商创造一个公平竞争的平台,以确保在采购活动中做到公开、公平、公正。

民间采购代理机构是社会中介机构,是非生产经营性企业法人,它作为一个市场经济条件下的理性经纪人,追求利润最大化是其根本目的。由于社会中介机构是通过收取采购人招标代理费来获取利润的,因此,难免会存在向采购人提出不合理要求的动机,在经济效益和社会效益关系的问题上难以平衡,很难像政府集中采购机构那样做到公平、公正地对待所有供应商。因此,需要政府通过制定相应的法律、法规来规范其代理行为。

(二) 属性不同

政府集中采购机构是各级政府依据《政府采购法》的规定成立的,负责本级政府机关、事业单位和社会团体纳入集中采购目录项目采购的非营利性事业单位。政府采购活动是政府行政职能的延伸,政府集中采购机构实际上是一种准行政组织,即行政性事业单位,它不具备国家行政机关的性质,但实际上是经政府设立和授权,承担着一定行政管理职责的机构。中央国家机关政府采购中心是 2003 年 1 月由中央机构编制委员会办公室批准成立的中央国家机关政府集中采购执行机构,是经注册的独立事业法人。经原人事部、财政部和中编办批准,中央国家机关采购中心列入依照公务员管理的范围,这就是说中央国家机关采购中心虽然是事业单位,但其基本管理制度与国家公务员并无原则性区别。

民间采购代理机构是非生产经营的企业法人,二者的法律基础完全不同,不能相提并论。

(三) 职能不同

国办发[2003]74 号文件《国务院办公厅转发财政部关于全面推进政府制度改革意见的通知》,对集中采购机构的职能作出明确规定:集中采购机构要接受委托,认真组织实施政府集中采购目录中的项目采购,制定集中采购操作规程,负责集中采购业务人员培训。集中采购机构的采购活动,不仅仅是招标,还包括采购计划的落实、组织招标、制定采购操作规程、集中采购人员培训、催促合同履约、采购效益评估分析等。这些职能是一个有机整体,环环相扣,哪一个环节做得不好都会影响整个招标结果。而民间采购代理机构则不具备这些职能,它和采购人之间是一种单纯的民事主体关系。委托代理行为是建立在完全平等自愿基础上的,它只需在委托代理人的授权范围内,以代理人的身份办理招标业务,通过民事合同来约定双方的权利和义务。《政府采购法》规定:采购人采购纳入集中采购目录中的政府采购项目,必须委托集中采购机构代理采购。这是具有法律强制性的,采购人没有选择权,不能擅自将纳入集中采购目录的项目委托民间采购代理机构办理,任何单位或个人都不能以"特殊要求"为由规避集中采购而由民间采购代理机构采购,否则属于违法行为。原国务委员兼国务院秘书长华建敏在2004年中央国家机关集中采购工作会议上说:"据我了解,有的部门将纳入集中采购目录的项目,委托社会中介代理机构进行采购,不惜花费高额的代理费用,这既不符合国务院的有关规定,也浪费了财政资金,应当坚决纠正。"

（四）作用不同

国办发[2003]74号文件进一步强调集中采购的地位和重要作用,要求各级政府要充分发挥集中采购机构在全面推进政府采购制度改革中的重要作用。政府集中采购是深化财政支出体制改革的组成部分,它能够有效规范采购行为,防止腐败,提高采购资金的使用效益,有效地实现国家宏观调控的目标,其意义十分深远重大。特别是现在,美国和欧盟一再要求我国兑现入世承诺,尽快开放政府采购市场。这就使得政府集中采购的作用更加重要。《政府采购法》规定,设区的市、自治州以上人民政府要设立集中采购机构,由该机构办理集中采购事宜,服务对象是本级机关、事业单位和社会团体组织。集中采购机构的设立为政府采购制度改革提供了组织保障。而民间采购代理机构面向社会上的各类市场主体,更多的是为企业和个人提供代理服务。其行为准则是参与市场活动,遵守市场活动的基本原则。可见,民间采购代理机构不具备政府集中采购机构的功能和作用,二者的差别明显。

五、采购代理机构的义务和责任

政府采购代理机构作为一种特殊的利益主体,必须对采购委托负责,对自身行为负责,最终表现为对社会公众负责。因此,实行科学的政府采购管理,必须明确政府采购代理机构的义务与责任,并严格按照规定执行。

从总体上看,政府采购代理机构的义务和责任,就是要遵守国家政府采购的各项法律、法规,严格按照政府采购的法律和政策办事。就具体操作过程而言,其义务和责任主要表现为以下几方面:

(1) 根据采购人的委托,组织实施政府采购项目的采购;

(2) 与采购人商定采购需求、技术规格、供应商资格条件以及其他商务条件;

(3) 根据采购人的委托,参与合同验收;

(4) 对本机构的政府采购项目进行跟踪问效;

(5) 制定本机构内部监督管理制度及操作规程。

第五节 政府采购监督管理机关

一、政府采购监督管理机关的概念

我国《政府采购法》第十三条规定,各级人民政府财政部门是负责政府采购监督管理的部门,依法履行对政府采购活动的监督管理职责。各级人民政府其他有关部门依法履行与政府采购活动有关的监督管理职责。因此,政府采购监督管理机关是财政部门,其理由如下:

(1) 用于政府采购的资金来源于国库资金,属于国家财政资金;

(2) 财政支出的过程必然涉及国家预算的安排,并应具体到每个部门的部门预算;

(3) 通过政府采购购买到的产品必然形成国家的财产,涉及国有资产的管理;

(4) 形成需求的部门对其自身采购需求的管理又必然与行政事业单位财务、支出管理政策有着密切的关系。

综上所述,从整体上看,只有财政部门才能对整个采购过程所涉及的各个部门、流程和各种事务进行全面、有效的管理,所以从目前世界各国的情况来看,政府采购的监督管理机关是财政部门。

二、政府采购监督管理机关的设置

从世界各国的情况看,政府采购监督管理机构的设置一般实行分级管理,即中央政府的采购工作由财政部进行管理,地方政府的采购工作由相应的地方财政部门进行管理,国防部负责军用采购的管理。中央与地方及地方各级采购管理机关之间的关系是一种业务指导关系。

三、政府采购监督管理机关的职责

(一) 拟定政府采购法律、法规草案,制定政府采购政策和规章

在一个完整的政府采购活动过程中,不仅涉及各个政府部门,包括产生政府采购需求的部门、执行采购行为的部门和支付采购货款的部门,而且还会影响到市场中的相应供应商以及很多为政府采购提供服务的中介机构。因此,在市场经济条件下,每一项政府采购活动都会影响到这些相关主体的利益分配格局,这就需要出台相应的法律、法规来规范政府采购行为,使政府采购带来的利益分配格局更加合理。目前,实行政府采购制度的国家和地区,为了规范政府采购行为,健全政府采购运行机制,都制定了一系列相关的

政府采购法规体系,而财政部门是这些法规的拟定者。

（二）确定政府采购的中长期规划,最大限度地提高政府采购的效益

一国的政府采购体系不是固定不变的,它是随着本国经济、政治、国际经济环境等因素的变化而不断发展的。目前适用的政府采购模式在将来不一定会继续适用,甚至可能对经济发展起到反作用。因此,政府采购监督管理机关的重要职责之一就是从客观上研究确定政府采购的中长期规划。这就要求政府采购监督管理机关要不断地根据本国国情以及国际形势变化,对本国政府采购制度的发展有计划地做出安排,使其能够适用于已经变化了的宏观环境,从而使本国的政府采购体系发挥更大的作用。

（三）对政府采购活动进行管理和监督

政府采购活动涉及各方的利益,各个利益主体为了实现自己的利益,会出现各种不合理和违规行为,如采购计划编制和执行的随意性、采购制度执行不严、采购质量低、价格高。政府采购监督管理机关应当负起管理和监督的职责,对采购过程中遇到的问题及时进行管理和监督,以保证政府采购政策的落实与执行。

（四）组织政府采购人员培训

政府采购监督管理机关应灵活运用多种方式加强对政府采购人员的培训,这种培训可以分为两个部分,首先是对精通政府采购理论的高级人才的培养,这种人才培养的目标是获得大量从整体能够把握政府采购制度建设规划、设计适用于本国政府采购模式的高级人才,这些高级人才是政府采购建设成败的关键;另一个方面是对从事采购工作实际操作业务人员的业务培训,以提高他们的操作能力和政策执行水平。

（五）确定并调整集中采购目录和公开招标采购的限额标准

确定集中采购目录,规定集中采购的"门槛价",在这个价格之上的所需物品才纳入集中采购清单中,由专门的采购机构进行统一采购,其他零散的、价值低的物品则由各单位分别自行采购。具体来说,主要有两条:一是根据政治、经济、社会情况,认为有必要集中采购的货物、工程和服务也可通过政府集中采购目录的方式进行确定。目前各国的采购目录一般包括公务用车、大件办公设备、财产保险、车辆维修、会议接待、公共工程等。除了确定集中采购目录以外,政府采购监督管理机关还需要确定公开招标采购范围的限额和标准。二是凡达到政府采购部门门槛价的货物、工程和服务,必须进行集中采购,政府采购门槛价是指达到采购规模规定的金额,各国有不同的规定,我国各地在试点过程中确定的门槛价也各不相同。

（六）组织建设供应商库

省级政府采购监管部门按照本省政府采购供应商监督管理暂行办法来

规范和指导供应商库的开发设计和架构体系，统一相关的信息分类、资格审查、考核管理、注册流程、管理模式等业务标准，实现供应商一地注册、全省通用、信息动态管理的功能，进而逐步建立和完善政府采购不良行为的全省联合惩戒制度和政府采购供应商诚信档案。地方政府采购监管部门根据省级政府采购监管部门的设计规则、业务标准和各地区供应商库建设的实际建设情况管理各自的供应商库，并对参加本级政府采购活动的供应商进行监督管理。

（七）政府采购预算编制与执行管理

政府采购改革是财政支出改革的重要内容，完善政府采购预算编制和执行是政府采购制度改革不断深化的源头和基础。编制政府采购预算是政府采购运行的一个重要组成部分，有利于加强部门对财政资金的管理力度，提高采购资金的使用效益、健全财政职能、细化支出管理。政府采购监督管理机关应加强对政府采购预算编制与执行的监督管理，对未按规定编报政府采购预算计划的，预算管理业务处室不予审批、集中采购机构不予采购、国库支付部门不予支付采购资金，并督促采购人严格执行政府采购预算，全面申报政府采购计划。

（八）依法处理政府采购投诉和人民来信

供应商的投诉和人民来信是采购活动中经常遇到的问题，如果此问题得不到妥善的解决，不仅会影响到政府采购活动的正常开展，还会影响到政府的信誉。因此，政府采购监督管理机关收到供应商的投诉和人民来信，应当依法进行审查和调查，并在法定期限内作出处理。

第六节　政府采购其他当事人

一、政府采购仲裁机构

仲裁又称为公断，是指双方当事人将其争议交付第三者居中评判是非并作出裁决，该裁决是对双方当事人均具有约束力的一种解决纠纷的方式。

实行政府采购后，在各方之间可能产生某些纠纷，如采购机构与供应商、社会中介机构之间，供应商与采购主管机关、社会中介机构之间等。在产生矛盾的情况下，除了选择复议、诉讼外，还可以申请仲裁。

政府采购仲裁机构的任务如下：

（一）维护相关当事人合法权益

政府采购的仲裁机构通过行使仲裁权，查明事实、分清是非，正确使用法律，及时、公正地解决政府采购活动中的经济纠纷，维护政府采购相关当事人相关的合法权益。

（二）促进社会主义市场经济的健康发展

市场经济作为一种法制经济，就是要通过法律手段来规范市场机制，规范市场主体的行为，赋予市场主体保护自己合法权益的权利。及时、公正地解决政府采购活动中的纠纷，可以保证社会经济秩序的稳定和国家职能的正常运转，促进社会主义市场经济的健康发展。

（三）确保政府信誉

政府采购仲裁机构的设立与运作，与监察、司法、社会中介组织共同参与采购活动，形成直接监督、行政监督、司法监督、仲裁监督的全方位监督体系，能够较好地保证政府采购公开、公正、公平的原则和要求，有利于提高采购活动的透明度，维护政府的信誉。

二、律师事务所

律师事务所是司法行政机关依法核准设立的律师职业机构。律师事务所的根本任务是依法维护当事人的合法权益，维护国家法律的正确实施，促进国家的经济建设，维护社会安定。

律师事务所作为政府采购的中介机构，在政府采购中所发挥的作用主要是通过律师在政府采购招标投标中所发挥的作用来实现的。当然，律师事务所在政府采购事务争议所引起的诉讼、仲裁等事项中也起着重要作用。

三、会计师事务所

会计师事务所作为政府采购的中介机构，在政府采购中所发挥的作用主要是通过注册会计师审计来实现的。

在政府采购活动中，对政府部门的经济活动有时需要政府审计。然而政府审计与注册会计师审计二者之间不能相互替代。虽然对于审计客体而言，政府审计与注册会计师审计均是外部审计，都具有较强的独立性，但二者在许多方面存在区别。注册会计师审计又称为独立审计或民间审计，它是随着商品经济的发展，由于经营权和所有权的分离及资本市场的形成应运而生的，是市场经济发展到一定阶段的产物，是市场经济下社会经济监督的主要表现形式。

从法律上讲，政府审计机关和注册会计师审计在各自的法定职责范围内开展工作。政府审计机关按照审计法规定的职责对各级政府及其部门的财政收支、国有金融机构及企事业的财务收支，以及国家建设项目、外国贷款项目和各种社会保障基金进行审计监督；注册会计师依照《中华人民共和国注册会计师法》和其他相关法律、法规的规定来承办审计事项。在政府采购活动中，这两项审计相互补充，共同发挥审计作用。

第三章

政府采购方式

第一节 政府采购方式分类

一、政府采购方式的内涵

政府采购方式是指采购方按照法律规定自行选择采购代理机构使用财政资金在购买货物、工程和劳务的过程中所遵循的法定形式，其关注点在于具体的采购行为和过程。如同企业在既定的产量下选择成本最小化的生产方式，个人在既定的收入下选择使自己效用最大化的商品组合一样，政府作为经济运行中公共部门的代言人，同样也面对在满足既定公共需要、履行政府职能条件下的成本最小化，使得公众效用最大化的选择。实际上，政府采购方式为选择合适的供应商以完成对货物、工程或服务的购买提供了法定的途径和方法。

二、政府采购方式分类

根据不同的标准，政府采购方式有不同的分类，现介绍如下：

（一）按是否招标分，将政府采购方式分为招标性采购和非招标性采购

1. 招标性采购

招标性采购是通过招标的方式，邀请所有的或一定范围的潜在供应商参加投标，招标采购单位通过某种事先确定的标准，从所有投标中评选出中标供应商，并与之签订合同的一种采购方式。招标采购方式作为一种公平、民主的采购方式，在政府采购中被广泛使用，只要是采购人需要的、数额较大的产品或项目都可以通过该方式来进行。这种方式按其公开性不同又可分为公开招标采购、邀请招标采购。

公开招标采购指通过公开程序、邀请所有有兴趣的供应商参加投标，经过综合评估，从条件优秀的供应商中选择中标者。

邀请招标采购指通过公告程序，在给定资格的条件下，邀请合格的供应商参加后续投标；或者通过公开程序，确定特定采购项目在特定期限内的候

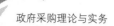

选供应商,作为后续采购活动的邀请对象。

2. 非招标性采购方式

非招标性采购方式是指除招标采购方式以外的采购方式。达到一定金额以上的采购一般要求采用招标方式采购,但在有些情况下,如需要紧急采购或者采购来源单一等情况下,招标方式并不是最经济的,需要采用招标方式以外的采购方法。非招标性采购主要分为竞争性谈判采购、单一来源采购、询价采购三种形式。

(二) 按所用手段分,将采购方式分为传统采购方式和现代化采购方式

1. 传统采购方式

传统采购方式是指依靠人力完成整个采购过程的一种采购方式,如通过报纸、杂志来发布采购信息,采购人或采购代理机构直接参与各个环节的具体活动的采购方式。

2. 现代化采购方式

现代化采购方式是指依靠现代科学技术成果来完成采购过程的一种采购方式,如采购卡方式和电子贸易方式。采购卡类似于信用卡,与信用卡的不同之处在于,采购卡由财政部门统一发放给采购人,采购人在采购后付款时,只需划卡就行,划卡记录会显示出付款时间、付款项目、付款单位和总价等信息。这些信息将报送财政部门备案审查。采购卡一般适用于小额采购,由于这种采购方式不需要签订合同,对于每年数以万次的小额交易来说,能够节约大量的纸张费用。

电子贸易方式是指运用电子技术进行业务交易,包括电子邮件、电子信息、国际网络技术以及电子信息互换等。通过电子贸易来发布采购信息并完成采购交易,可以解决传统采购方式下难以克服的时间和空间难题,使采购活动更加方便、快捷,大幅度降低采购成本、提高采购效率,成为政府采购方式发展的大趋势之一。

(三) 按组织模式不同划分,将政府采购分为集中采购和分散采购

1. 集中采购

当把完成所有采购和采购相关职能的权利和责任都赋予集中采购机构时,便是集中采购。

2. 分散采购

将采购职能分布在整个组织内,由各个部门分别实现政府采购职能,便是分散采购。

无论是政府采购还是私人采购,其采购目的都是以经济有效的方式采购到所需的物品和劳务,不同的采购方式对实现上述目的起着重要的作用。根据《政府采购法》规定,中国的政府采购采用以下方式:公开招标、邀请招标、

竞争性谈判、单一来源采购、询价和国务院政府采购监督管理部门认定的其他采购方式。

第二节　公开招标采购方式

公开招标应作为政府采购的主要采购方式,采购人不得将应当以公开招标方式采购的货物、工程或者服务化整为零或者以其他任何方式规避公开招标采购。

一、公开招标的定义

公开招标是指采购人及采购代理机构(以下统称"招标采购单位")依法以招标公告的方式邀请不特定的供应商参加投标。

二、公开招标的适用范围

我国对公开招标的适用范围作出了明确规定:《政府采购货物和服务招标投标管理办法》规定,货物服务采购项目达到公开招标数额标准的,必须采用公开招标方式;《工程建设项目施工招标投标办法》规定,国务院发展计划部门确定的国家重点建设项目和各省、自治区、直辖市人民政府确定的地方重点建设项目,以及全部使用国有资金投资或者国有资金投资占控股或者主导地位的工程建设项目,应当公开招标。

(一)货物或者服务项目的公开招标限额标准

凡采购人采购货物或者服务达到公开招标数额标准的,应当采用公开招标方式,公开招标数额标准由国务院和省级政府分级规定。如根据《2014年江苏省省级政府集中采购目录及政府采购限额标准和公开招标数额标准》规定,江苏省省级公开招标数额标准为:100万元(含)以上货物、工程和服务类项目。

(二)工程建设项目的招标范围和规模标准

工程建设项目招标的具体范围和规模标准,由国务院发展计划部门会同国务院有关部门制订,报国务院批准。根据国家计委发布的《工程建设项目招标范围和规模标准规定》有关规定,工程建设项目招标的具体范围和规模标准为:

1. 关系社会公共利益、公众安全的基础设施项目的范围

(1)煤炭、石油、天然气、电力、新能源等能源项目;

(2)铁路、公路、管道、水运、航空以及其他交通运输业等交通运输项目;

(3)邮政、电信枢纽、通信、信息网络等邮电通讯项目;

（4）防洪、灌溉、排涝、引（供）水、滩涂治理、水土保持、水利枢纽等水利项目；

（5）道路、桥梁、地铁和轻轨交通、污水排放及处理、垃圾处理、地下管道、公共停车场等城市设施项目；

（6）生态环境保护项目；

（7）其他基础设施项目。

2．关系社会公共利益、公众安全的公用事业项目的范围

（1）供水、供电、供气、供热等市政工程项目；

（2）科技、教育、文化等项目；

（3）体育、旅游等项目；

（4）卫生、社会福利等项目；

（5）商品住宅，包括经济适用住房；

（6）其他公用事业项目。

3．使用国有资金投资项目的范围

（1）使用各级财政预算资金的项目；

（2）使用纳入财政管理的各种政府性专项建设基金的项目；

（3）使用国有企业事业单位自有资金，并且国有资产投资者实际拥有控制权的项目。

4．国家融资项目的范围

（1）使用国家发行债券所筹资金的项目；

（2）使用国家对外借款或者担保所筹资金的项目；

（3）使用国家政策性贷款的项目；

（4）国家授权投资主体融资的项目；

（5）国家特许的融资项目。

5．使用国际组织或者外国政府资金的项目的范围

（1）使用世界银行、亚洲开发银行等国际组织贷款资金的项目；

（2）使用外国政府及其机构贷款资金的项目；

（3）使用国际组织或者外国政府援助资金的项目。

6．各类工程建设项目的范围

此类项目包括项目的勘察、设计、施工、监理以及工程建设有关的重要设备、材料等的采购，达到下列标准之一的，必须进行招标：

（1）施工单项合同估算价在200万元人民币以上的；

（2）重要设备、材料等货物的采购，单项合同估算价在100万元人民币以上的；

（3）勘察、设计、监理等服务的采购，单项合同估算价在50万元人民币以

上的；

（4）单项合同估算价低于上述规定的标准，但项目总投资额在3 000万元人民币以上的。

7. 建设项目的勘察、设计，采用特定专利或者专有技术的，或者其建设艺术造型有特殊要求的，经项目主管部门批准，可以不进行招标。

8. 依法必须进行招标的项目，全部使用国有资金投资或者国有资金投资占控股或者主导地位的，应当公开招标。

三、招标文件的内容

由于招标文件一经发出，不能轻易更改，同时也是评标、定标和签订合同的依据，制作出一份好的招标文件，招标工作就成功了一半，因此，招标采购单位必须认真研究招标文件的制作。

目前，我国政府采购监管部门尚未制订出适用于我国政府采购的标准招标文本。一般情况下，招标文件应由商务和技术两个部分组成，商务部分大多由相对格式化的文本组成，招标采购单位应根据采购项目的不同，对其进行标准化。技术部分一般由采购人根据自身的采购需求提出。招标文件的形式有多种，但都应包括以下内容：

（一）投标邀请

一般都设计在招标文件的开始，内容应与招标公告中的内容完全一致，包括投标截止时间、开标时间及地点等内容。

（二）投标人须知

主要是告之投标人如何制作一份符合规定的投标文件，包括投标文件的文字、纸张、编排、印制、份数、签署、盖章、密封、递交、修改和撤回等要求。

（三）投标人应当提交的资格、资信证明文件

由于公开招标对资格审查是开标后进行的，因此必须明确投标人投标时应具备的资格、资信条件，以证明其有资格投标，并完全具备招标项目的履约能力。

（四）投标报价要求

（1）投标的货币。是否允许用外币投标，如允许，则汇率如何换算。

（2）报价的要求。是离岸价、到岸价，还是运抵项目实施现场的地头价；是报项目的总价，还是必须分项报价。

（3）报价的构成。报价除产品本身的价格以外，是否含关税、增值税、营业税、消费税等各种税收，是否含运输费、仓储费、保险费、出库费、包装费、检验费、手续费等各种费用，是否含备品备件的价格、售后服务的费用。

（4）价格不一致的处理方法。一般情况下，价格不一致时，应按照以下方

法处理：开标一览表中价格与投标文件中报价表对应的价格不一致的，以开标一览表为准；投标文件的大写金额和小写金额不一致的，应以大写金额为准进行修正；总价金额与按单价汇总金额不一致的，以单价金额计算结果为准进行修正；单价金额小数点有明显错位的，应以总价为准，并修改单价；投标人提供的折扣数与按折扣率为基准计算的折扣数不一致时，以折扣率计算为基准进行修正；对不同文字文本投标文件的解释发生异议的，以中文文本为准。

（五）投标保证金的数额、交纳方式、退还时间和要求，没收保证金的情形

招标采购单位可要求投标保证金为一个固定数额，也可以要求投标人按照投标总价的一定比例交纳，但数额不得超过采购项目概算的1%。

投标保证金的形式一般为现金支票、银行汇票、银行保函，招标文件中可以对投标保证金的形式进行限制，如不收现金，银行保函必须按照招标文件中规定的格式开具等。

中标供应商的投标保证金最迟应在采购合同签订后五个工作日内予以退还，未中标供应商的投标保证金最迟应在中标通知书发出后五个工作日内退还，投标保证金是否计算利息，也应在招标文件中明确。

投标保证金在什么情况下将被招标采购单位没收，也应在招标文件中明确，一般情况下，发生了以下情形，投标保证金将被没收：

（1）投标人在投标有效期内撤回其投标；
（2）投标人提供的有关资料、资格证明文件被确认是不真实的；
（3）中标人在规定期限内未能按照招标文件的规定签订合同；
（4）中标人在规定期限内未能按照招标文件的规定交纳履约保证金或者中标服务费。

（六）投标有效期

招标文件应当规定一个适当的投标有效期，以保证招标人有足够的时间完成评标和与中标人签订合同。投标有效期从投标人提交投标文件截止之日起计算。

在原投标有效期结束前，出现特殊情况的，招标人可以书面形式要求所有投标人延长投标有效期。投标人同意延长的，不得要求或被允许修改其投标文件的实质性内容，但应当相应延长其投标保证金的有效期；投标人拒绝延长的，其投标失效，但投标人有权收回其投标保证金。因延长投标有效期造成投标人损失的，招标人应当给予补偿，但因不可抗力需要延长投标有效期的除外。

（七）评标方法、评标标准和废标条款

货物和服务招标采购的评标办法分为最低评标价法、综合评分法和性价

比法三种,招标采购单位可以根据招标项目的实际情况,选择其中一种作为评标办法,并在招标文件中予以明确。

评标标准可以由招标采购单位在招标文件中自行设定,相同的采购项目,由于采购人对项目中标结果的期望不同,制订的评标标准可能会不同,如某采购人希望能购买到质量高的产品,可能会降低投标价格的分值比例,提高产品质量的分值比例,如采购人希望能购买到便宜的产品,则可能会提高投标价格的分值比例,降低产品质量的分值比例。评标标准的制订必须力求公平,不得出现含有歧视性的内容,同时,必须将评标考虑的因素,以及相对应的分值在招标文件中明示。

招标采购单位在发出招标文件后,不得擅自终止招标,招标文件中必须事先约定废标的条件,只有在招标过程中出现这些条件后,招标采购单位才可以宣布终止招标。

(八)招标项目的技术规格、要求和数量,包括附件、图纸等

这部分内容是招标文件中最关键的部分,也是最难把握的部分。招标文件中制订的技术规格必须详细、明确、合理,不得要求或标明某一特定的专利、商标、名称、设计、原产地或生产供应者,不得含有倾向或者排斥潜在投标人的其他内容。如果必须引用某一生产供应者的技术标准才能准确或清楚地说明拟招标项目的技术标准时,则应当在参照后面加上"或相当于"的字样。

招标文件对拟招标项目的货物、服务或工程必须作出明确规定,数量应相对明确,允许在一定范围内变更,一般为±10%。

项目目前的现实环境对招标项目实施有影响的,招标文件应对实施环境进行详细的介绍,以帮助潜在投标人进行判断和评价。为方便潜在投标人对项目有全方位的了解,招标文件可以采用附件、图纸等形式,相关附件、图纸内容必须准确,并构成招标文件的一部分。

(九)招标项目实施时间、地点的要求

招标采购单位应在招标文件中明确对招标项目实施时间和地点的要求。对分阶段实施的招标项目,可以按阶段设定时间表,或要求投标人在制作投标文件时,按照对交货时间的总体要求,拟订项目实施进度计划表;对项目实施地点有多处的,应在招标文件中分别标明,以便投标人测算实施成本。

(十)现场及售后服务的要求

投标人提供的服务是有成本的,获得相关服务应该支付相关费用。但招标采购单位可以在招标文件中对服务提出具体要求,要求潜在投标人在投标时予以响应。招标采购单位可以要求相关服务的费用含在投标总报价中,也可以要求单独列明。

现场服务应明确投标人需要提供的服务类型,如现场的安装、调试、对操作人员的培训要求等,以及是否收费、费用的金额;

售后服务应要求投标人明确免费维护的时间、免费维护的内容,是仅免人工费,还是包括损害部件的更换,也可以在招标文件中直接明确提出要求;对招标项目的故障类维护,应明确响应时间、收费标准、零配件的价格;对需要定期养护的招标项目,应明确养护的间隔时间、养护内容、收费标准等。

(十一) 拟确定的付款方式

招标采购单位应在招标文件中明确拟确定的付款方式,是离岸付款、货到付款,还是验收合格后付款;是一次性付款,还是分期付款。同时,应明确规定是否允许投标人对拟确定的付款方式进行更改。

对分期付款中有些项目需提前向中标人支付部分合同款的,应在招标文件中明确该部分款项的性质是定金,不是预付款,支付的金额原则上不应超过合同总价的20%;对需要留有部分款项作为质量保证金的,应设定具体的支付期限和金额,原则上时间不超过一年,金额不超过10%。

(十二) 合同主要条款及合同签订方式

招标文件中的合同主要条款,是采购人与中标人签订合同的基础,招标文件中确定的条款,除合同双方协商一致,否则,在签订合同时不得更改。

合同的主要条款应包含以下内容:

(1) 合同主要文字的定义;
(2) 受合同约束的范围;
(3) 合同价格的构成;
(4) 合同款项的支付;
(5) 运输和保险;
(6) 包装与标记;
(7) 合同对象的技术资料;
(8) 对项目检验的要求;
(9) 对技术服务的要求;
(10) 项目的验收;
(11) 项目的质量保证;
(12) 合同履行延误的处理;
(13) 索赔;
(14) 不可抗力的情形和处理;
(15) 合同争议的仲裁或诉讼;
(16) 合同中止的条件;
(17) 合同生效的条件;

（18）合同的有效期。

政府采购合同必须采用书面形式,招标采购单位可以在招标文件中明确合同签订的时间、地点和份数。

（十三）其他注意事项

招标采购单位应当在招标文件中规定并标明实质性要求和条件。相关实质性要求和条件可以打＊号或者用特殊字体来突出,并以文字形式特别标明＊号或特殊字体即为招标文件中的实质性要求和条件,以便供应商识别并制作合格的投标文件,也便于评标委员会对投标文件进行资格性和符合性的审查。

四、公开招标的程序

公开招标的组织应按照《政府采购法》、《政府采购货物和服务招标投标管理办法》执行,政府采购工程进行招标投标的,适用《招标投标法》。

（一）委托

《政府采购法》规定,采购人采购纳入集中采购目录的政府采购项目,必须委托集中采购机构代理采购。采购人对集中采购目录外的政府采购项目,有条件的,可以自行组织开展货物服务招标活动,也可以委托具有政府采购业务代理资质的采购代理机构采购。

采购人自行组织招标的条件：

（1）具有独立承担民事责任的能力；

（2）具有编制招标文件和组织招标能力,有与采购招标项目规模和复杂程度相适应的技术、经济等方面的采购和管理人员；

（3）采购人员必须经过省级以上人民政府财政部门组织的政府采购培训。

采购人不符合上述条件的,必须委托采购代理机构招标。采购人委托采购代理机构招标的,应当与采购代理机构签订委托协议,确定委托代理的事项,约定双方的权利和义务。

（二）招标

1. 编制招标文件

招标采购单位应当根据招标项目的特点和需求编制招标文件,招标文件规定的各项技术标准应当符合国家强制性标准,招标文件不得要求或者标明特定的投标人或者产品,以及含有倾向性或者排斥潜在投标人的其他内容。采购代理机构编制的招标文件,在正式发售前应经采购人确认。

2. 发布招标公告

招标文件拟定后,招标采购单位必须在省级以上财政部门指定的政府采购信息发布媒体上发布招标公告,也可以在相关项目的专业网站、报纸、杂志上同时发布,以扩大招标信息的覆盖面。

3. 发售招标文件

招标采购单位应在招标公告规定的时间和地点,按照明确的价格出售招标文件。招标采购单位应当制作纸质招标文件,也可以在财政部门指定的网络媒体上发布电子招标文件,并应当保持两者的一致,电子招标文件与纸质招标文件具有同等法律效力。自招标文件开始发出之日起至投标人提交投标文件截止之日止,不得少于 20 天;对于工程建设项目,自招标文件出售之日起至停止出售之日止,最短不得少于 5 个工作日。

4. 现场考察或召开答疑会

招标采购单位根据招标采购项目的具体情况,组织潜在投标人现场考察或召开开标前答疑会,但不得单独或分别组织只有一个投标人参加的现场考察。潜在投标人依据招标人介绍情况做出的判断和决策,由投标人自行负责。

5. 开标前的保密制度

招标采购单位和有关工作人员不得向他人透露已获取招标文件的潜在投标人的名称、数量以及可能影响公平竞争的有关招标投标的其他情况。

6. 招标文件的澄清和修改

招标采购单位对已发出的招标文件进行必要澄清或者修改的,应当在招标文件要求提交投标文件截止时间 15 日前,在省级以上财政部门指定的政府采购信息发布媒体上发布更正公告,并以书面形式通知所有招标文件收受人。如招标采购单位对招标文件的澄清或修改时间离投标截止时间已不足 15 日,则应相应延长投标截止时间和开标时间,满足 15 日的要求。澄清或者修改的内容为招标文件的组成部分,如与原招标文件内容有冲突,则应以最后一次澄清或者修改内容为准。

7. 投标截止时间和开标时间的延长

招标采购单位需要延长投标截止时间和开标时间的,应当至少在招标文件要求提交投标文件的截止时间 3 日前,将变更时间书面通知所有招标文件收受人,并在省级以上财政部门指定的政府采购信息发布媒体上发布更正公告并可在投标截止时间 15 天前。

(三) 投标

1. 投标文件的编制

投标人按照招标文件的要求编制投标文件。投标文件应对招标文件提出的要求和条件作出实质性响应。投标文件一般由商务部分、技术部分、价格部分组成,相关部分是分别装订,还是装订成一册,应根据招标文件的要求。招标文件要求制作实物样品的,该样品应作为投标的一部分,同样也是评标的依据。

2. 投标文件的递交

投标人应当在招标文件要求提交投标文件的截止时间前,将投标文件密封送达投标地点。要求制作实物样品的,同样需在投标截止时间前将样品送达指定地点。招标采购单位收到投标文件和样品后,应当签收保存,任何单位和个人不得在开标前开启投标文件。招标采购单位应当拒收投标截止时间后送达的投标文件,包括已在邮递途中的投标文件。

3. 投标文件的补充、修改或撤回

投标人在投标截止时间前,可以对已递交的投标文件进行补充、修改或撤回,相关要求补充、修改或撤回的文件应以书面形式单独密封,并在投标截止时间前送达招标采购单位。补充、修改的内容应当按招标文件的要求签署、盖章,并作为投标文件的组成部分。补充、修改后的内容与投标文件内容有冲突的,应以补充、修改后的内容为准。在投标截止时间后到招标文件规定的投标有效期终止之前,投标人不得补充、修改或者撤回其投标文件。

4. 投标保证金的交纳

投标人投标时,应按照招标文件允许的形式交纳投标保证金,并在投标截止时间前送达招标采购单位。招标采购单位应对投标保证金的形式、金额进行审核,不符合招标文件要求的,招标采购单位应当拒绝接收投标人的投标文件。以联合体方式投标的,可以由联合体中任意一方或者共同提交投标保证金,以一方名义提交投标保证金的,对联合体各方均具有约束力。

5. 联合体投标

招标文件中接受联合体投标的,两个以上供应商可以组成一个投标联合体,以一个投标人的身份投标。以联合体形式参加投标的,联合体各方均应当同时具备以下条件:

(1) 具有独立承担民事责任的能力;

(2) 具有良好的商业信誉和健全的财务会计制度;

(3) 具有履行合同所必需的设备和专业技术能力;

(4) 有依法缴纳税收和社会保障资金的良好记录;

(5) 参加政府采购活动前三年内,在经营活动中没有重大违法记录;

(6) 法律、行政法规规定的其他条件。

招标文件中对投标人规定特定条件的,对于货物和服务类的政府采购项目,联合体各方中至少有一方符合招标文件规定的特定条件;对于工程类的政府采购项目,联合体各方均应符合招标文件规定的特定条件。

联合体各方之间应当签订联合投标协议,明确约定联合体各方承担的工作和相应的责任,并将联合投标协议连同投标文件一并提交招标采购单位。

联合体各方签订联合协议后,不得再以自己名义单独在同一项目中投标,也不得组成新的联合体参加同一项目投标。对于工程建设招标项目,联合体各方必须指定牵头人,授权其代表所有联合体成员负责投标和合同实施阶段的主办、协调工作,并应当向招标采购单位提交由所有联合体成员法定代表人签署的授权书。

联合体中标后,联合体各方应当共同与采购人签订采购合同,就采购合同约定的事项对采购人承担连带责任。

(四)开标

1. 开标的时间和地点

开标应当在招标文件确定的投标截止时间的同一时间公开进行,开标地点应当为招标文件中预先确定的地点,以上时间、地点如有变化,则应以招标采购单位发布的更正公告内容为准。

2. 开标前的准备工作

开标前,招标采购单位应事先准备好开标会场所需的相关设备,如电脑、打印机、投影机、音响设备等;拟定开标的议程;准备签到表、开标记录资料。

3. 参加开标的人员组成

开标前,招标采购单位应通知同级政府采购监管部门、监察部门等相关部门。参加开标的人员应由招标采购单位工作人员、采购人代表、政府采购监管及监察等部门代表、公证人员、投标人代表组成,参加开标的人员应签到以证明其出席。评标委员会成员不参加开标,直接到评标场所。

4. 投标文件的检验

开标前,应当由投标人或者其推选的代表检查投标文件的密封情况,也可以由招标采购单位委托的公证人员检验,并对检验结果当场宣布、公证。经检验被确认为未密封的投标文件,招标采购机构应拒绝开标。

5. 开标的程序

招标采购单位对确认为密封的招标文件,应当众拆封,并当场宣读投标人名称、投标价格、价格折扣,以及开标一览表中的其他内容,招标文件允许提供备选投标方案的,开标时应将所有方案的投标价格、价格折扣等内容当场宣读。未在开标现场宣读的投标价格、价格折扣和招标文件允许提供的备选投标方案等实质性内容,不得作为评标的依据。

6. 开标的记录

开标时,招标采购单位应指定专人负责记录,记录的内容应与宣读的内容相一致,记录人应在开标记录表上签字。开标结束后,招标采购单位应将开标记录表公布,请投标人确认开标记录表的内容是否与各自开标一览表的内容完全一致,如投标人无异议,则开标结束,进入评标阶段。如有异议,属于记录人笔误的,应按照投标人的开标一览表调整;属于投标人自身原因造成开标一览表内容有问题的,则不能调整开标记录表中内容。

7. 特殊情况的处理

投标截止时间结束后,如参加投标的供应商不足3家,则不能组织进行开标仪式,应向投标人宣布终止招标。招标采购单位应立即向同级设区的市、自治州以上政府采购监管部门提出更改采购方式申请,申请采用竞争性谈判、询价或单一来源方式采购,如政府采购监管部门同意,则可以继续按照批准的采购进行采购;如不同意,则需要重新招标或日后重新申请采用其他方式采购。

(五)评标

1. 评标委员会的组成

开标结束后,招标采购单位应当立即组织评标委员会进行评标。评标委员会由采购人代表和有关技术、经济等方面的专家组成,成员人数应当为5人以上单数,其中技术、经济等方面的专家需以随机抽取的方式确定,人数不得少于成员总数的三分之二。采购数额在300万元以上、技术复杂的项目,评标委员会中技术、经济方面的专家人数应当为5人以上单数,即对以上项目,评标委员会可以由5名专家加2名采购人代表组成,或由7名专家加2名采购人代表组成,也可以由9名专家加4名采购人代表组成,依此类推。招标采购单位就招标文件征询过意见的专家,不得再作为评标专家参加评标;采购人代表不得以专家身份参与本部门或本单位采购项目的评标;采购代理机构工作人员不得参加本机构代理的政府采购项目的评标。

2. 评标委员会的职责

(1) 审查投标文件是否符合招标文件要求,并作出评价;

(2) 要求投标人对投标文件有关事项作出解释或澄清;

(3) 推荐中标候选供应商名单,或者受采购人委托按照事先确定的办法直接确定中标供应商;

(4) 向招标采购单位或者有关部门报告非法干预评标工作的行为。

3. 评标过程的保密要求

招标采购单位应当采取必要措施,保证评标在严格保密的情况下进行,评标委员会成员名单在招标结果确定前必须保密。评标期间,评委不得单独与供应商联系和接触。

4. 评标的基本要求

(1) 评标的依据。评标委员会评审投标人的依据只能是招标采购机构的招标文件、投标人递交的投标文件,以及相关有效的补充、修改文件。招标文件要求投标人制作实物样品的,该实物样品也应作为评审的依据。除上述之外,评标委员会不得再寻求其他的依据。

（2）评标的方法。货物和服务招标采购的评标方法分为最低评标价法、综合评分法和性价比法,评标委员会应按照招标文件中确定的方法进行评标。

（3）评标的标准。评标委员会对投标人的评审标准,应与招标文件中确定的标准相一致。招标文件中未规定的评标因素,不得纳入评标的范围;投标文件中有,但开标时未宣读的价格折扣或优惠,不得作为评标的优先条件。

5. 评标的工作程序

（1）投标文件初审。初审分为资格性审查和符合性审查。

① 资格性审查。由于公开招标是邀请不确定的供应商参加投标,因此,对资格的审查属于资格后审,即在开标后,由评标委员会来审查。资格性审查,主要是指评标委员会依据法律法规和招标文件的规定,对投标文件中的资格证明、投标保证金等进行审查,以确定投标人是否具备合格的投标资格。相关的资格证明只能是招标文件中明确要求提供的,否则,不得纳入审查范围。

② 符合性审查。这是指评标委员会依据招标文件的规定,从投标文件的有效性、完整性和对招标文件的响应程度进行审查,以确定投标文件是否对招标文件的实质性要求作出响应。招标文件中未标明的实质性要求和条件,不得作为符合性审查的内容。

对未通过资格性或符合性的投标文件,评标委员会将不再进行详细评标,也不得接受投标人在开标后对投标文件实质性的修改以及补交的相关资格证明文件。

（2）澄清有关问题。评标委员会对投标文件含义不明确、同类问题表述不一致或者有明显文字和计算错误的内容,应以书面形式要求投标人作出必要的澄清、说明或者纠正。投标人应根据评标委员会的要求,以书面形式对相关问题进行澄清、说明或者补正。评标委员会不一定对所有投标人作澄清要求,也不得接受投标人超出投标文件范围或者改变投标文件实质性内容的澄清。对于报价不一致的处理,应按照招标文件中规定的办法处理,不需要投标人澄清。

（3）比较与评价。评标委员会应对通过资格性和符合性审查的投标文件进行详细的评价,评标的方法和标准应与招标文件中规定的评标方法和标准相一致。招标文件中要求投标文件制作时,将商务、技术、响应文件分开制作的,可以由评标委员会对投标文件的商务、技术部分先进行比较和评价,最后结合投标人的报价,确定最终的评价;要求投标人提供实物样品的,可以先对实物样品进行编号,由评标委员会对不确定的投标人现场进行比较和评价,再结合投标人的商务、报价响应情况,得出最终的结论。评标委员会在比较与评价过程中,不得改变招标文件中规定的评标办法、标准和中标条件,也不得与投标人就投标价格、投标方案等实质性内容进行谈判。

(4) 推荐中标候选供应商名单。中标候选供应商数量应当根据采购需要确定,并在招标文件中明确。评标委员会对投标文件比较与评价结束后,必须按顺序排列向招标采购单位推荐或确定中标候选供应商。

采用最低评标价法的,按投标报价由低到高顺序排列。投标报价相同的,按技术指标优劣顺序排列。评标委员会认为,排在前面的中标候选供应商的最低投标价或者某些分项报价明显不合理或者低于成本,有可能影响商品质量和不能诚信履约的,应当要求其在规定的期限内提供书面文件予以解释说明,并提交相关证明材料;否则,评标委员会可以取消该投标人的中标候选资格,按顺序由排在后面的中标候选供应商递补,以此类推。

采用综合评分法的,按评审后得分由高到低顺序排列。得分相同的,按投标报价由低到高顺序排列。得分且投标报价相同的,按技术指标优劣顺序排列。

采用性价比法的,按商数得分由高到低顺序排列。商数得分相同的,按投标报价由低到高顺序排列。商数得分且投标报价相同的,按技术指标优劣顺序排列。

(5) 编写评标报告。

评标报告是评标委员会根据全体评委签字的原始评标记录和评标结果编写的报告。在评标结束后,应由招标采购单位和评标委员会共同编写,并经所有评标委员会成员签字确认。

(六) 定标

1. 确定中标供应商

评标委员会可以向招标采购单位推荐合格的中标候选人,或者根据招标采购单位的授权直接确定供应商;采购代理机构应当在评标结束后5个工作日内将评标报告送采购人;采购人应当在收到评标报告后5个工作日内,按照评标报告中推荐的中标候选供应商顺序确定中标供应商;采购人不按照评标报告推荐的中标顺序确定中标供应商的,应以书面形式向采购代理机构提出合理的解释。

2. 发布中标公告

中标供应商确定后,中标结果应在省级以上政府采购监管部门指定的政府采购信息发布媒体上公告。

3. 发出中标通知书

在发布中标公告的同时,招标采购单位应当向中标供应商发出中标通知书,并同时将中标结果通知所有未中标的投标人;中标通知书对采购人和中

政府采购理论与实务

标供应商具有同等法律效力,双方如未在中标通知书发出后 30 日内签订合同,受损害的一方有权追究责任方的法律责任。

(七)签订合同

采购人或者采购代理机构应当自中标通知书发出之日起 30 日内,按照招标文件和中标供应商投标文件的约定,与中标供应商签订书面合同。原则上,采购人或者采购代理机构应在中标公告发布之日起 7 个工作日后,无供应商有效质疑,方可订立合同,以避免供应商的质疑造成中标无效,给招标代理机构带来不必要的麻烦。所签订的合同不得对招标文件和中标供应商投标文件作实质性修改。招标采购单位不得向中标供应商提出任何不合理的要求,作为签订合同的条件,不得与中标供应商私下订立背离合同实质性内容的协议。

(八)归档备案

采购人或者采购代理机构应当自合同签订之日起 7 个工作日内,按照有关规定将采购合同副本报同级政府采购监管部门备案。同时,将有关采购资料清点、整理,及时归档。

五、招标采购的评标方法

根据《政府采购货物和服务招标投标管理办法》规定,我国政府采购货物服务招标采购的评标方法分为以下三种:

(一)最低评标价法

1. 定义

最低评标价法是指以价格为主要因素确定中标候选供应商的评标方法,即在全部满足招标文件实质性要求前提下,依据统一的价格要素评定最低报价,以提出最低报价的投标人作为中标候选供应商的评标方法。

2. 适用范围

该方法适用于标准定制商品及通用服务项目。

3. 适用条件

在采购人对货物或服务的质量没有特殊要求,只需满足招标文件规定的基本要求,选择报价最低的投标人作为中标候选供应商时,可选择该评标方法。

4. 具体运用

招标采购单位选择最低评标价法时,应在招标文件中明确评标价格的组成要素,并明确折合成报价的比例或数额;在评标时,评标委员会应对通过资格性和符合性审查的投标文件,按照招标文件中规定的评价价格组成要素的折合比例或数额,结合投标文件中的报价,计算每份投标文件的评标价格,并按此价格对投标人重新排序,以提出最低评标价格的投标人作为中标候选供应商。

(二) 综合评分法

1. 定义

综合评分法是指在最大限度地满足招标文件实质性要求前提下,按照招标文件中规定的各项因素进行综合评审后,以评标总得分最高的投标人作为中标候选供应商或者中标供应商的评标方法。

2. 适用范围

该方法适用于技术比较复杂的商品及服务项目。

3. 适用条件

当采购人对采购项目的要求比较复杂,不能简单地以价格作为唯一的评价依据,而是需要对投标人进行综合评价,以选择综合评价最优的投标人作为中标候选供应商时,可选择该评标方法。

4. 具体运用

招标采购单位选择综合评分法的,应在招标文件中明确评分的主要因素,一般情况下,应包括价格、技术、财务状况、信誉、业绩、服务、对招标文件的响应程度等内容,并明确每一项评分因素的分值以及对应的比重或者权值。其中货物项目的价格分值占总分值的比重(即权值)为30%~60%;服务项目的价格分值占总分值的比重(即权值)为10%~30%。执行统一价格标准的服务项目,其价格不列为评分因素。有特殊情况需要调整的,应当经同级人民政府财政部门批准。

评标总得分 = $F_1 A_1 + F_2 \times A_2 + \cdots\cdots + F_n \times A_n$

F_1、F_2……F_n 分别为各项评分因素的汇总得分;

A_1、A_2……A_n 分别为各项评分因素所占的权重($A_1 + A_2 + \cdots\cdots + A_n = 1$)。

例:某项目招标文件中规定投标价格的分值为100分,权重为50%;技术的分值为120分,权重为30%;服务的分值为100分,权重为10%;信誉的分值为80分,权重为10%。经评标委员会评价、打分,某投标文件的得分分别为:价格80分,技术100分,服务90分,信誉70分,则该投标文件的评标总得分计算如下:

评标总得分 = $80 \times 50\% + 100 \times 30\% + 90 \times 10\% + 70 \times 10\%$
         = $40 + 30 + 9 + 7 = 86$ 分

在实际运用中,为简化评标得分的计算方法,提高评标的效率,招标采购单位可直接在招标文件中将各评分因素设定一定的分值,默认各评分因素的权重相等,则在打分时,直接将各评分因素的得分汇总,即得出各投标文件的评标总得分。

例：某项目招标文件中规定投标价格的分值为 50 分，技术的分值为 35 分，服务的分值为 10 分，信誉的分值为 5 分。经评标委员会评价、打分，某投标文件的得分分别为：价格 40 分，技术 30 分，服务 9 分，信誉 4 分，则该投标文件的评标总得分计算如下：

评标总得分 = 40 + 30 + 9 + 4 = 83 分

（三）性价比法

1. 定义

性价比法是指按照要求对投标文件进行评审后，计算出每个有效投标人除价格因素以外的其他各项评分因素（包括技术、财务状况、信誉、业绩、服务、对招标文件的响应程度等）的汇总得分，并除以该投标人的投标报价，以商数（评标总得分）最高的投标人为中标候选供应商或者中标供应商的评标方法。

2. 适用范围

该方法适用于在性能上有一定层次差别的商品及服务项目。

3. 适用条件

当采购人对采购项目不是简单地片面追求技术性能或价格，而且采购项目能够被不同性能层次的产品所满足，而不同的性能或技术要求对价格能产生重大影响，采购人需要选择一种性能与价格之间的平衡，选择性能价格之间比例最优的投标人作为中标候选供应商时，可选择该评标方法。

4. 具体运用

招标采购单位选择性价比法的，应在招标文件中明确除价格因素以外的其他各项评分因素（包括技术、财务状况、信誉、业绩、服务、对招标文件的响应程度等），并明确每一项评分因素的分值以及对应的比重或者权值。评标时，评标委员会各成员应当独立对每个有效投标人的标书进行评价、打分，然后汇总每个投标人每项评分因素的得分，再除以投标人的投标报价，选择商数最高的投标人为中标候选供应商。

评标总得分 = B/N

B 为投标人的综合得分，$B = F_1 \times A_1 + F_2 \times A_2 + \cdots\cdots + F_n \times A_n$，其中：$F_1$、$F_2$……$F_n$ 分别为除价格因素以外的其他各项评分因素的汇总得分；A_1、A_2……A_n 分别为除价格因素以外的其他各项评分因素所占的权重（$A_1 + A_2 + \cdots\cdots + A_n = 1$）；N 为投标人的投标报价。

例：某项目招标文件中规定技术的分值为 120 分，权重为 50%；服务的分值为 100 分，权重为 30%；信誉的分值为 80 分，权重为 10%；对招标文件的响应程度分值为 100 分，权重为 10%。经评标委员会评价、打分，某投标文件的得分分别为：技术 100 分，服务 90 分，信誉 70 分，对招标文件响应程度为 100

分,则该投标文件的得分计算如下:
B = 100×50% +90×30% +70×10% +100×10%
　= 50 +27 +7 +10 =94 分

如果投标人的报价为 100 万元,则该投标人的评标总得分 = 94/100 = 0.94。

如果投标人的报价为 50 万元,则该投标人的评标总得分 = 94/50 = 1.88。

假设这时其他投标人的评标总得分为 1.5,则该投标人在报价 100 万元时就不能中标,而在报价 50 万元时就可以中标。

（四）三种评标方法的比较

一般情况下,最低评标价法比较侧重于对价格的关注,追求的是财政性资金使用效益的最大化;综合评分法比较侧重于对技术性能的关注,追求的是对采购人需求的最大满足;而性价比法则侧重于对性能和价格之间平衡的关注,追求的是物有所值原则。

在选择评标方法时,如果货物项目的价格分值占总分值的比重(即权值)不在 30% ~60% 之内,或服务项目的价格分值占总分值的比重(即权值)不在 10% ~30% 之内,则可选择最低评标价法或性价比法。执行统一价格标准的服务项目,不适用性价比法,在避免投标人的恶意报价时,可采用综合评分法。

综合评分法在打分过程中,可能涉及比较多的各投标人之间的比较,性价比法一般在评标过程较少涉及各投标人之间的比较,因此,在使用性价比法时,可要求投标人将响应文件和技术文件分开递交,投标报价先不告之评委,评标委员会仅对技术文件进行评审,各投标人综合得分确定后,最后再结合投标报价,确定中标候选供应商,以保证评审结果的公正性。

六、无效投标及废标

1. 无效投标的概念和特点

无效投标一般是指由于投标人所递交的单个投标文件,经评标委员会审查,不符合招标文件对资格性、符合性的要求,从而导致评标委员会拒绝接受该投标文件。无效投标对其他投标人投标行为的有效性不直接产生影响,该招标项目可以继续进行。

2. 废标的概念和特点

废标一般是指由于投标人所递交的所有投标文件,经评标委员会审查,在合格投标文件的数量、投标报价、招标过程的公正性上不符合法律的规定,从而导致评标委员会拒绝接受所有投标文件。废标对所有投标人的投标行为都直接产生影响,标志着该招标项目立即终止,需要重新招标或改用其他采购方式。

3. 无效投标的具体情形

（1）应交未交投标保证金；

（2）未按照招标文件规定要求密封、签署、盖章；

（3）不具备招标文件中规定的资格要求；

（4）不符合法律、法规和招标文件中规定的其他实质性要求。

4. 废标的具体情形

（1）符合专业条件的供应商或者对招标文件作实质响应的供应商不足三家的；

（2）出现影响采购公正的违法、违规行为的；

（3）投标人的报价均超过了采购预算，采购人不能支付的；

（4）因重大变故，采购任务取消的。

5. 无效投标和废标的关系

一般情况下，出现无效投标的情况，不会引起废标，但如果无效投标的出现，造成对招标文件作实质性响应的供应商不足三家时，则会引起废标；但出现废标的情况，则所有投标人的投标都将是无效投标。

第三节　邀请招标采购方式

一、邀请招标的定义

邀请招标是指招标采购单位以投标邀请书的方式邀请特定的供应商投标的采购方式。

二、邀请招标的适用范围

符合下列情形之一的货物或者服务，可以采用招标方式采购：

（一）项目具有特殊性，只能从有限范围的供应商处采购

出现这种情形，一般主要有以下三种情况：

一是相关项目必须经过政府部门的特种行业的经营许可，造成取得相关经营许可的供应商数量有限。有些政府采购的服务类项目，如公务用车保险、出版物印刷、国际机票销售等，都必须经过相关行业主管部门的许可，并且在一定区域内供应商的数量是有限的。

二是相关项目在技术上有一定的特殊性，能够满足相关技术要求的供应商数量有限。如一些行业的专用设备，可能在全球仅有有限的几家供应商可以生产。

三是相关项目受到实施现场或整个工程施工的限制，仅有限的供应商

可以满足其要求,如电梯更新将受到原有井道的限制。

(二)采用公开招标方式的费用占政府采购项目总价值的比例过大

采用公开招标方式组织的采购活动,其直接费用一般主要由公告费、场地租赁费、评审费、住宿费、餐饮费等内容组成,因此,对于一些采购金额较小的项目,如不对投标供应商的数量进行限制,则可能造成评审时间过长,增加不必要的费用;而邀请招标除需要发布资格预审外,其余投标、开标、唱标、评标、定标的程序都与公开招标一致,但能够对投标供应商的数量进行一定限制,减少评审时间,提高评审效率。这种情形一般在预算金额不大的工程项目中出现较多。

例如,假定某招标采购单位组织采购活动,其发生费用平均标准是:公告费1 000元/次,场地租赁费2 000元/天,专家评审费2 000元/天,住宿费1 000元/天,餐饮费1 000元/天,专家每天可以评审6份投标文件。该招标采购单位采购某项目预算为100万元,如采用公开招标方式进行,可能会有30个供应商参加投标,则其费用 = 1 000 + (2 000 + 2 000 + 1 000 + 1 000) * (30/6) = 31 000元,而如采用邀请招标方式,只邀请通过资格预审的6家供应商参加投标,则其费用 = 1 000 + (2 000 + 2 000 + 1 000 + 10 00) * (6/6) = 7 000元,将比公开招标方式节约费用24 000元。

三、邀请招标的程序

邀请招标的组织也应按照《政府采购法》、《政府采购货物和服务招标投标管理办法》执行,政府采购工程采用邀请投标的,适用《招标投标法》。

(一)资格预审

1. 发布资格预审公告

招标采购单位应当在省级以上人民政府财政部门指定的政府采购信息发布媒体发布资格预审公告,公布投标人资格条件。招标采购单位不得以不合理的条件限制供应商参加邀请招标活动。资格预审公告的期限不得少于7个工作日,同时,必须明确接收供应商资格证明文件的截止时间(应当在公告期结束之日起3个工作日前)。

2. 接收资格证明文件

招标采购单位应当在资格预审公告期结束之日起3个工作日前,在公告规定的地点接收供应商提交的资格证明文件,相关资格证明文件应当按照预审公告中的要求进行密封、签署、盖章。

3. 审查供应商资格条件

招标采购单位应对拟参加投标供应商的资格条件进行审查,审查的内容不得超过资格预审公告要求的范围。招标采购单位应当邀请法律、经济、财会方面的专家共同参与对资格证明文件的审查,必要时,可以要求相关供应商提供资格证明文件的原件,到有关部门核对或到供应商生产经营场所现场考察。审查结束后,应就审查结果出具书面报告,对不符合资格条件的供应商应注明理由。

4. 发出投标邀请书

招标采购单位应从评审合格的供应商中通过随机方式选择三家以上的供应商,并向其发出投标邀请书。为避免暗箱操作,抽取供应商时应邀请所有资格审查合格的供应商共同到现场监督,由供应商代表或公证人员随机抽取,抽取的供应商数量应以 5~6 个为宜。招标采购单位发出投标邀请书后,应要求收到投标邀请书的供应商回复确认。

(二)招标、投标、开标、评标、定标、签订合同、归档备案

程序与公开招标基本一致,区别有:

1. 招标采购单位在制订招标文件时,不应再要求投标人提交相关的资格证明文件;

2. 评标委员会在评审时,不需要对投标文件进行资格性审查。

四、《政府采购法》与《招标投标法》的区别

《政府采购法》与《招投标法》有所不同,具体见表 3-1。

表 3-1 《政府采购法》与《招标投标法》的区别

内容	政府采购法	招标投标法
适用范围	在中华人民共和国境内进行的政府采购	在中华人民共和国境内进行招标投标活动
法律效力	《招标投标法》	《政府采购法》
监管部门(采购或招标代理机构资格的认定、信息发布的媒体、招标过程的监管、事后处理或处罚)	各级人民政府财政部门	国家发展计划委员会指导和协调全国招投标工作,工业(含内贸)、水利、交通、铁道、民航、信息产业等行业和产业项目的招投标活动的监督执法,分别由经贸、水利、交通、铁道、民航、信息产业行政主管部门负责;各类房屋建筑及其附属设施的建造和与其配套的线路、管道、设备的安装项目和市政工程项目的招投标活动的监督执法,由建设行政主管部门负责;进口机电设备采购项目的招投标活动的监督执法,由外经贸行政主管部门负责

续表

内容	政府采购法	招标投标法
负责制订集中采购目录和公开招标限额标准（招标范围和规模标准）的部门	省级以上人民政府或其授权机构	国务院发展计划部门会同有关部门
招标方式的选择	以公开招标为主	没明确规定
邀请招标对象的产生	先资格预审，再通过随机方式选择3家以上供应商	直接向3个以上具备承担招标项目的能力、资信良好的特定的供应商发出投标邀请书
废标条件	符合专业条件或对招标文件作实质响应的供应商不足3家	投标人少于3个
评标委员会的组成	300万元以上的项目，评委至少7名	5人以上单数
备案材料及时间	自合同签订之日起7个工作日，将合同副本报同级政府采购管理部门和有关部门备案	自确定中标人之日起15日内，向有关行政监督部门提交招标投标情况的书面报告
中标无效情形	1. 委托不具备政府采购业务代理资格的机构办理采购事务的； 2. 以不合理的条件对供应商实行差别待遇或者歧视待遇的； 3. 开标前泄露标底的； 4. 提供虚假材料谋取中标的； 5. 采取不正当手段诋毁、排挤其他供应商的； 6. 与采购人、其他供应商或者采购代理机构恶意串通的； 7. 向采购人、采购代理机构行贿或者提供其他不正当利益的； 8. 在招标采购过程中与采购人进行协商谈判的； 9. 拒绝有关部门监督检查或者提供虚假情况的	1. 招标代理机构泄露应当保密的与招标投标活动有关的情况和资料的； 2. 招标代理机构与招标人、投标人串通损害国家利益、社会公共利益或者他人合法权益的； 3. 依法必须进行招标的项目的招标人向他人透露已获取招标文件的潜在投标人的名称、数量或者可能影响公平竞争的有关招标投标的其他情况的，或者泄露标底的； 4. 投标人相互串通投标或者与招标人串通投标的； 5. 投标人以向招标人或评标委员会成员行贿的手段谋取中标的； 6. 投标人以他人名义投标或者以其他方式弄虚作假，骗取中标的； 7. 依法必须进行招标的项目，招标人与投标人就投标价格、投标方案等实质性内容进行谈判的； 8. 招标人在评标委员会依法推荐的中标候选人以外确定中标人的，或者依法必须进行招标的项目在所有投标被评标委员会否决后自行确定中标人的

五、邀请招标采购方式执行中应注意的问题

（一）严格把住审批关

各级政府采购管理部门要严格把握选择邀请招标采购方式的审批关，凡是产品品种丰富、提供货物或者劳务的供应商数量充足的采购项目，原则上都要采取公开招标方式；对于特定的采购项目，采取公开招标无法实现采购目标的，才可以采取邀请招标方式。

（二）严格招标程序监督管理

要对邀请招标程序实行的监督管理，要严格执行通过公开招标方式确定符合资格条件供应商的规定，要防止通过制定歧视性条款进行资格预选，确保资格预选工作公开、公平和公正。要制定规范的随机选择邀请对象的程序，杜绝人为挑选。

第四节 竞争性谈判采购方式

一、竞争性谈判采购的定义

竞争性谈判是指谈判小组与符合资格条件的供应商就采购货物、工程和服务事宜进行谈判，供应商按照谈判文件的要求提交响应文件和最后报价，采购人从谈判小组提出的成交候选人中确定成交供应商的采购方式。

二、竞争性谈判采购的适用范围

符合下列情形之一的采购项目，可以采用竞争性谈判方式采购：

（一）招标后没有供应商投标或者没有合格标的或者重新招标未能成立的

这种情形主要有以下三种情况：

（1）招标后没有供应商投标或者参加投标的供应商少于3家；

（2）虽然有3家供应商投标，但评标委员会对投标文件进行资格性或符合性审查后，发现实质性响应招标文件要求的投标供应商少于3家；

（3）第一次招标失败后，重新组织招标，参加投标的供应商或对招标文件作出实质性响应的供应商仍然少于3家。

（二）技术复杂或者性质特殊，不能确定详细规格或者具体要求的

这种情形主要有以下两种情况：

（1）采购项目的技术要求太复杂，采购人无法在采购文件中详细表述出自己的实际采购需求。主要涉及一些专业性较强、需求不好把握的项目采购。

（2）由于某种客观原因，采购人的需求一直存在不确定的因素，或存在着可选择的需求方案。

（三）非采购人所能预见的原因或者非采购人拖延造成采用招标所需时间不能满足用户紧急需要的

这种情形一般仅适用于不可预见的突发性采购需求。原则上年度预算确定的项目，不应出现此种情形。采购人不得以此情形为理由，规避公开招标。

（四）因艺术品采购、专利、专有技术或者服务的时间、数量事先不能确定等原因不能事先计算出价格总额的

这种情形与第二种情形相似，存在着一定的因果关系。正因为需求的不确定性，才造成价格总额的不确定性；同时也存在因为价格的不确定，如采购人无法确定采购项目是否突破预算，才造成需求的不确定性。

公开招标的货物、服务采购项目，招标过程中提交投标文件或者经评审实质性响应招标文件要求的供应商只有两家时，采购人、采购代理机构按照经本级财政部门批准后可以与该两家供应商进行竞争性谈判采购，采购人、采购代理机构应当根据招标文件中的采购需求编制谈判文件，成立谈判小组，由谈判小组对谈判文件进行确认。

三、竞争性谈判采购的程序

（一）制定谈判文件

谈判文件应当根据采购项目的特点和采购人的实际需求制定，并经采购人书面同意。采购人应当以满足实际需求为原则，不得擅自提高经费预算和资产配置等采购标准。

谈判文件不得要求或者标明供应商名称或者特定货物的品牌，不得含有指向特定供应商的技术、服务等条件。

谈判文件应当包括供应商资格条件、采购邀请、采购方式、采购预算、采购需求、采购程序、价格构成或者报价要求、响应文件编制要求、提交响应文件截止时间及地点、保证金交纳数额和形式、评定成交的标准等，以及谈判小组根据与供应商谈判情况可能实质性变动的内容，包括采购需求中的技术、服务要求以及合同草案条款。

从谈判文件发出之日起至供应商提交首次响应文件截止之日止不得少于3个工作日。

提交首次响应文件截止之日前，采购人、采购代理机构或者谈判小组可以对已发出的谈判文件进行必要的澄清或者修改，澄清或者修改的内容作为谈判文件的组成部分。澄清或者修改的内容可能影响响应文件编制的，采购

人、采购代理机构或者谈判小组应当在提交首次响应文件截止之日 3 个工作日前,以书面形式通知所有接收谈判文件的供应商,不足 3 个工作日的,应当顺延提交首次响应文件截止之日。

(二) 确定参加谈判的供应商

采购人、采购代理机构应当通过发布公告、从省级以上财政部门建立的供应商库中随机抽取或者采购人和评审专家分别书面推荐的方式邀请不少于 3 家符合相应资格条件的供应商参与竞争性谈判或者询价采购活动。

符合《政府采购法》第二十二条第一款规定条件的供应商可以在采购活动开始前加入供应商库。财政部门不得对供应商申请入库收取任何费用,不得利用供应商库进行地区和行业封锁。

采取采购人和评审专家书面推荐方式选择供应商的,采购人和评审专家应当各自出具书面推荐意见。采购人推荐供应商的比例不得高于推荐供应商总数的 50%。

(三) 成立谈判小组

竞争性谈判小组由采购人代表和评审专家共 3 人以上单数组成,其中评审专家人数不得少于竞争性谈判小组成员总数的 2/3。采购人不得以评审专家身份参加本部门或本单位采购项目的评审。采购代理机构人员不得参加本机构代理的采购项目的评审。

达到公开招标数额标准的货物或者服务采购项目,或者达到招标规模标准的政府采购工程,竞争性谈判小组应当由 5 人以上单数组成。

采用竞争性谈判方式采购的政府采购项目,评审专家应当从政府采购评审专家库内相关专业的专家名单中随机抽取。技术复杂、专业性强的竞争性谈判采购项目,通过随机方式难以确定合适的评审专家的,经主管预算单位同意,可以自行选定评审专家。技术复杂、专业性强的竞争性谈判采购项目,评审专家中应当包含 1 名法律专家。

专家的抽取和管理按照财政部、监察部《政府采购评审专家管理办法》的有关规定执行。

(四) 谈判

1. 响应文件的递交

供应商应当按照谈判文件的要求编制参加谈判的响应文件,并对其提交的响应文件的真实性、合法性承担法律责任。

参加谈判的供应商应当在谈判文件规定的截止时间前,将响应文件密封送达规定地点。在截止时间后送达的响应文件为无效文件,采购人、采购代理机构或者谈判小组应当拒收。

供应商在提交响应文件截止时间前,可以对所提交的响应文件进行补充、修改或者撤回,并书面通知采购人、采购代理机构。补充、修改的内容作为响应文件的组成部分。补充、修改的内容与响应文件不一致的,以补充、修改的内容为准。

采购人、采购代理机构可以要求供应商在提交响应文件截止时间之前交纳保证金。保证金应当采用支票、汇票、本票、网上银行支付或者金融机构、担保机构出具的保函等非现金形式交纳。保证金数额应当不超过采购项目预算的2%。

两个以上供应商可以组成一个联合体,以一个供应商的身份共同参加竞争性谈判活动(有关联合体的规定同公开招标)。

供应商为联合体的,可以由联合体中的一方或者多方共同交纳保证金,其交纳的保证金对联合体各方均具有约束力。

2. 实质性响应审查

谈判小组应当对响应文件进行评审,并根据谈判文件规定的程序、评定成交的标准等事项与实质性响应谈判文件要求的供应商进行谈判。未实质性响应谈判文件的响应文件按无效处理,谈判小组应当告知有关供应商。

谈判小组在对响应文件的有效性、完整性和响应程度进行审查时,可以要求供应商对响应文件中含义不明确、同类问题表述不一致或者有明显文字和计算错误的内容等作出必要的澄清、说明或者更正。供应商的澄清、说明或者更正不得超出响应文件的范围或者改变响应文件的实质性内容。

谈判小组要求供应商澄清、说明或者更正响应文件应当以书面形式作出。供应商的澄清、说明或者更正应当由法定代表人或其授权代表签字或者加盖公章。由授权代表签字的,应当附法定代表人授权书。供应商为自然人的,应当由本人签字并附身份证明。

3. 谈判

谈判小组所有成员应当集中与单一供应商分别进行谈判,并给予所有参加谈判的供应商平等的谈判机会。

在谈判过程中,谈判小组可以根据谈判文件和谈判情况实质性变动采购需求中的技术、服务要求以及合同草案条款,但不得变动谈判文件中的其他内容。实质性变动的内容,须经采购人代表确认。

对谈判文件作出的实质性变动是谈判文件的有效组成部分,谈判小组应当及时以书面形式同时通知所有参加谈判的供应商。

供应商应当按照谈判文件的变动情况和谈判小组的要求重新提交响应文件,并由其法定代表人或授权代表签字或者加盖公章。由授权代表签字的,应当附法定代表人授权书。供应商为自然人的,应当由本人签字并附身份证明。

谈判文件能够详细列明采购标的的技术、服务要求的,谈判结束后,谈判小组应当要求所有继续参加谈判的供应商在规定时间内提交最后报价,提交最后报价的供应商不得少于3家。

谈判文件不能详细列明采购标的的技术、服务要求,需经谈判由供应商提供最终设计方案或解决方案的,谈判结束后,谈判小组应当按照少数服从多数的原则投票推荐3家以上供应商的设计方案或者解决方案,并要求其在规定时间内提交最后报价。最后报价是供应商响应文件的有效组成部分。

已提交响应文件的供应商,在提交最后报价之前,可以根据谈判情况退出谈判。采购人、采购代理机构应当退还退出谈判的供应商的保证金。

(五)推荐成交候选供应商

谈判小组应当从质量和服务均能满足采购文件实质性响应要求的供应商中,按照最后报价由低到高的顺序提出3名以上成交候选人,并编写评审报告。

(六)编写评审报告

谈判小组应当根据评审记录和评审结果编写评审报告,其主要内容包括:

(1)邀请供应商参加采购活动的具体方式和相关情况,以及参加采购活动的供应商名单;

(2)评审日期和地点,谈判小组成员名单;

(3)评审情况记录和说明,包括对供应商的资格审查情况、供应商响应文件评审情况、谈判情况、报价情况等;

(4)提出的成交候选人的名单及理由。

评审报告应当由谈判小组全体人员签字认可。谈判小组成员对评审报告有异议的,按照少数服从多数的原则推荐成交候选人,采购程序继续进行。对评审报告有异议的谈判小组成员,应当在报告上签署不同意见并说明理由,由谈判小组书面记录相关情况。谈判小组成员拒绝在报告上签字又不书面说明其不同意见和理由的,视为同意评审报告。

谈判小组成员以及与评审工作有关的人员不得泄露评审情况以及评审过程中获悉的国家秘密、商业秘密。

(七)确定成交供应商

采购代理机构应当在评审结束后2个工作日内将评审报告送采购人确认。

采购人应当在收到评审报告后5个工作日内,从评审报告提出的成交候选人中,根据质量和服务均能满足采购文件实质性响应要求且最后报价最低的原则确定成交供应商,也可以书面授权谈判小组直接确定成交供应商。采购人逾期未确定成交供应商且不提出异议的,视为确定评审报告提出的最后报价最低的供应商为成交供应商。

（八）公告成交结果

采购人或者采购代理机构应当在成交供应商确定后2个工作日内,在省级以上财政部门指定的媒体上公告成交结果,同时向成交供应商发出成交通知书,并将竞争性谈判文件随成交结果同时公告。成交结果公告应当包括以下内容：

(1) 采购人和采购代理机构的名称、地址和联系方式；

(2) 项目名称和项目编号；

(3) 成交供应商名称、地址和成交金额；

(4) 主要成交标的的名称、规格型号、数量、单价、服务要求；

(5) 谈判小组成员名单。

采用书面推荐供应商参加采购活动的,还应当公告采购人和评审专家的推荐意见。

（九）签订合同

采购人与成交供应商应当在成交通知书发出之日起30日内,按照采购文件确定的合同文本以及采购标的、规格型号、采购金额、采购数量、技术和服务要求等事项签订政府采购合同。

采购人不得向成交供应商提出超出采购文件以外的任何要求作为签订合同的条件,不得与成交供应商订立背离采购文件确定的合同文本以及采购标的、规格型号、采购金额、采购数量、技术和服务要求等实质性内容的协议。

除不可抗力等因素外,成交通知书发出后,采购人改变成交结果,或者成交供应商拒绝签订政府采购合同的,应当承担相应的法律责任。

成交供应商拒绝签订政府采购合同的,采购人可以确定其他供应商作为成交供应商并签订政府采购合同,也可以重新开展采购活动。拒绝签订政府采购合同的成交供应商不得参加对该项目重新开展的采购活动。

（十）合同验收

采购人或者采购代理机构应当按照采购合同规定的技术、服务等要求组织对供应商履约的验收,并出具验收书。验收书应当包括每一项技术、服务等要求的履约情况。大型或者复杂的项目,应当邀请国家认可的质量检测机构参加验收。验收方成员应当在验收书上签字,并承担相应的法律责任。

（十一）资料归档

采购人、采购代理机构应当妥善保管每项采购活动的采购文件。采购文件包括采购活动记录、采购预算、谈判文件、响应文件、推荐供应商的意见、评审报告、成交供应商确定文件、合同文本、验收证明、质疑答复、投诉处理决定以及其他有关文件、资料。采购文件可以电子档案方式保存。

第五节 单一来源采购方式

一、单一来源采购的定义

单一来源采购是指采购人从某一特定供应商处采购货物、工程和服务的采购方式。

二、单一来源采购的适用范围

符合下列情形之一的货物和服务,可以采用单一来源方式采购:
(1) 只能从唯一供应商处采购;
(2) 发生了不可预见的紧急情况不能从其他供应商处采购;
(3) 必须保证原有采购项目一致性或者服务配套的要求,需要继续从原供应商处添购,且添购资金总额不超过原合同采购金额10%。

第一种情形的出现是由于采购对象的限制性。采购的产品只能一家能够满足需要,且该产品没有替代品,可以适应本情形,特别是我国加入WTO后,对知识产权的保护日益重视,许多含有专用技术、专利权的产品就只能从拥有人或其授权人处采购,否则采购行为将违法。

第二种情形的出现是由于采购时间的限制性。紧急情况出现,如急需要现货供应,只有一家供应商在时间上能够满足紧急的需求。适用本情形有个限制条件:不能从其他供应商处采购,如可以从其他供应商处采购,即使时间紧急,也应该适用于竞争性谈判,而不是单一来源采购。

第三种情形的出现是由于采购项目的限制性。由于采购项目的一致性或服务配套的要求,可以从原供应商处采购,但有个前提条件:添购资金总额不超过原合同采购金额的10%。

三、单一来源采购的程序

1. 信息公示

属于只能从唯一供应商处采购的情形,且达到公开招标数额的货物、服务项目,拟采用单一来源采购方式的,采购人、采购代理机构在报财政部门批准之前,应当在省级以上财政部门指定媒体上公示,并将公示情况一并报财政部门。公示期不得少于5个工作日。公示内容应当包括:
(1) 采购人、采购项目名称和内容;

（2）拟采购的货物或者服务的说明；

（3）采用单一来源采购方式的原因及相关说明；

（4）拟定的唯一供应商名称、地址；

（5）专业人员对相关供应商因专利、专有技术等原因具有唯一性的具体论证意见，以及专业人员的姓名、工作单位和职称；

（6）公示的期限；

（7）采购人、采购代理机构、财政部门的联系地址、联系人和联系电话。

任何供应商、单位或者个人对采用单一来源采购方式公示有异议的，可以在公示期内将书面意见反馈给采购人、采购代理机构，并同时抄送相关财政部门。

2．论证

采购人、采购代理机构收到对采用单一来源采购方式公示的异议后，应当在公示期满后5个工作日内，组织补充论证，论证后认为异议成立的，应当依法采取其他采购方式；论证后认为异议不成立的，应当将异议意见、论证意见与公示情况一并报相关财政部门。

3．向供应商发出单一来源采购文件

采购文件应明确技术要求、数量、现场和售后服务要求、交货时间和地点、付款方式，以及合同主要条款等内容，以便供应商对照响应。

4．成立采购小组

单一来源采购小组的专家不一定是政府采购评审专家库中的专家，只要是具有相关经验的专业人员即可。

5．递交响应文件

参加单一来源采购的供应商应按照采购文件的要求制作响应文件，并在规定时间、地点向采购人或采购代理机构递交响应文件。

6．协商

尽管只有一家供应商能够满足需求，但也必须经采购小组与供应商协商后，才能确定是否成交。通过谈判，一方面是审核供应商对单一来源采购文件是否全部响应，未响应的，可以通过谈判协商解决，寻求双方都能够接受的方案；另一方面是审核其报价是否合理，供应商报价明显不合理，并且通过谈判仍不能低于市场平均价的，应拒绝其报价，重新尝试寻找其替代品。

7．确定成交内容

采购人或采购代理机构应组织具有相关经验的专业人员，根据单一来源采购文件和供应商的响应文件，与供应商商定合理的成交价格并保证采购项目质量，并确定最终的成交内容，包括商务、技术和价格等方面的内容，

8. 编写协商情况记录

单一来源采购人员应当编写协商情况记录,主要内容包括:

(1) 公示情况说明;

(2) 协商日期和地点,采购人员名单;

(3) 供应商提供的采购标的成本、同类项目合同价格以及相关专利、专有技术等情况说明;

(4) 合同主要条款及价格商定情况。

协商情况记录应当由采购全体人员签字认可。对记录有异议的采购人员,应当签署不同意见并说明理由。采购人员拒绝在记录上签字又不书面说明其不同意见和理由的,视为同意。

四、单一来源采购的成交原则

单一来源采购方式是五种法定采购方式中最特殊的一种,其他四种方式都要求参加采购的供应商数量不得少于 3 家(特殊情况下,经政府采购监督管理部门批准,也不能少于 2 家),因此,采购人或采购代理机构掌握了采购的主动权,体现出买方市场的特征,而单一来源采购方式却仅有一家供应商能够满足采购人的需求,主动权掌握在供应商手中,体现出卖方市场的特征。《政府采购法》和《七十四号令》对单一来源采购如何确定成交,均未作出明确规定,因此,在运用单一来源采购方式采购时,确定成交应主要把握两个原则:一是保证质量;二是价格合理。

保证质量的含义有:一是满足采购人的技术要求;二是满足采购人数量、交货时间、服务、付款方式等方面的要求。

价格合理的标准是:一不能突破采购预算;二不能高于其他单位的采购价;三不能比同类相近产品价格高出太多。

第六节　询价采购方式

一、询价采购的定义

询价采购是指询价小组向符合资格条件的供应商发出采购货物询价通知书,要求供应商一次报出不得更改的价格,采购人从询价小组提出的成交候选人中确定成交供应商的采购方式。

二、询价采购的适用范围

询价采购方式仅适用于货物项目。要求货物规格、标准统一,现货货源充足且价格变化幅度小。

三、询价采购的程序

（一）制定询价通知书

询价通知书应当根据采购项目的特点和采购人的实际需求制定，并经采购人书面同意。采购人应当以满足实际需求为原则，不得擅自提高经费预算和资产配置等采购标准。询价通知书应当包括供应商资格条件、采购邀请、采购方式、采购预算、采购需求、采购程序、价格构成或者报价要求、响应文件编制要求、提交响应文件截止时间及地点、保证金交纳数额和形式、评定成交的标准等。

询价通知书不得要求或者标明供应商名称或者特定货物的品牌，不得含有指向特定供应商的技术、服务等条件。

从询价通知书发出之日起至供应商提交响应文件截止之日止不得少于3个工作日。

提交响应文件截止之日前，采购人、采购代理机构或者询价小组可以对已发出的询价通知书进行必要的澄清或者修改，澄清或者修改的内容作为询价通知书的组成部分。澄清或者修改的内容可能影响响应文件编制的，采购人、采购代理机构或者询价小组应当在提交响应文件截止之日3个工作日前，以书面形式通知所有接收询价通知书的供应商，不足3个工作日的，应当顺延提交响应文件截止之日。

（二）确定参加询价的供应商

采购人、采购代理机构应当通过发布公告、从省级以上财政部门建立的供应商库中随机抽取或者采购人和评审专家分别书面推荐的方式邀请不少于3家符合相应资格条件的供应商参与询价采购活动。

采取采购人和评审专家书面推荐方式选择供应商的，采购人和评审专家应当各自出具书面推荐意见。采购人推荐供应商的比例不得高于推荐供应商总数的50%。

（三）成立询价小组

询价小组由采购人代表和评审专家共3人以上单数组成，其中评审专家人数不得少于询价小组成员总数的2/3。采购人不得以评审专家身份参加本部门或本单位采购项目的评审。采购代理机构人员不得参加本机构代理的采购项目的评审。

达到公开招标数额标准的货物采购项目，询价小组应当由5人以上单数组成。

采用询价方式采购的政府采购项目，评审专家应当从政府采购评审专家库内相关专业的专家名单中随机抽取。

（四）询价

1. 响应文件的递交

供应商应当在询价通知书要求的截止时间前,将响应文件密封送达指定地点。在截止时间后送达的响应文件为无效文件,采购人、采购代理机构或者询价小组应当拒收。

供应商在提交响应文件截止时间前,可以对所提交的响应文件进行补充、修改或者撤回,并书面通知采购人、采购代理机构。补充、修改的内容作为响应文件的组成部分。补充、修改的内容与响应文件不一致的,以补充、修改的内容为准。

2. 实质性响应审查

询价小组在对响应文件的有效性、完整性和响应程度进行审查时,可以要求供应商对响应文件中含义不明确、同类问题表述不一致或者有明显文字和计算错误的内容等作出必要的澄清、说明或者更正。供应商的澄清、说明或者更正不得超出响应文件的范围或者改变响应文件的实质性内容。

询价小组要求供应商澄清、说明或者更正响应文件应当以书面形式作出。供应商的澄清、说明或者更正应当由法定代表人或其授权代表签字或者加盖公章。由授权代表签字的,应当附法定代表人授权书。供应商为自然人的,应当由本人签字并附身份证明。

询价小组在询价过程中,不得改变询价通知书所确定的技术和服务等要求、评审程序、评定成交的标准和合同文本等事项。

询价开始后,在询价通知书及询价程序符合法律规定的前提下,符合项目资格条件的供应商只有 2 家时,应当终止采购活动,重新组织采购。

3. 询价

询价小组将全部满足询价通知书实质性要求的供应商的报价由低到高排列供应商顺序,报价相同的,按技术指标优劣顺序排列。询价期间,采购人或采购代理机构一律不得接受供应商对报价的调整。

（五）推荐成交候选供应商

询价小组应当从质量和服务均能满足采购文件实质性响应要求的供应商中,按照报价由低到高的顺序提出 3 名以上成交候选人。

（六）编写评审报告

询价小组应当根据评审记录和评审结果编写评审报告,其主要内容包括:

(1) 邀请供应商参加采购活动的具体方式和相关情况,以及参加采购活动的供应商名单;

(2) 评审日期和地点,询价小组成员名单;

（3）评审情况记录和说明，包括对供应商的资格审查情况、供应商响应文件评审情况、报价情况等；

（4）提出的成交候选人的名单及理由。

评审报告应当由询价小组全体人员签字认可。询价小组成员对评审报告有异议的，询价小组按照少数服从多数的原则推荐成交候选人，采购程序继续进行。对评审报告有异议的询价小组成员，应当在报告上签署不同意见并说明理由，由询价小组书面记录相关情况。询价小组成员拒绝在报告上签字又不书面说明其不同意见和理由的，视为同意评审报告。

（七）确定成交供应商

采购代理机构应当在评审结束后2个工作日内将评审报告送采购人确认。

采购人应当在收到评审报告后5个工作日内，从评审报告提出的成交候选人中，根据质量和服务均能满足采购文件实质性响应要求且报价最低的原则确定成交供应商，也可以书面授权询价小组直接确定成交供应商。采购人逾期未确定成交供应商且不提出异议的，视为确定评审报告提出的最后报价最低的供应商为成交供应商。

（八）公告成交结果

采购人或者采购代理机构应当在成交供应商确定后2个工作日内，在省级以上财政部门指定的媒体上公告成交结果，同时向成交供应商发出成交通知书，并将询价通知书随成交结果同时公告。成交结果公告应当包括以下内容：

（1）采购人和采购代理机构的名称、地址和联系方式；

（2）项目名称和项目编号；

（3）成交供应商名称、地址和成交金额；

（4）主要成交标的的名称、规格型号、数量、单价、服务要求；

（5）询价小组成员名单。

采用书面推荐供应商参加采购活动的，还应当公告采购人和评审专家的推荐意见。

（九）签订合同

采购人与成交供应商应当在成交通知书发出之日起30日内，按照采购文件确定的合同文本以及采购标的、规格型号、采购金额、采购数量、技术和服务要求等事项签订政府采购合同。

采购人不得向成交供应商提出超出采购文件以外的任何要求作为签订合同的条件，不得与成交供应商订立背离采购文件确定的合同文本以及采购标的、规格型号、采购金额、采购数量、技术和服务要求等实质性内容的协议。

除不可抗力等因素外,成交通知书发出后,采购人改变成交结果,或者成交供应商拒绝签订政府采购合同的,应当承担相应的法律责任。

成交供应商拒绝签订政府采购合同的,采购人可以确定其他供应商作为成交供应商并签订政府采购合同,也可以重新开展采购活动。拒绝签订政府采购合同的成交供应商不得参加对该项目重新开展的采购活动。

(十)合同验收

采购人或者采购代理机构应当按照采购合同规定的技术、服务等要求组织对供应商履约的验收,并出具验收书。验收书应当包括每一项技术、服务等要求的履约情况。大型或者复杂的项目,应当邀请国家认可的质量检测机构参加验收。验收方成员应当在验收书上签字,并承担相应的法律责任。

(十一)资料归档

采购人、采购代理机构应当妥善保管每项采购活动的采购文件。采购文件包括采购活动记录、采购预算、询价通知书、响应文件、推荐供应商的意见、评审报告、成交供应商确定文件、合同文本、验收证明、质疑答复、投诉处理决定以及其他有关文件、资料。采购文件可以电子档案方式保存。

第七节 政府采购方式变更

一、政府采购方式变更的概念

采购方式变更是指达到公开招标数额标准的货物或服务类采购项目,在采购活动开始前或开标后因特殊情况需要采用公开招标以外的方式采购,或因特殊需要变更原已批准采用的采购方式。

二、政府采购方式变更的程序

政府采购方式变更的程序如下:

(一)申请

政府采购方式的变更由采购人或其委托的采购代理机构,按照管理权限向设区的市级以上政府采购监督管理部门提出申请,填写《政府采购方式变更申请表》。集中采购机构采购的项目,由集中采购机构提出申请并填写《政府采购方式变更申请表》;采购人自行组织或委托集中采购代理机构以外的政府采购代理机构采购的项目由采购人提出申请并填写《政府采购方式变更申请表》。

在填写《政府采购方式变更申请表》时,集中采购机构或采购人要向受理申请的政府采购监督管理部门提供相关法律依据和文件规定、有关证明资料等书面材料。

（二）审批

政府采购监督管理部门根据《政府采购法》及所在省、自治区或直辖市的货物及服务采购方式变更管理的规定进行审查，对不符合变更申请要求的，政府采购监督管理部门不予受理。

政府采购监督管理部门对于政府采购方式变更申请的审批，既要坚持科学合理、客观公正的原则，又要充分考虑实际工作的要求和需要。对于复杂或投标较大的项目，应采用市场调研或专家论证或政府采购指定信息媒体公示等方式，充分了解情况后进行审批，其中通过政府采购指定信息媒体公示时间不得少于7个工作日。

三、政府采购方式变更的监督

政府采购监督管理部门应对集中采购机构及采购人政府采购方式应用的情况进行检查和考核。发现违规行为的，按照《政府采购法》等规定予以处理。

第八节 电子化政府采购

一、电子化政府采购的概念

电子化政府采购是以信息技术为支撑的政府采购新方式。随着信息技术的发展和互联网的广泛使用，电子化政府采购逐渐成为政府采购改革的一个中心内容。电子化政府采购的核心内容是打破传统采购方式的时间和空间限制，增强采购信息透明度，实现政府采购管理操作的电子化。

二、电子化政府采购的优点

（一）经济效益高

传统的政府采购需要花费大量的人力、物力、财力，时间跨度比较大。电子化采购增强了采购的时效性，极大地提高了采购效率；同时可以有效地降低采购价格和采购管理成本。

（二）提高采购的透明度

在确定成交价格时，不再是由一个人或一批人来决定。在电子化采购方式中，采购人或采购代理机构只指定采购品的质量标准和竞价规则，最终供应商和价格的确定按照既定的规则在网上即时生成，从根本上避免了采购过程中的腐败行为。

（三）打破了地域限制，特别是为中小企业提供了平等的竞争机会

三、建立电子化政府采购大平台存在的问题

进行电子化采购方式，需要建立电子化政府采购大平台，在建设过程中存在以下问题：

（一）采购实施与政策法规空白的矛盾

电子化政府采购的法律地位、电子化采购方式、电子化采购平台收费等问题在法律上并没有明确。

（二）系统开发中共性与个性的矛盾

现行系统开发按照省或市级的规范模式进行，其业务规范流程、管理的深度与广度，与下级行政区域的具体情况以及同级行政区域管理方式和流程都有所区别，比如采购计划的编制和执行、人员配备情况等。

（三）技术与业务的矛盾

目前，在处理系统开发规划时，往往出现政府采购需求与系统开发能力之间的不协调，导致项目进展不顺利。

（四）系统集中与安全保障的矛盾

实行电子采购大集中后，所有的数据都存放在省市级统一大平台，平台安全与否、网络畅通与否，都直接影响到整个区域的政府采购业务操作。

第九节　协议供货（定点采购）

一、协议供货的概念

协议供货也称为定点采购，是政府集中采购的范畴，是政府集中采购的拓展和补充，它一般是指一年中确定采购的设备、货物和服务，按照日常提出的要求，由定点供应商根据合同进行供货和服务，定期结算与支付。这种采购方式主要适用于标准定型的货物类项目和部分服务项目，一般单批采购量较小，但采购次数多，定点采购产品的价格以及型号更新不快。

二、协议供货的具体办法

协议供货的具体办法是通过统一招标，定品牌、定价格、定期限、定服务条件，并以协议的形式固定下来，然后通过文件形式将相关内容告之各采购单位。

三、协议供货的优点

协议供货具有如下优点：一是通过一次公开招标、多次采购的办法，减少

了重复招标次数,降低了采购成本。二是中标的品牌和类型具有多样性,可以满足用户需求的多样性;手续简便,提高了采购效率。三是建立在公开招标的方式之上,具有一次招标、多品牌中标,采购人可随时多次采购的特点,实现了政府采购的规范、效益和效率三者的最佳结合。

三、协议供货的缺点

协议供货也有缺点,主要体现在:一是市场竞争力较差,一年组织一次,不容易得到广大潜在供应商的注意;二是中标标的不能随着价格的变化而变化,有可能对采购人和供应商带来利益损失;三是供应商容易受利益驱动,一旦中标后,不降低价格与提供优质服务,或者停留在招标时的水平上不再改进。

第四章
政府采购财政管理

政府采购主要包括编制政府采购预算和计划、实施政府采购、签订合同及履行合同、对采购进行绩效评价等过程。实施政府采购的内容已在第三章进行了介绍,本章主要介绍政府采购预算、政府采购计划、政府采购合同及履行、政府采购过程监督及绩效评价等内容。

第一节 政府采购预算

一、政府采购预算的内涵

政府采购预算是指采购人根据事业发展计划和行政任务编制并经过规定程序批准的年度政府采购计划。政府采购预算是行政事业单位财务预算的重要组成部分,它一般包括采购项目、采购资金来源、数量、型号、单价、采购项目截止时间等。与之对应的政府采购预算管理就是国家依据法律、法规对政府采购预算资金的筹集、分配、使用所进行的计划、领导、组织、控制协调、监督等活动。政府采购预算集中反映了预算年度内各级政府用于政府采购的支出计划,在一定程度上反映了行政事业单位的资金收支规模、业务活动范围和方向。

我国在2001年预算编制的过程中,财政部要求中央部门试编部门政府采购预算。中央部门依据财政部公布的采购品目和实施政府采购的条件,对符合条件要求的支出项目编制部门政府采购预算,并在预算执行过程中,根据部门采购计划进行采购工作。编制部门预算的单位,按照有关要求正式编制政府采购预算,并随部门预算一并批复。2002年所有行政事业单位和社会团体正式编制和批复政府采购预算。

二、政府采购预算的编制

(一)政府采购预算编制的意义

编制政府采购预算,加强了对专项资金的管理,细化了支出管理,消除了分散采购中的一些弊端,促进了廉政建设。其意义主要表现在以下几个方面:

1. 加强了财政部门对专项资金的管理力度

以前,财政部门只偏重于经费的测算和分配,编制政府采购预算后,对资金的具体使用全过程可以进行跟踪监督。

2. 提高了采购资金的使用效率

长期以来,我国对财政支出使用的监管不够,经常发生采购单位截留、挪用采购资金的行为,无预算采购、重复采购、盲目采购、超标准采购等现象也时有发生,导致政府确定的目标难以实现,采购质量得不到保证,采购资金的使用效率低下,还容易滋生腐败。通过实行政府采购预算管理,进行预算硬约束,在规定金额内根据预算内容采购,确保了采购项目按规定用途使用,提高了财政资金的使用效率。

3. 健全了财政职能,细化了支出管理

过去财政部门重视专项资金的分配环节,而对消费环节的监督检查不够。通过编制政府采购预算,细化预算,强化约束,财政不再层层下拨经费到预算单位,而是直接拨付到供应商,使财政支出管理向消费延伸,财政对支出全过程的管理成为现实。

(二) 政府采购预算编制的原则

1. 法制性原则

部门预算中编制的政府采购预算项目要符合《中华人民共和国预算法》(以下简称《预算法》)、《政府采购法》及相关的国家法律、法规,充分体现国家的有关方针、政策,在法律赋予部门的职能范围内所编制的政府采购项目要符合财政宏观调控的目标,遵守现行的各项财务、规章制度;要符合本部门的事业发展计划、职责和任务,预算年度购买支出增减要充分体现与国民经济和社会发展的一致性;要与经济增长速度相匹配。单位在编制政府采购预算时,要按照国家统一设置的预算表格、统一的口径、统一的程序以及统一的计算方法填列有关数字指标。

2. 真实性原则

政府购买规模的测算必须运用科学、合理的方法,力求数据的真实、准确,购买支出要按规定的标准,结合近几年的实际购买情况进行测算,不能随意虚增支出。各项购买支出要符合部门的实际情况,测算时要有真实、可靠的依据,不能凭主观印象或人为提高购买标准。单位在安排政府采购预算项目时要精打细算,不要盲目追求"超前",贪大求洋,应在满足工作需要的前提下适当超前,也要避免因不考虑发展而导致项目刚投入使用时即落后,造成浪费。单位在编制政府采购预算时,必须将单位取得的财政拨款和其他各项收入以及各项支出形成的政府采购完整、全面地反映在单位预算中,不得在预算之外另留收支项目。

3. 稳妥性原则

政府采购预算的编制要做到稳妥、可靠、量入为出、收支平衡。要先保证基本工资、离退休费和日常办公经费等基本支出，再考虑福利、改善办公条件等更高层次的支出。单位的政府采购预算和单位的财务预算一样，一经批准，便要严格执行，一般不能调整。因此，单位在编制政府采购预算时，既要把根据事业发展需要应该采购的项目考虑好，还应该注意政府采购资金的来源是否可靠、有无保证，不能预留缺口。

4. 政策性原则

各项事业发展计划和行政任务是国民经济和社会发展总体规划的重要组成部分，因此，作为行政事业单位财务管理的重要内容之一，政府采购预算的编制必须体现国家有关方针、政策。单位在编制政府采购预算过程中，应当以国家有关方针、政策和各项财务制度为依据，根据完成事业计划和行政工作任务的需要，正确处理需要与可能的矛盾，保证重点，兼顾一般，实事求是地编制预算。

（三）政府采购预算编制的内容

政府采购预算编制的主要内容如下：

1. 需求确定

政府机关、事业单位、团体组织编制政府采购预算的一个重要内容，就是根据各单位履行职责的需要、准确确定单位采购的功能需求，具体包括单位的职能、任务定位、为完成这些任务所需的货物、工程或服务，所需求的种类、数量、技术规格、需要时间等。在确定需求的过程中，要求各部门准确确定必要功能，保障履行职能的需要，同时尽可能地剔除不必要功能，减少不必要的开支并避免浪费。

2. 采购项目

政府采购项目按当年财政部门公布的政府采购目录进行编制。政府采购目录是政府采购中需要重点管理的货物、工程和服务的归集，是预算单位编制年度政府采购计划的依据。具体分类如下：

（1）货物类。一般包括计算机、复印机等办公机具，科研、教学、医疗用仪器设备，公检法等执法监督部门配备的通用设备和统一制装、办公家具、交通工具、锅炉用煤等。

（2）服务类。一般包括会议、公务接待、车辆维修、加油、大宗印刷、机票订购等项目。服务类项目一般实行统一定点采购。

（3）工程类。一般包括基建工程、修缮项目、财政投资工程项目中由建设单位负责采购的大宗材料，如钢材、铝材、木材、水泥等，以及主要设备，如空调、电梯、消防、电控设备等。

3. 采购估价

所谓采购估价，就是对所需的货物、工程或服务进行的价格估计。采购估价需要处理好定价依据问题，一是以现时市场零售价格为基准进行估价，使产品价格保持在社会零售价格的平均水平上，这种估价方法会显示出较大的节约成果，但不利于对采购人在采购中形成降低成本的压力。二是以产品批发价格为估价依据，这主要是出于委托采购有较大批量的考虑，这种价格估价能使预计的采购价格更容易接近实际发生的采购价格。同时，在估价中，要努力做到不要过高，也不要过低，要做好市场调查，尽可能切合实际，面对瞬息万变的市场价格要尽可能有所预计，建立和完善应对价格变化可以调整预算的调整机制。

4. 数量、型号

所谓数量、型号指各采购项目的计划采购量和配置标准。

5. 资金来源

所谓资金来源指单位用于政府采购项目的支出来源。一般包括：财政拨款，财政预算拨款中用于政府采购项目的支出；财政专户拨入资金，单位用存入财政专户的收入安排政府采购项目的支出；单位留用收入，单位用经批准直接留用的收入安排政府采购项目的支出；其他收入，单位用上述资金来源以外的资金安排政府采购项目的支出，包括自筹资金、国家财政转贷资金、银行贷款、国际金融组织贷款等。从实际工作来看，单位的支出一般分为三大类：人员经费、正常经费和专项经费。政府采购的项目是货物、工程和服务，因此其资金来源主要限定在各项收入安排的公用经费和专项经费部分。

6. 投入使用或开工时间

政府采购的基本方式是公开招标，投入使用或开工时间是政府采购项目通过招标或其他方式获取货物、接受服务和工程开工的时间。

（四）政府采购预算编制的流程

政府采购预算的编制依托部门预算实行"二上二下"的基本流程。

1. 中央部门政府采购预算编制流程

部门编报政府采购预算建议数—上报财政部门—财政部门审核部门政府采购预算建议数—下达控制数—部门编制政府采购预算—向财政部门上报预算数—财政部门审核上报预算数并批复预算—部门执行政府采购预算。

2. 部门编报政府采购预算流程

基层单位编报政府采购预算—向二级单位上报政府采购预算—二级单位汇总政府采购预算—向一级单位上报政府采购预算——级单位编制、汇总部门采购预算—上报财政部门—财政部门审核部门政府采购预算。

3. 财政部审核上报政府采购预算的流程

部门编制政府采购预算—向财政部上报预算—财政部预算司汇总部门政府采购预算—将政府采购预算拆分给有关业务司—各有关业务司审核部门政府采购预算的预算数据—上报给预算司—预算司汇总审核—上报国务院—国务院审核中央财政府采购预算数—上报全国人大—全国人大批准—财政部门批复预算数—部门执行政府采购预算。

三、政府采购预算的配套改革

（一）大力推进和完善部门预算，促进政府采购预算的规范化

1994年我国实行分税制改革后，初步理顺了中央和地方的分配关系，增强了中央财政的宏观调控能力，但在财政支出管理方面，原有体系所造成的预算体系不够统一和规范、预算约束不力、监管不严、财政支出效益不高等问题却日益突出。为此，我国从2000年开始逐步建立和完善部门预算，这对于规范预算管理、加强财政监督、实现依法理财有重大意义。我国的政府采购制度实践稍早于部门预算部门改革，二者的开展基本是同步的。政府采购预算管理工作要充分利用部门预算改革的成果，来促进政府采购事业的规范、健康发展。

实行部门预算可以从以下几方面有力地推进政府采购预算的规范化进程。

首先，部门预算扩大了政府采购的预算范围，有利于提高政府采购预算的综合性。以往一个部门的各种资金来源于不同的渠道，由不同的部门负责管理，各项经费有不同的既定用途，需要向各自的来源单位报账。并且，预算单位只考虑预算内的收支情况，基本上不考虑预算外资金和政府性资金，这种采购预算是割裂的，结果是没有一个部门掌握其完整的实际采购情况。实行部门预算之后，预算编制不仅按功能分类，还按部门分类，有利于体现预算的综合性和完整性，有利于对政府采购资金的全面监控。

其次，部门预算提前了预算的编制时间。国务院下达预算的指示提前到9月初，比原先提前了大约2个月，同时，下达预算控制的时间改在每年的全国人民代表大会之前，比原先提前了大约3个月，财政部在《预算法》规定的时间内批复预算，提前了3~5个月。这样就给政府采购预算留出了比较充裕的时间进行论证和组织，有利于提高政府采购预算的科学性和可行性。

再次，部门预算可以克服代编预算方式的弊病，提高预算的准确性。原先的预算编制方式是由主管部门代下属单位按资金性质不同进行代编，而部门预算则从基层单位逐级编制、逐级汇总，克服了代编的盲目性，使政府采购预算更加科学合理，也提高了预算管理水平。

（二）完善国库集中支付制度，对政府采购预算的执行进行全过程监督

国库集中支付制度是以国库单一账户体系为基础，以健全的财政支付信息系统和银行间实时清算系统为依托，政府将财政性资金集中在国库或国库指定的代理行开设账户，同时，所有的财政支付均通过这一账户进行拨付的制度。在国库集中支付制度下，从预算分配到资金拨付、资金使用、银行清算，直至资金到大商品供应商和劳务提供者账户实施全过程监控。由财政部在中央银行设立一个统一的账户，各预算单位资金统一在该账户下集中管理，预算资金不再拨付给预算单位分散保存，各预算单位可以根据自身履行职能的需要，由主管部门选择合适的采购方式进行政府采购，但支付款项要由财政部门执行。这会对政府采购预算的执行进行全方位、全过程的监督，为政府采购成为真正的"阳光工程"保驾护航。

目前，国库集中支付制度服务于政府采购要做好以下工作：

1. 实行两个分离

一是政府采购资金与业务经费分离，预算单位人员工资由财政直达个人账户，由国库集中支付。

二是预算编制与预算执行分离，预算部门只负责编制政府采购预算，不参与政府采购预算执行，政府采购代理机构负责具体货物、工程和服务的采购。

2. 强化三个控制

一是强化预算控制，在政府采购预算执行中，严格按政府采购审查批准的预算实施，无特殊情况，不得变更采购项目。

二是强化资金使用控制，采购项目按规定程序规范运作，对采购资金的拨付、使用、清算进行全过程监控。

三是强化项目控制，严格控制采购项目的支付进度，在采购项目决算未经财政部门审计确认前，付款进度不得超过合同额的一定比例。

（三）依托政府财政管理信息系统，提高政府采购预算管理水平

政府采购预算的编制、执行、审计直至最后的决算，需要处理的数据量非常大，各种项目也非常繁杂，如果没有一个以强大的计算机为基础的信息系统支持，就不会有高水平的政府采购预算，政府采购预算管理的高水平也无从说起。目前，信息科学技术的发展日新月异，各国政府也都在加强信息基础设施建设工作，我国的政府采购预算管理也要依托于整个政府预算乃至财政改革中的信息化建设提高政府采购预算管理的水平。

第二节 政府采购计划

一、政府采购计划的含义

政府采购计划是财政部门对政府采购预算的执行实施管理的一种方式。政府采购计划对列入政府采购预算中的采购项目,在采购组织实施形式、采购方式、政府采购资金实行财政直接拨付范围、政府采购预算的补报及政府采购项目的调整程序等方面作出具体规定,目的是指导政府采购预算的执行。政府采购计划下发各部门执行,同时抄送监察、审计等有关对政府采购活动负有监督管理职责的部门。编制政府采购预算和制订政府采购计划,增强了采购活动的计划性和监督管理的针对性。

二、政府采购计划编制的意义

政府采购计划是实施政府采购的依据之一,对加强政府采购管理,规范公共部门政府采购行为,保证政府采购顺利实施具有重要意义。

(一)编制政府采购计划是实现政府采购目标的要求

政府采购要围绕着一定的目标和任务进行,政府采购计划是政府采购目标和任务的具体化。由于政府采购所涉及的范围广、内容多,通过编制政府采购计划,不仅规定了一定时期政府采购实施的范围和规模,也给各政府采购主体制订具体的工作计划提供了量化指标,提高了政府采购过程的透明度,为最大限度地实现政府采购目标提供了保障。

(二)政府采购计划为政府采购规范化、科学化管理奠定了基础

政府采购计划是根据一定时期政府采购的方针、政策,结合本地实际情况制订的,是实事求是、按客观规律办事的计划。计划一经制订,必须严格按计划办事,不得随意更改。编制和执行政府采购计划是实施政府采购管理的一个重要手段,有利于规范政府采购各利益主体的行为,克服采购的随意性和盲目性。

(三)编制、执行政府采购计划是实施政府采购的中心环节

在实施政府采购的过程中,政府采购信息的收集、供应商和民间采购代理机构的资格审查、政府采购方式的确定以及政府采购的检查监督等,都要围绕着计划的正确编制和执行来进行。实施政府采购,实际上就是通过科学地制订政府采购计划,把政府采购的目标和任务具体落实在计划上,通过组织、控制、监督、检查等手段保证计划的实现。所以,政府采购只有抓住计划这个中心环节,才能高屋建瓴,收到良好的效果。

（四）政府采购计划是细化财政预算管理的基础

目前，财政工作正由计划经济体制向市场经济体制转变，由粗放型管理方式向集约型管理方式转变，要求进一步细化预算编制，加强支出管理。细化预算编制需要定员、定额的标准和工程、商品、服务的单价，编制政府采购计划则有助于这些工作的完成，是细化预算的基础。

二、政府采购计划的编制程序和内容

（一）政府采购计划的编制程序

政府采购计划的编制程序，一般采取自上而下和自下而上相结合的方式汇编。

首先，由政府采购管理机关编制本地区年度的政府采购目录，并根据政府采购目录制定统一的政府采购计划表下发给各政府采购单位的主管部门，再由主管部门根据行业特点及实际情况，提出实施政府采购的年度方案及具体要求，由各政府采购单位填报年度购置计划上报主管部门。

其次，由主管部门将各政府采购单位的购置计划进行审核汇总上报本地区政府采购管理机关。

再次，由政府采购管理机关根据本级财政部门下达的政府采购预算及本地区的实际情况，汇总编制本地区的政府采购计划草案，并按规定编写计划编制的文字说明材料。计划草案要报财政部门审查，并与财政部门的预算草案送同级人民代表大会审查和批准。

（二）政府采购计划的内容

政府采购计划的内容包括年度实施政府采购的项目、资金来源、资金预算等。

1. 政府采购计划的组成

按采购计划的方式，政府采购计划由集中政府采购计划和分散政府采购计划两部分组成。

集中政府采购计划是指货物、工程或服务的政府采购项目单位价值或当年累计价值达到规定限额标准以上的，应当由政府采购经办机构实施集中政府采购的政府采购计划部分。限额标准的制定一般按财权和事权相统一的原则由同级人民政府制定。

分散政府采购计划是指货物、工程或服务的政府采购项目单位价值或当年累计价值未达到规定限额标准的，应当由各公共部门自行实施政府采购的政府采购计划部分。低于集中政府采购限额标准的政府采购项目，均应纳入分散政府采购计划之中。

2. 政府采购计划的编制

政府采购计划的编制一般通过填制政府采购计划表及填报说明来表现。政府采购计划表是各采购项目和采购资金的具体表现形式,一般包括总表和明细表两种。

政府采购资金总表,是反映各采购单位年度内用于政府采购的预算内资金、预算外资金及其他资金情况的报表。

政府采购明细表,是用来反映年度单位采购资金具体采购项目的报表,包括工程建设、设备购置、车辆购置、投保、维修、日常办公用品、其他商品等。

要把采购单位的各项采购要求及采购资金预算客观实际、系统地编入各种政府采购计划表格之中,首先要熟悉各种表格的填列依据,只有按照统一的表格要求编制的购置计划,才能使各级政府采购管理机构统一汇总;其次,要编写详细的填表说明。

四、政府采购计划的审批

(一) 政府采购计划的审查

计划的审查是为了保证计划的质量,提高计划水平,保障政府采购的顺利实施。因此,政府采购计划草案编制完成后,财政部门要组织对口支出管理处室进行认真审核。其主要内容有:

1. 项目审核

根据经济发展的方针政策及政府采购单位的工作任务,参照有关配套标准,确定政府采购项目是否需要及必要,也就是审核每项政府采购的依据。

2. 资金来源审核

对用于政府采购的预算内资金、预算外资金及其他资金的可靠性、合法性进行审核。

3. 资金预算审核

对计划进行政府采购的每一项项目预算按现行市场价进行审核,审核政府采购预算的准确度及合理性。

(二) 政府采购计划的批准

政府采购计划草案批准的程序如下:

(1) 由财政部门代表本级政府向本级人民代表大会报告本级财政预算草案时一并报告政府采购计划草案的内容。

(2) 由本级人民代表大会在负责审查本级财政预算草案时一并审查本级政府采购计划草案,并作出审查报告。

(3) 经本级人民代表大会讨论通过本级政府采购计划草案审查报告,作出批准本级政府采购计划的决议,同时将批准后的政府采购计划上报上级政府及财政部门备案。

(4) 政府采购计划经过本级人民代表大会通过后,财政部门应及时向本级政府采购管理机关批复执行。

五、政府采购计划的执行

政府采购计划经过批准后,就进入了计划的执行阶段。政府采购计划的编制,仅是整个政府采购活动的开端,政府采购计划的实现,主要取决于政府采购机关正确组织执行政府采购计划。可见,政府采购计划的执行是把政府采购计划从可能性变为现实性的关键。只有做好政府采购计划的执行工作,才能顺利组织实施政府采购。

(一) 政府采购计划的执行主体及主要任务

政府采购计划的执行是一项经常性、艰巨性、复杂性和细致性的工作,涉及政府采购的各个方面。参与执行的单位很多,主要包括政府采购机关、财政部门、政府采购单位、供应商、社会中介组织机构等。各部门的主要任务是:政府采购机关主要负责组织实施政府采购计划的执行;财政部门主要负责对政府采购资金预算执行进行审核、拨付、检查与监督;政府采购单位主要负责提供具体的政府采购需求以及对供应商提供的货物、工程和服务进行验收;供应商主要负责提供符合政府采购单位要求的货物、工程和服务;社会中介机构接受政府采购机关的委托,以公正的身份按照政府采购的原则和要求组织实施政府采购活动。

(二) 政府采购计划的执行

政府采购机关按政府采购原则具体组织实施政府采购计划。

1. 制订政府采购执行方案

根据政府采购单位的政府采购申请,将政府采购项目进行分类汇总,确定政府采购的方式及具体的实施办法,同时,编制政府采购费用预算,报有关领导审批。

2. 对供应商进行资格预审

政府采购机关在实施政府采购之前,对要参加政府采购项目的供应商进行资格预审。

3. 委托中介机构实施

政府采购机关可以委托已具备政府采购业务代理资格的社会中介机构承办政府采购具体事务。

4. 合同的签订

确定供应商后,在政府采购机关的管理下,由政府采购单位与供应商签订政府采购合同。

5. 政府采购的验收

由政府采购单位组织有关人员,对供应商按政府采购合同规定应履行的义务和责任进行验收。

6. 资金支付

由政府采购单位委托政府采购管理机关统一支付。

(三) 政府采购计划的调整

政府采购计划在执行中,经常会因国民经济和公共部门工作任务的变化而引起政府采购政策的变化,从而使政府采购计划的某些部分与客观实际要求不一致,这就需要进行调整。另外,根据政府采购资金的安排落实情况,也需要对政府采购计划进行适当调整。

(四) 政府采购计划执行情况的检查分析

为更好地制订和执行政府采购计划,充分发挥政府采购的职能和作用,必须对政府采购计划的执行情况进行经常性的检查分析。通过检查分析,可以及时掌握政府采购政策的贯彻执行情况,研究政府采购计划执行中存在的问题,分析计划与现实存在的差距,总结经验,提出建议,采取积极措施,保证政府采购计划的顺利实施。检查分析的内容主要有:

1. 政府采购计划的完成情况

检查分析政府采购是否按计划正确、及时地组织实施,检查分析政府采购资金预算的执行情况并进行原因分析。

2. 贯彻执行政府采购方针政策情况

检查政府采购各利益主体在实施政府采购过程中是否有违规现象。

3. 政府采购组织管理情况

检查分析政府采购机关实施政府采购的工作效率,提出进一步改进工作的有效措施。

第三节　政府采购合同及其履行

一、政府采购合同

政府采购合同是指采购人与供应商之间确定权利和义务关系的协议,即实行预算管理的国家机关、事业单位和团体组织为实现其职能,以消费者的身份使用财政性资金而签订的获得货物、工程和服务的法律文件。政府采购中最基本的法律关系是通过政府采购合同来规定的,政府采购合同是确定当事人权利和义务、规范当事人之间法律关系的主要文件,是处理采购人与供应商之间的具体交易以及可能出现的纠纷的主要依据。

（一）政府采购合同的性质和特点

1. 政府采购合同的性质

根据《合同法》规定，合同是平等主体的自然人、法人或其他组织之间设立、变更、终止民事权利和义务关系的协议。《政府采购法》明确规定政府采购合同适用《合同法》，明确了政府采购合同属于一种民事合同的性质。因此，采购人按照一系列政府采购程序和规定确定中标或成交供应商之后，应当按平等、自愿的原则以合同的方式约定双方的权利和义务关系。

2. 政府采购合同的特点

政府采购合同与私人采购合同相比，有如下特点：

（1）政府采购合同资金来源的公共性，即政府采购资金主要来自于纳税人缴纳的税款形成的财政性资金；

（2）政府采购合同目的的非盈利性，即政府采购是为了实现政府的职能和社会公共利益，不是像私人采购那样以经营、盈利和个人消费为目的；

（3）政府采购合同的公开性，即政府采购合同的公开度和透明度很高，从签订前的招标投标、签订时的合同备案到签订后的合同履行，都置于公众的监督之下；

（4）政府采购合同标的的广泛性，即不存在限制流通物的概念；

（5）政府采购合同具有很强的政策性和严格的管理要求；

（6）政府采购合同标的金额一般较大。

由于政府采购合同的主体、资金来源、合同订立程序有别于一般的民事合同，《政府采购法》对合同订立、合同履行、合同管理方面作出了一些特别的规定，因此政府采购合同是特殊的民事合同。

（二）政府采购合同的特别要求

政府采购合同不仅适用于《合同法》，而且还必须遵守《政府采购法》所作出的以下一些特别规定：

1. 政府采购合同的订立时间

《政府采购法》明确规定：采购人与中标、成交供应商应当在中标、成交通知书发出之日起30日内，按采购文件确定的事项签订政府采购合同。采购人或采购代理机构按照法定的方式和程序办理有关政府采购事宜，包括确定中标、成交供应商。中标、成交通知书发出后，采购人与供应商都需要有一段时间准备，特别是委托采购代理机构代理采购项目，采购人更需要一定时间对采购代理机构送交的有关采购文件进行研究和熟悉，如有必要，还需要对中标、成交供应商做进一步了解和考察。当然，签订政府采购合同的时间也不能没有限制，法律规定了30日的期限，因此采购人在与供应商达成协议后，必须在法定的时间期限内尽快与中标、成交供应商签订政府采购合同。签订政府采购合同是采购人和供应商对采购结果的书面确认,有关事项在采购文件中都已具体确定。

2. 政府采购合同的形式

根据《合同法》规定,当事人订立合同可以有书面形式、口头形式和其他形式。《政府采购法》规定政府采购合同应当用书面形式,因此,政府采购合同排除其他两种合同形式。书面形式主要指以文字方式载明当事人之间所订立的合同内容。根据《合同法》规定,书面形式是指合同书、信件和数据电文(包括电报、电传、传真、电子数据交换和电子邮件)等有形地表现所载内容的形式。尽管书面合同可有以上多种形式,但通常使用的是当事人双方对合同有关内容进行协商订立的并由双方签章的合同书文本。

3. 政府采购合同备案

《政府采购法》规定,政府采购合同自签订之日起7个工作日内,采购人将合同副本送同级政府采购监管部门和有关部门备案。政府采购合同是政府采购的重要法律文件,是采购活动结果的书面记录。政府采购合同提交同级政府采购监督管理部门及有关部门备案,其目的一是便于政府采购监管部门及有关部门对政府采购活动进行监督检查,便于对采购合同的主体资格、采购范围、采购方式、采购程序等方面进行审查,防止合同订立过程中违法现象的发生;二是便于政府采购监管部门向供应商拨付政府采购资金,如果不了解政府采购合同订立及履行情况,财政要直接、及时、准确地拨付资金是相当困难的。

4. 政府采购合同必备条款

首先,政府采购作为一种商事行为,要遵循商业交往中的一般规则,因此《政府采购法》中明确规定政府采购合同适用《合同法》,《合同法》中关于订立合同的基本原则、合同的效力和履行、违约责任等基本规定都适用于政府采购合同。一般来说,合同由当事人自愿签订,合同的内容也由当事人约定。其次,由于政府采购使用的是国家财政性资金,采购人的采购目的与一般民事行为不同,因此,政府采购活动也有一些自己特殊的规则要求。这些特殊的规则要求在合同管理上主要体现为政府有关部门对政府采购合同规定一些必备条款,如供应方向采购方提供履约保证金额的具体规定,采购方检验和测试货物方法与地点的规定,对供应方包装、运输、标记和随运内外文件的具体规定,供应方提供附加服务、零配件的具体规定,争议解决方法和解决机构的具体规定等。规定政府采购合同的必备条款,不仅可以规范政府采购行为,满足政府采购活动的特殊需要,而且可以简化签约环节,提高政府采购效率,降低政府采购成本。

二、政府采购合同的签订

采购人和中标或成交供应商应当自中标或成交通知书发出之日起30日内,按照招标文件和中标或成交供应商投标文件的约定签订书面合同。在双方签订政府采购合同时应注意以下几点:

(一)按照平等、自愿原则约定双方权利和义务

政府采购合同作为特殊的民事合同,既要适用《合同法》,也要遵守《政府采购法》有关规定。采购人和供应商必须按照平等、自愿的原则约定双方的权利和义务。尤其是采购人多是政府部门,再加上是买方市场,客观上采购人处于强势地位,在签订合同中更要摆正位置,遵循平等、自愿原则和采购文件的约定,不得强加不公平、不合理的条款。

(二)政府采购合同主体

采购代理机构接受采购人委托签订政府采购合同,不能以代理机构名义签订,而必须以采购人名义签订;同时,采购代理机构在代理签订政府采购合同时,应当提交采购人的授权委托书,作为合同附件。

(三)政府采购补充合同

在签订补充合同时,要注意《政府采购法》对补充合同的要求。

一是关于签订政府采购补充合同的时间,要求是政府采购合同正在履行中,如果合同履行完毕,采购人就不能再与供应商签订补充合同。

二是关于政府采购补充合同的内容,要求补充合同的标的必须与原合同标的相同,除了数量及金额条款改变外,不得改变原合同的其他条款。

三是关于政府采购补充合同金额,要求当采购人需要追加与原合同标的相同的货物、工程或者服务项目时,无论签订多少补充合同,所有补充合同的累计金额不得超过原合同采购金额的10%。

四是补充合同也需要在规定时间送达政府采购监管部门和其他有关部门备案。

三、政府采购合同履约验收

采购人经过编制采购计划和预算,委托采购代理机构以适当的方式和程序选择成交供应商并与之签订合同,直到合同履约完毕。采购人能否取得符合其需求的货物、工程或服务,取决于供应商是否完全履行合同约定的义务,因此,采购人必须要对供应商履约情况进行验收。履约验收是采购活动的最后一个环节,在这一阶段,采购人要最终检验采购成果并结束采购任务。《政府采购法》第四十一条对验收作了规定,采购人应当高度重视,依法组织本单位政府采购项目的验收工作;采购人委托集中采购机构组织采购的,有关验

收工作以采购人为主,集中采购机构配合,或按照采购人与集中采购机构签订的委托代理协议执行。

验收前,采购人应当根据采购项目的具体情况,成立验收小组并确定主验人和监验人。对大型或者复杂的政府采购项目,采购人应当邀请国家认可的质量检测机构参加验收工作。

验收时,验收人员应根据合同条款认真核对,现场检验设备运行状况或货物、服务质量,同时做好验收记录,由验收小组成员共同签字。验收合格后,验收人员应在验收书、验收单和发票复印件上签名及加盖单位公章,以表明采购人接受了供应商对采购合同的履行结果。验收不合格,不进行签章。

合同履约验收的注意事项有:

(1)采购人应指定专人负责验收工作。采购人应邀请本单位具备采购项目相关的专业及实践经验的人员参加验收;本单位专业技术人员不足的,应邀请相关技术人员参加验收。

(2)采购人应当在到货或者服务结束后,或者采购合同约定的期限内,提出验收意见。验收中发现有不符合合同约定的情形,应当通知供应商限期退货或换货,同时验收人员应在验收单上注明违约情况,及时通知代理采购机构。验收合格的,应及时签字盖章,不得无故拖延。在政府采购实践中,常常会遇到采购人验收不及时或拖延的现象,供应商可以在合同条款中明确验收的时间要求及违约责任。采购人无正当理由拖延或拒绝接收、验收和付款等违反合同约定的,应承担相应责任;供应商可以就此及时向政府采购监管部门和集中采购机构反映,以得到它们的帮助。政府采购监管部门在日常监管中可以制定包括明确验收时间在内的一些制度来约束采购人的验收行为。

(3)采购人在使用所采购的物品、工程等的过程中发现有严重的质量问题或假冒伪劣产品等重大可疑情况,以及在维护、维修等售后服务方面有违反合同约定或服务规范要求的,可以按合同约定主张自己的权利,并及时书面向采购代理机构或有关监督管理部门反映。采购人履约验收发现问题未向采购代理机构和有关监督管理部门反映,私自与供应商协商改变中标、成交结果造成损失的,采购人自行负责并承担相应责任。

四、政府采购资金的支付

政府采购资金是指采购人依照《政府采购法》规定开展采购活动所需要的采购项目资金,包括财政性资金和与之配套的非财政性资金。政府采购资金根据财政国库管理改革的需要,逐步实行财政直接支付。

目前,财政安排的采购资金及与之配套的其他采购资金,按照"专户储存、先存后支、专款专用"原则进行管理。政府采购资金一般实行"政府采资金专户"管理,由专户负责采购资金的统一结算和直接拨付工作。

采购结束需要支付资金时,采购人委托集中采购机构实施的,由集中采购机构提出采购资金支付申请,并备齐采购合同副本、使用单位出具的验收报告、发票复印件等附件资料,经财政部门审核后,直接将采购资金拨付给中标供应商。分散采购项目的采购资金由采购人按现行的资金管理渠道和合同约定付款。实行国库集中支付的,按国库集中支付的有关规定执行。

第四节　政府采购过程的监督

对具体的政府采购过程的监督,是政府采购监督的重点,主要包括对采购方式、招标、投标、开标、评标、决标及合同履行的监督。

一、对采购方式的监督

政府采购方式的正确选择将直接决定着政府采购的效果。因此,监督政府采购方式的选择,是事中监督的一项重要内容。

政府采购的方式有很多种,每一种采购方式都有其特定的条件。对采购方式的监督,主要就是监督其是否符合特定的条件。

按照规定,单项或批量采购项目的金额达到一定标准以上的,必须采用招标的方式采购。政府采购监督部门要监督其是否存在符合标准而不采用招标采购的情况。

非招标方式都有其特定的条件。按照《政府采购非招标采购方式管理办法》规定,采用竞争性谈判方式的,在公开招标的货物、服务采购项目招标过程中提交投标文件或者经评审实质性响应招标文件要求的供应商只有2家时,采购人、采购代理机构须报本级财政部门,财政部门依法进行审批。财政部门要监督其是否已经实行公开招标而没有供应商投标或无合适标;是否出现了不可预见的急需;是否无法按招标方式得到所需的货物、工程或服务;是否供应商资格审查条件过于复杂;是否对高新技术含量有特别的要求;等等。采用询价采购方式的,要监督其采购的是否为现货商品,是否属于价值较小的设备或者小型、简单的土建工程等。采用单一来源采购方式的,要监督其采购项目是否已在指定媒体上公示,公示内容是否符合相关规定,是否属于专利、艺术品、独家制造或供应;是否属于原采购的后续维修,零配件供应、更换或扩充,由于兼容或统一规格的需要,在一定时期内必须向原供应商采购;是否属于原形态或首次制造、供应的物品,而且事先经财政部门批准;等等。

如果发现政府采购的方式有违反标准而不符合规定的,政府采购管理机关应责成采购人或采购代理机构改正。

二、对招标的监督

（一）对招标通告的监督

采购人在正式招标之前,必须在指定的媒体上刊登通告,以便让所有的潜在投标人知悉。同时,发布招标通告也是政府采购公开、公平、公正原则的体现。监督部门对招标通告的监督,一是监督公开招标是否已发布招标通告;二是监督从发布通告到投标是否留有足够的时间以便投标人准备投标文件;三是监督招标通告的内容是否详细、真实、合法,有无明显的倾向性。

我国的《政府采购招标投标管理暂行办法》第五条规定:"采用公开招标方式的,招标人必须在《中国财经报》上发布招标通告,同时也可在省级以上政府采购管理机关指定的其他报刊和信息网络上发布。"并规定招标通告和投标邀请函应当包括以下主要内容:"招标人的名称和地址等信息;标的的名称、用途、数量和交货日期;对投标人的资格要求和评标办法;获取招标文件的办法和时间;投标截止时间和地点;开标地点和时间;政府采购管理机关规定的其他内容。"

（二）对招标文件的监督

招标文件是招标人介绍情况、指导工作、履行一定程序所使用的一种实用性文书。它是供应商准备投标文件和参加投标的依据,也是评标的重要依据。因此,对招标文件的监督,是招标监督的一项重要内容。

对招标文件的监督,主要是对文件内容的监督。一是监督招标文件的内容是否详尽、真实、合法,以方便投标人投标;二是监督文件内容是否存在针对某一潜在供应商或排斥某一供应商的内容;三是监督技术规格的制定是否明确、全面、有无增加评标难度的因素;四是监督招标文件是否存在违背国家有关政策、规定的内容;等等。

我国的《政府采购招标投标管理暂行办法》第五条规定:"招标文件应包括以下主要内容:投标邀请函;投标人须知;提交投标文件的方式、地点和截止时间;开标、评标、定标的日程和评标方法;标的名称、数量、技术参数和报价方式要求;投标人的有关资格和资信证明文件;投标保证金的要求;交货、竣工或者提供服务的时间;政府采购合同的主要条款及订立方式;政府采购合同的特殊条款;政府采购管理机关规定的其他应当说明的事项。"

（三）对招标程序的监督

政府采购招标必须按照一定的程序进行。只有依程序招标,招标的结果才是有效的。因此,对招标程序的监督,直接影响到政府采购的效果和质量。

招标采购的程序包括发布招标通告、进行资格预审、发售招标文件、接受标书、开标、评标、决标、授予合同等步骤。对招标程序的监督,就是要监督采购招标是否严格按照程序进行,是否发布了招标通告,是否进行了资格预审,以及是否存在避开必要的程序而直接授予合同的情况,等等。通过监督使招标采购严格按程序办事,杜绝幕后交易,提高采购的效益。

三、对投标的监督

（一）对投标资格的监督

进入政府采购市场的供应商,必须具备一定的资格条件,才可以参加投标。一般来说,这些条件包括:

（1）合法的法人身份和独立承担民事责任的能力;

（2）良好的履行合同的记录;

（3）完备的生产或供货能力;

（4）良好的资金、财务状况;

（5）履行缴纳社会保障、税收的义务;

（6）生产环境及产品符合国家环境标准;

（7）法人代表及高级管理人员在申请资格前5年内没有职业犯罪和刑事犯罪记录;

（8）没有走私犯罪记录;

（9）没有歧视妇女及歧视残疾人就业的记录;

（10）采购委员会规定的其他条件。

对投标人资格的监督,就是要监督供应商是否具备上述条件,其中最重要的是审查供应商履行合同的记录、生产和供货能力,以及资金、财务的状况,以便把不符合资格的供应商排除在外,提高政府采购的效率。

（二）对投标书的监督

投标书是投标人依照招标书中提出的条件和要求撰写的,交给招标委员会以说明自己投标的有关情况及意愿的文字材料。它是招标、投标活动的中心文书,也是中标后制订实施方案和签订合同的基础。它的各项经济指标具有严格的法律约束力。因此,投标书的项目必须切实可行,内容必须周密详尽。

对投标书的监督,一是要检查投标书的制作是否符合招标书的要求;二是检查投标书的内容是否真实可靠,有无弄虚作假;三是检查投标书中的技术规格等重要条款是否与投标人的能力相一致,有无夸大或隐瞒关键条件的行为;四是检查投标书的有效性,看其是否符合规定格式,是否加盖了公章,是否在有效期内交投,是否密封,等等。

（三）对投标过程的监督

一个完整的投标过程,应该包括申请资格预审、索取招标文件、研读招标书、调查、定价、制作投标文件和提供投标保证金、交递投标文件等步骤。对投标过程的监督,就是要监督其过程的完整性和公正性。一是检查投标人是否经过了资格预审;二是检查投标人的询价定价是否与招标人有幕后交易;三是检查投标人是否提供了足额的投标保证金;四是检查投标文件是否在交投截止日前交投。通过对投标过程的监督检查,确保投标过程公正、规范。

四、对开标、评标、决标的监督

（一）对开标的监督

开标是招标投标活动的重要环节,一般要以公开方式在投标截止日后3日内开标。对开标的监督,主要是监督以下内容:

（1）开标日期。监督其是否在规定时间内进行。

（2）开标方式。监督其是否采用公开的方式开标。

（3）参加者。监督参加开标的人是否符合要求。一般来说,参加开标的人员应由招标单位、评标委员会、投标人、使用人等人员组成。

（4）开标程序。监督其是否严格按程序进行。一般说来,开标包括验标、拆标、唱标等步骤。

（5）开标记录。检查记录是否完整、真实地记述了开标情况;同时,要监督投标人与招标人在开标后的活动,严禁投标人与招标人在开标后进行任何形式的协商谈判。

我国《政府采购招标投标管理暂行办法》第二十、二十一和二十二条对开标进行了相应的规定:"开标应当在招标通告或投标邀请函确定的时间和地点公开进行。""开标由招标人主持,在公证机关的监督下进行。招标人、所有投标人、评标委员会成员和政府采购管理机关等有关部门的代表参加开标会。""开标时,由投标人代表检查各自投标文件的密封情况,或由公证机关检查;经确认无误后,由工作人员当众拆封,宣读投标人名称、投标价格和投标文件的其他主要内容。招标人在投标截止时间前收到的所有投标文件,开标时都应当众予以拆封、宣读。开标过程应当记录,并存档备查。"

（二）对评标的监督

开标后,评标委员会要根据准确、公正和保密的原则对各投标文件进行评标,其目的就是对每个投标商的标书进行评价和比较,以评出最低投标价的投标商。由于评出的结果直接决定谁能中标,因此,对评标的监督就有着特别重要的意义。

对评标的监督,一是监督评标委员会的组成是否符合规定。评标委员会应由采购单位的代表和受聘的技术、经济、法律等方面的专家组成,总人数为5人以上的单数,其中受聘专家不得少于2/3,而且与投标人有利害关系的人员不得作为评标委员会的成员。二是监督评标的依据和标准。评标必须以招标文件为依据,不得采用招标文件规定以外的标准和方式进行评标。价格应该是评标的主要因素,但不应该作为唯一因素,招标文件中应考虑其他有关因素。三是监督评标的过程。评标分为初步评定和详细评定,如果是两阶段招标,则要先评技术标,再评商务标。评标结束后,应编写评标报告并上报采购主管部门。

（三）对决标的监督

评标结束后,招标代理机构应当将评标结果通知招标人,经招标人确认后决标。决标是招标投标活动的最后环节,也是衡量招标投标活动是否存在腐败的最重要环节。政府采购监督部门的监督必须把决标作为一个重点。一是审查中标者的资格条件,中标人与招标人之间是否存在非正当的关系。二是审查授标的条件,中标人的投标是否为众多投标中的最优标。三是审查授标的形式是否在公开场合进行。

五、对合同履行的监督

政府采购合同是开展政府采购活动获得结果的书面记录,也是政府采购监管部门对政府采购活动实施监督的重要依据。对政府采购合同履行环节的监督要点是:

一是监督所制定的政府采购合同格式文本是否进一步明确了当事人权利和义务,特别要注意对政府采购活动中一些常见问题,如采购人不及时付款等,应尽量在合同中加以明确。

二是监督政府采购合同备案登记时间是否超过 7 个工作日。

三是监督资金支付。如果是财政国库直接支付资金的,财政部门需要认真审核采购资金支付申请表及有关资料如合同副本、验收报告、发票复印件等材料是否齐全等,手续资料齐全的应及时支付资金。

四是监督纠纷的解决。合同履约期间履约双方可能会出现些纠纷,要尽早帮助双方当事人沟通,及时处理。

第五节　政府采购绩效评价

一、政府采购绩效评价概述

（一）政府采购绩效的含义

效率一般是指在执行一项措施、政策或制度的过程中,所费与所得之间的对比关系。其中,所费是指相关的成本,包括有形成本和无形成本、直接成本和间接成本等;所得是指收益,包括资金收益和其他收益。在所费一定的情况下,所得越大,效率越高;相反,在所得一定的情况下,所费越小,效率越高。

政府采购绩效是指政府采购产出与相应的投入之间的对比关系,是对政府采购效率进行的全面整体的评价,与政府采购效率既有区别又相互联系。一般来说,政府采购绩效不仅注重对政府采购行为本身效率的评价,还注重对政府采购效果的评价。狭义的政府采购绩效即一般意义上的经济绩效,是指费用与效用的比较,即采购成本与财政资金节约额之间的对比关系。广义的政府采购绩效则包括政府采购的内在绩效和外在绩效。内在绩效就是指市场部门内部的绩效,产生这种绩效的主要是私人产品,其主要部分即经济绩效,这种绩效由于以利润的形式表现出来,因此可以直接用货币来衡量;外在绩效即市场、部门之外的绩效,产生这种绩效的主要是公共产品,所产生的效益除了经济效益以外,还包括政治绩效和社会绩效,这种绩效一部分能用货币直接衡量,但大部分却难以甚至不能用货币直接来衡量,只能用定性的方法来加以评价。政府采购的公共性决定了我们在讨论政府采购绩效时,应该将政府采购绩效界定在广义的范围。

(二)政府采购绩效评价的意义

1. 进行政府采购绩效评价是提高政府采购效率的需要

市场经济催生了政府采购制度,效率是市场经济的核心,同样,效率也是政府采购的核心,效率的高低关系到政府采购的存亡。

(1)从政府采购的产生看,效率是政府采购的首要目的。政府采购于1782年产生于英国,之后就在全世界范围快速传播开来,为世界大多数国家政府所采用,究其原因,就在于政府采购的确能够提高财政资金的使用效率。我国财政在20世纪90年代之前一直是"重收入、轻支出",过分强调了收入管理的重要性,却忽视了财政支出管理的重要性。随着财政规模的扩大以及财政管理水平的提高,无论是学术界还是政府部门都越来越认识到支出管理在财政管理中的重要性。于是,1998年我国开始了以全面推开政府采购制度为标志的支出改革,之后的部门预算以及国库集中收付制度等一系列改革更是将支出改革推向深入。由此可见,我国不断进行政府采购制度改革的初衷也是为了发挥其本身固有的提高财政支出效率的功能。

(2)纳税人要求提高政府采购效率,因此效率是公众的要求。政府采购花的是纳税人的钱,因此,政府采购一定要向纳税人负责,即用最少的财政资金采购到更多的货物,为纳税人提供公共产品或服务,这些也正是纳税人最关心的。

(3)提高政府采购效率是市场经济的要求。市场经济讲求的是竞争,重视的是效率。政府采购正是顺应市场潮流而产生的。在政府采购中,政府采购机构不再以执政者的角色进入市场,而是以市场主体的身份进入市场。在政府采购中,政府采购机构要按市场经济规律办事,提高政府采购效率,适应市场经济的要求。另外,由于政府采购还肩负着宏观调控的职责,而宏观调控正是为了弥补市场配置资源的失灵。市场失灵的一个重要表现就是资源配置效率的低下,如果政府采购在弥补市场失灵时效率也很低下,那么运用政府采购进行宏观调控就失去了意义。从这个角度也能看出,提高政府采购的效率的确是市场经济的要求。

（4）提高政府采购效率是政府本身执政的需要。当今世界,各国政府在满足自身运转需要和服务于社会的同时,几乎都面临着财政赤字的巨大压力。赤字的解决无非有两条途径:一是增加收入,二是压缩开支并提高支出效率。收入的增加受经济发展水平的影响,同时也容易引起民愤,因此存在很大的局限性,而支出中虽然某些项目受刚性的影响不易压缩,但其他项目压缩的余地还是很大的。特别是我国长期习惯于传统的粗放型经济增长模式,成本投入很大,但支出效率往往不高。因此,通过引入政府采购制度,并不断提高政府采购效率,就能在节约财政支出方面取得很大成就。可以说,提高政府采购效率,是消除财政赤字、维护政府政权的需要。并且,世界各国越来越重视对政府绩效的考评,如果政府的效率不高,就不能获得民心。为此,政府必须提高政府采购效率,用最少的成本干最多的事情,从而取信于民。现代政府管理的核心问题是提高绩效。要改进绩效必须先了解目前的绩效水平是什么。如果你不能测定它,你就无法改善它。对政府采购行为的绩效,根据政府采购项目的经济性、效益性以及效率性等方面进行判断评价,并且将评价结果通过现代信息技术在政府公共部门之间、政府公共部门和社会公众之间进行沟通与交流,是提高政府采购效率的有效机制。一方面,通过政府采购绩效评价,相关政府部门将从中获得对政府采购进行进一步改革完善的必要依据,实现对政府采购相关部门、人员、制度的运行效率的考评,在此基础上,通过一定的激励机制提高整个政府采购体系的运行效率;另一方面,进行政府采购绩效评价并将结果公之于众,接受公众的监督,将有利于提高政府采购过程的透明度及效率,增强公众对政府公共服务行为的信心。因此,进行政府采购绩效评价是提高政府采购效率的需要。

2. 对政府采购行为进行绩效评价是加强政府采购监督的一种方式

政府作为一个国家的统治机关,在国家内部拥有垄断强制力。一般情况下,拥有垄断强制力的政府组织,对自身行为能够具有制约力的因素相对于其他任何形式的组织来说都要少得多,即使在相关法律、法规的约束下,政府的很多行为往往仍然具有很大的自由裁量权。在这种优势地位下,要想保证政府的行为符合该国社会经济的发展需要,就必须为它建立一套制衡机制。这套制衡机制中固然少不了法律、法规等强制性限制,但更重要的是需要设置有客观、严格且不以政府自身利益为核心的评价体系。政府采购评价体系的存在能够有效地促使政府按照评价的标准来执行采购工作;同时,它所形成的一系列评价结果也为政府采购活动接受外部监督提供了基本标准,人们可以很直观地通过评价结果来对政府采购形成自己的判断。

二、政府采购绩效评价体系的构建

2004年,我国明确提出建立绩效预算评价体系的目标。作为进一步加强公共采购管理、提高财政资金的使用效率的一项重要举措,绩效预算评价体系的核心是通过制定公共支出的绩效目标,建立预算绩效评价体系,逐步将我国目前财政管理的重心从对资金投入的管理转向对支出效果的管理。政府采购绩效评价正是预算绩效评价不可或缺的组成部分,因此,建立政府采购绩效评价体系,不仅仅是提高政府采购资金支出效率、建立政府采购激励机制的要求,也是完善我国财政资金预算管理的必要环节之一。对政府采购进行绩效评价是指运用特定的绩效评价指标体系,比照一定的标准,采取规定的方法,对政府采购活动的效果作出价值判断的一种认识活动。

(一)政府采购绩效评价的主体与客体

政府采购绩效评价体系中,评价的主体和客体是该体系的基本要素。其中对政府采购效率进行评价的主体就是评价活动的行为主体,一般为特定的组织机构,在现有的政府采购体制下应为政府采购的主管部门。

政府采购绩效评价的客体即评价的行为对象,既包括政府采购活动的过程,又包括政府采购活动的结果;既要评价政府采购活动本身的效益,也要评价其对经济、社会的影响。

(二)政府采购绩效评价的基本目标

明确政府采购绩效评价的目标,是我们进行政府采购绩效评价的基础。借鉴国外经验并参考国际惯例,政府采购绩效评价应当围绕"3E"原则来展开,即经济性(economy)、效率性(efficiency)和效益性(effectiveness)应成为政府采购绩效评价的基本目标。

1. "3E"标准的基本含义

所谓经济性是指政府采购项目投入成本的最小化程度,简单地说就是支出是否节约。按照此标准,政府采购过程中应该尽可能降低各项成本支出。经济性是西方各国开展政府采购支出绩效评价工作的主要初始动力之一,主要目的是解决政府采购活动中资金严重浪费和资金分配不均等问题。随着西方国家社会经济的发展和政府采购支出规模的不断扩大,经济性原则虽然仍作为政府采购绩效评价的主要原则之一,但是单纯的经济性原则在绩效评价中的地位已经逐渐为效率性原则和有效性原则所取代。

所谓效率性是指政府采购项目投入与产出的关系,包括是否以最小的投入取得一定的产出或者是否以一定的投入取得最大的产出。效率性原则要求政府采购项目的运行时效、规范化程度和资金使用效率最大化以及采购执行、管理机构的组织绩效最优化。按照这一原则,政府采购应减少不必要的采购环节,缩短采购时间;尽可能节约财政资金,提高资金使用效率;执行、管理机构保持高效运转等。效率性原则在世界各国政府采购绩效评价中占有十分重要的地位。

所谓效益性,是指政府采购项目对实现政府采购最终目标的影响程度,政府采购的效益性体现在政府采购过程的公开、公正、公平性上。按照该原则,采购对象应符合使用人的要求,且采购人、供应商要对采购过程、结果满意等。

2. 经济性、效率性、效益性之间的关系

经济性、效率性和效益性三者之间既有联系又有区别。在政府采购过程中,采购主体有时因为对支出绩效认识的模糊,要么忽视最终的目标或效果而单纯追求支出的经济、节约;要么不顾效果而单纯追求效率,造成浪费;还有的为了追求效果而不顾资源的状况,以致影响综合效果。政府采购支出的经济性是政府采购活动的先导和基础,效率性是政府采购有效机制的外在表现,而效益性则是政府采购活动最终目标的反映。在具体的政府采购决策中,应该综合权衡"3E"原则,实现三者的最优组合,而不应偏废其一从而使得评价带有片面性。

三、政府采购绩效评价的基本原则

政府采购绩效评价是一项复杂的工作,既要对可用货币来衡量的经济效益进行评价,又要对大量无法用货币度量的政治效益和社会效益进行评估。结合西方国家多年财政支出绩效评价工作的实践经验,从我国实际情况出发,在我国开展政府采购绩效评价工作必须坚持以下几项原则:

1. 全面性和特殊性相结合的原则

政府采购支出所涉及的范围广且内容杂,支出对象具有广泛性、差异性的特点。相应地,政府采购绩效呈现出多样性特征,包括政府采购活动产生的经济效益和社会效益、短期效益和长期效益、直接效益和间接效益、整体效益和局部效益。要对政府采购支出作出客观、公正的评价,就必须对上述效益进行全面衡量。但应该注意的是,不同的采购项目支出具有不同的功能,所追求的效益也有其侧重,所以在评价时,也应充分考虑不同采购项目所产生效益的特殊性。

2. 统一性和差别性相结合的原则

建立一套统一的原则、制度、指标、程序和方法,是构建政府采购绩效评价体系所必需的;否则,评价结果将丧失可比性,其准确性也无据可评。同时,政府采购绩效表现形式的多样性也决定了对不同部门、不同类别的政府采购支出的绩效评价需要在统一规范的基础上,充分考虑其差异性,选择与具体采购支出对象相适应的方法和指标。

3. 理论选择和可操作性相结合的原则

尽管西方国家政府采购绩效评价已经较成形并已形成相关理论体系,但是由于政府采购支出内容和绩效表现形式的多样性以及社会政治、经济环境、传统的不同,决定我国不能完全照搬西方的那一套评价体系。应该从我国具体国情和政府采购评价的工作水平出发,设定具有科学性、现实性和可操作性的评价体系。

4. 定量分析和定性分析相结合的原则

定量分析主要是对研究对象所包含成分的数量关系或所具各性质间的数量关系进行分析;定性分析仅仅分析被考察对象所包含的成分或各具的特性,通常用描述性语句表达有关的分析结果。在对政府采购绩效进行评价的过程中,有的绩效可以用量化的指标来计算衡量,有的绩效如公众满意度等,难以用量化的指标来衡量。因此,若单纯使用定量或定性的方法对政府采购绩效进行评价,势必会影响评价结果的客观公正性,因此,应将定量分析和定性描述结合起来,对政府采购绩效进行评价。

四、政府采购绩效评价的指标体系

就政府采购而言,其绩效可以从两个层次上来衡量,即微观绩效和宏观绩效。其中,微观绩效是就具体的采购行为而言的,采购花费的资金成本越少、时间越短,微观效率就越高。微观绩效又可分为资金效率和行政效率,资金效率是指政府采购对资金的节约程度,行政效率则一般可通过政府采购周期的长短来决定。宏观绩效是就政府采购作为一项制度而言的,宏观绩效可具体分为规模效率、人员效率、政策效率和管理效率。规模效率是指只有当政府采购在整个财政支出或国民生产总值中占有一定比重时,政府采购的节支效率才能很好地发挥出来;人员效率主要是对政府采购人员素质和人均采购额的大小进行衡量,政府采购人员的素质越高,人均采购额越大,人员效率也就越高;政策效率主要是看政府采购政策是否科学、是否适用;管理效率主要是用于评价政府采购管理体制及机制是否高效。

(一) 微观绩效评价指标

1. 资金效率评价指标

资金效率主要是用于衡量政府采购的节支情况,可用节支率指标来衡量。政府采购节支率是指政府采购的资金节约额与政府采购预算金额的比率,是评价政府采购效率的最基本的指标。其公式为:

政府采购节支率 =(政府采购预算金额 - 政府采购实际金额)÷ 政府采购预算金额 × 100%

由此可见,节支率与政府采购实际金额成反方向变化,与政府采购预算金额成正方向变化。节支率可以从三个层次上进行考察:一是某个具体采购项目的节支率,用于考察某次采购的节支情况;二是某类采购对象的节支率,用于考察不同采购对象的节支情况;三是当年政府全部采购的节支率,用于考察政府采购的年度节支效果以及政府采购对财政管理和经济总量的影响。

一般来说,政府采购的节支率越高,表明政府采购的节支效果越明显。因此,实践中许多部门也以较高的节支率为目标。但是,较高的节支率并不是政府采购的唯一目的,而且,高节支率并不一定意味着政府采购的高效。推行政府采购制度是将政府的采购行为推向市场。政府在采购的过程中应完全遵守市场规则,选择"质优价廉"的产品。所以,可以肯定的一点是,政府采购实际金额是一个可以衡量政府采购节支效果的参考量。政府采购预算金额是受多种因素影响的,其中最主要的因素有预算编制的粗细、预算编制的方法以及编制人员的素质等。预算编制越细,采用的编制方法越科学,编制人员的素质越高,政府采购预算金额与由市场决定的政府采购实际金额就越接近,节支的余地就越小,节支率也就越低。

目前,我国部门预算、国库集中支付制度已付诸实施并不断完善,这些都将使政府采购预算编制的准确程度提高,对财政资金的监督力度也将进一步加大。可以预见,随着部门预算的进一步推行、预算编制方法的改进以及编制人员素质的提高,政府采购的节支率一定会越来越低,而这一结果也正是政府采购制度成熟的表现。

2. 行政效率评价指标

行政效率主要用于衡量政府采购是否能够及时满足需求单位的需要。一般来说,政府采购的行政效率主要是指集中采购的行政效率,具体可通过政府采购周期指标来衡量,即从上报需求计划,政府采购中心接受委托,财政部门进行需求核对及下达任务单,媒体发布政府采购需求信息,到签订政府采购合同为止的时间。以公开招标采购方式为例,一个完整的政府采购周期通常由以下几个环节组成:① 媒体收到信息并刊登所需的时间;② 采购信息公告期;③ 投标人编制投标书的时间;④ 中标公示期;⑤ 采购中心运作、审

批、流转等所耗费的时间;⑥ 合同履行期;⑦ 合同履行完毕后付款期。政府采购周期,可用以下公式计算:

政府采购周期＝财政部门核对需求信息及下达任务单期＋信息刊登期＋公告期＋标书编制期＋中标公示期＋中心工作期＋合同履行期＋合同履行完毕后付款期

《政府采购法》及相关法律明确规定了其中某些期间的要求,如指定媒体必须在收到公告之日起 3 个工作日内发布公告;货物和服务项目实行招标方式采购的,自招标文件开始发出之日起至投标人提交投标文件截止之日止,不得少于 20 日。这里的期间都是指工作日,因此实际上的政府采购周期比这些期间加总起来的时间还要长一些。

一般认为,政府采购的周期越短,效率越高;周期越长,效率越低。但也并不总是如此,有些政府采购方式,只有达到一定的周期才能发挥出优势。如果采购周期很短,很多供应商未能来得及获取政府采购的需求信息,这样政府采购的竞争性就发挥不出来,政府采购的效率就会大打折扣。相反,有些采购方式并不需要很长的周期,如果周期太长,不但会耽误需求单位的需要,也会影响政府采购的效率。

以政府采购周期指标衡量的行政效率主要受政府采购相关法律、法规和政府采购方式以及政府采购中心运作效率的影响。一般来说,法律规定不是随便能改动的,政府采购方式也有其经验性的周期。因此,要想提高政府采购的行政效率,就要从提高政府采购中心的运作效率上着手。如果政府采购中心能够探索出一套高效的运作机制,如果政府采购中心的人员有较高的办事效率,那么政府采购的周期就可以大大缩短,从而不但可以提高政府采购的效率,也有利于供应商。

另外,财政部门的付款时间也是政府采购行政效率必须考虑的问题。付款周期太长,会影响供应商的资金回笼,也会影响政府采购在供应商心目中的地位。

(二) 宏观效益评价指标

1. 规模效率评价指标

规模效率是指政府采购在具有一定规模基础上所能起到的节约财政支出的效果。政府采购规模是实现经济效率的基础,有规模才能发挥效益,才能节约更多的采购资金。

政府采购的规模效率又可从以下两个方面来进行评价:

一是从全部政府采购占财政支出或国民生产总值的比重来看,这一比重越高,说明政府采购对财政与经济的影响越大,从而越能带动我国财政管理以及经济效率的提高。国际上,成熟市场经济国家的经验是:政府采购一般占当年财政支出的30%左右,占国民生产总值的10%左右。如果政府采购在整个财政支出以及经济总量中的比例太小,政府采购的节支功能就不能很好地发挥出来,这时,政府采购的规模效率就比较低。政府采购的规模效率通常可用当年政府采购在整个财政以及经济中所占的比重这一相对规模指标来衡量,因此,它是一个相对量。政府采购的规模的计算公式如下:

政府采购的相对规模 = 当年政府采购实际金额 ÷ 当年财政支出总额(或GDP)

当然,政府采购的规模是受很多因素影响的。一般来说,一个国家实行政府采购制度之初,政府采购量较小,随着政府采购制度的不断成熟,规模会不断增大。同时,一个国家财政支出中购买性支出与转移性支出之间的比例也是决定政府采购相对规模的一个重要因素。一般来说,如果一个国家的福利较好,转移性支出较多,购买性支出的比重会相对小一些,政府采购的规模也会相应较小。

二是从每次政府采购量来看,若每次政府采购的批量较大,分摊在每一单位政府采购资金上的费用就越低,就越能够充分发挥政府采购的规模效率。在实践中,通常通过集中多家单位的相同需求来达到规模采购的效果。这一指标的具体计算公式为:

平均每次采购量 = 政府采购额 ÷ 政府采购次数

政府采购平均每次采购批量受采购对象的性质、采购方式的选择以及当时的需求量等多种因素的影响,因此,在具体进行评价时可区别对待。不同的采购对象和采购方式的采购规模是不同的,工程类采购和采取公开招标采购方式的采购规模通常要大一些,而货物、服务类采购和其他采购方式的采购批量通常会小一些。

2. 人员效率评价指标

人员效率主要用于考察参与政府采购的财政监督管理部门及政府采购中心人员的办事效率,即以最小的人力成本完成尽可能多的采购量。人员效率具体可通过人员经费和人均采购额等指标来衡量。

人员经费是指政府采购过程中所发生的办公经费、工资费用、组织招标活动的费用、学习考察费、培训费等。可用人员经费占政府采购额的比重这一指标来衡量,即

人员经费比重 = 当年人员经费 ÷ 当年政府采购额

人员经费的比重越低,说明人员经费相对于采购额来说越小,效率越高;相反,人员经费的比重越高,说明一定量的政府采购额需要财政投入的费用越多,因而效率越低。

人均采购额考察的是每个政府采购人员所分担的采购额的大小,即

人均采购额＝当年政府采购额÷政府采购人员数量

人均采购额越大,说明效率越高;相反,人均采购额越小,说明效率越低。人员效率主要受政府采购人员素质的影响,如果采购人员的素质较高、办事效率较高,那么,就能用较少的经费完成较高的人均采购额。

3. 政策效率的评价指标

政策效率主要用于评价政府采购政策的制定是否科学、是否适用、是否能促进经济增长。政府采购的初衷是节约财政支出,但由于它的规模较大,能够对市场产生较大的影响,因此,它也是政府宏观调控经济的重要工具,是政府财政政策的重要组成部分。政府采购政策制定是否科学、是否得当,关系到整个国民经济的发展。一般来说,当我们判断经济出现衰退迹象时,应采取扩大政府采购规模的政策,以此发挥政府采购的乘数效应,带动国民经济的更快发展;当判断经济出现过热迹象时,应适时地压缩政府采购的规模,通过政府采购乘数加快经济降温。政府采购的政策效率可以通过政府采购对经济增长的贡献来衡量,即通过政府采购拉动经济增长的百分比来进行衡量。

政府采购对经济增长的贡献＝(国民经济总量变动的百分比÷政府采购规模变动的百分比)×100%

政府采购对经济增长的贡献越大,表明政府采购的政策效率越高;反之,则效率越低。

4. 管理效率评价指标

管理效率用于衡量政府采购管理体制和机制设计是否科学、是否能够有效运作。政府采购管理包括预算管理、法律监督、政府采购方式、招标投标管理以及投诉质疑管理等多个方面,政府采购管理效率是综合管理的结果。由于其管理效率无法直接计算,因此它也没有合适的指标进行衡量。尽管如此,管理效率始终是政府采购应该重点考虑的问题之一。管理制度健全与否以及管理水平的高低是影响政府采购管理效率的重要因素。一般来说,预算做得好、法律健全、方式选择得当、招标投标严谨、有完善的质疑投诉机制,政府采购的管理效率就较高。

除了上述核心评价指标外,政府采购指标体系中还包括对供应商的综合评价、采购人的满意程度、供应商的满意程度等一系列的指标。在具体的政府采购绩效评价实践中,应根据所评价项目的特点及所要达到的采购目的,有所侧重地设计和选择评价指标,使得具体指标体系的设置能更好地为政府采购绩效评价乃至政府采购管理服务。

总之,政府采购绩效是一个全面的概念,评价政府采购绩效的高低,必须对整个采购过程,包括采购方案的设计、采购方式的确定、作业的标准化程度等所付出的代价与产生的效益进行对比,发现并控制其中的不合理成本,并综合各种因素来分析采购活动是否达到了最佳效果,包括经济效果和社会效果。指标体系选择的科学与否直接影响着政府采购绩效评价工作的质量,因此,在进行指标体系的设计中我们应遵循内容全面、方法科学、制度规范、客观公正、操作简便的基本原则,借鉴已有经验,提高指标体系的适用性、可比性、准确性。

五、政府采购绩效评价标准

政府采购绩效评价标准是指以一定量的有效样本为基础测算出来的标准样本数据。该评价标准用来衡量评价对象的好坏及优劣等特征。评价标准是政府采购绩效评价体系的核心要素之一,是评价工作的基本标尺,决定着评价结果的准确性以及评价目标能否真正实现。

政府采购绩效评价标准按照可计量性可以分为定量标准和定性标准,定量标准和定性标准又可根据标准的取值基础不同,分为行业标准、计划标准、经验标准和历史标准四种;按照时效性可以分为当期标准和历史标准;按照标准形成的方法可以分为测算标准和经验标准;按照区域可以分为国际标准和国内标准。

评价标准值的选取是一项技术性很强的工作,它需要相关人员在标准值的测定过程中,既考虑所选取样本的有效性,又考虑样本数量的规模性;既考虑标准值的数学意义,又使标准值具有现实经济意义。并且,评价标准的选取要与评价的指标体系相匹配,不同的指标所对应的标准值的类型会有所不同。在实践中,标准值的取值依据应来自国家预算单位年度决算数据、国际或国内一些公认的标准以及相关权威部门颁布的行业标准。

政府采购绩效评价标准的正确选择对于政府采购绩效评价的结果具有较大的影响,评价标准的制定既是政府采购绩效评价体系建立的关键环节,也是我们在构建评价体系中面临的一个难题。而且,评价标准并不是一成不变的,它会随着经济的发展和外部环境的变化而随之改变,因此,政府采购管理部门如何建立和维护、更新标准就成为决定评价水平高低的重要工作。

第五章
政府采购规范管理

第一节　政府采购信息管理

一、政府采购信息的概念及分类

（一）政府采购信息的概念

政府采购信息，是指规范政府采购活动的法律、法规、规章和其他规范性文件，以及反映政府采购活动状况的数据和资料的总称。政府采购法律制度如投诉处理决定、司法裁决决定等监管规范文件以及政府采购活动有关信息如供应商资格预审公告、招标公告、中标公告及有关统计资料等均可纳入政府采购信息范围。

（二）政府采购信息分类

政府采购信息根据信息来源不同，可分为制度类信息和采购活动类信息，制度类信息是政府采购的"游戏规则"，决定着政府采购各方当事人的总体行为规范，这类信息主要由政府采购监管部门制定和发布，这类信息主要包括法律、办法、规定、处理投诉决定等。制度类信息为政府采购活动提供了原则性规范和操作性流程，是政府采购活动的基石。采购活动信息是与采购业务密切相关的信息，如招标信息、中标信息、谈判信息等。信息还有很多其他分类，但根据信息来源分为制度类信息和采购业务信息最为常用。

二、政府采购信息公开的必要性

政府采购信息公开是指政府采购的相关信息通过报刊、网络等有关媒体进行公布，以告知参与政府采购供应商和其他社会公众，具有重要的意义。

（一）政府采购信息公开可促进最大限度的竞争

政府采购信息公开，可以使潜在供应商和相关当事人及时掌握商业机会，尽可能全面了解采购活动的动态，促使供应商之间竞争，达到降低成本、提高采购质量的目的。政府采购信息公开，打破信息孤岛，信息透明度程度提高，有利于减少内幕交易，便于社会监督。

(二) 政府采购信息公开是公平竞争的前提

政府采购公平原则就是政府采购要公平地对待每一位供应商,不能歧视某些潜在的符合条件的供应商参与政府采购活动。政府采购信息在政府采购监管部门指定的媒体上全面及时的公布,可最大限度地消除信息不对称,将政府采购形成的商业机会公平地展现给每一位供应商,创造公平竞争的环境,维护政府采购的公平性。

(三) 政府采购信息公开是采购法规的法定要求

《政府采购法》第十一条:"政府采购信息应当在政府采购监管部门指定的媒体上及时向社会公开发布。"财政部《政府采购信息公告办法》对政府采购信息公开提出要求,对应当公告信息而未公告、公告内容不全、公告内容不实的情形提出了相应处罚规定。

(四) 政府采购信息公开是国际惯例

实行政府采购制度的国家和地区都通过官方指定媒体公告政府采购信息。这些国家和地区公开政府采购信息包括政府采购预算、采购预告、选择招标以外采购方式的原因、中标和成交金额等。WTO《政府采购协议》规定,各成员国必须统一将本国政府采购的信息发布于媒体,并告之WTO秘书处及其他各个成员国。

三、政府采购信息公开原则

(一) 真实及时原则

公告政府采购信息必须做到内容真实,准确可靠。不得有虚假和误导性陈述,不得以不合理条件限制或排斥潜在供应商。政府采购信息发布要及时。财政部门指定的政府采购信息发布媒体中的网络媒体,应当在收到公告信息之日起1个工作日内上网发布;指定的报纸,应当在收到公告信息之日起3个工作日内发布;指定的杂志,应当及时刊登有关公告信息。

(二) 强制性原则

强制性体现在两个方面。

一是政府采购信息范围是强制的,即哪些信息必须发布,不发布就违规。除涉及国家秘密、供应商的商业秘密,以及法律、行政法规规定应予保密的政府采购信息以外,下列政府采购信息必须公告:有关政府采购的法律、法规、规章和其他规范性文件;省级以上人民政府公布的集中采购目录、政府采购限额标准和公开招标数额标准;政府采购招标业务代理机构名录;招标投标信息,包括公开招标公告、邀请招标资格预审公告、中标公告、成交结果及其更正事项等;财政部门受理政府采购投诉的联系方式及投诉处理决定;财政部门对集中采购机构的考核结果;采购代理机构、供应商不良行为记录名单。

二是对于招标等信息披露事项作了强制性具体规定,如公开招标必须公布采购人、采购代理机构的名称、地址和联系方式;招标项目的名称、用途、数量、简要技术要求或者招标项目的性质;供应商资格要求;获取招标文件的时间、地点、方式及招标文件售价;投标截止时间、开标时间及地点;采购项目联系人姓名和电话。

四、政府采购信息公告程序

按财政部《政府采购信息公告办法》,要求监管信息由政府采购监管部门发布,采购业务信息由采购人或采购代理机构发布。下面举例说明在江苏政府采购网上公告政府采购业务信息的程序(如图5-1)。

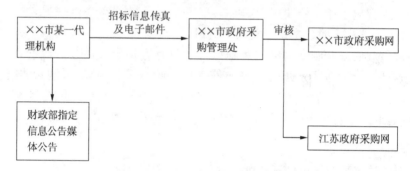

图5-1 政府采购信息公告程序

在南京的采购代理机构需要在江苏省政府采购网上公告采购业务方面信息的,以传真及电子邮件提交给江苏省政府采购网,江苏省政府采购网在收到公告信息后一般在1个工作日内上网发布。

不在南京市的采购代理机构需要在江苏省政府采购网上公告采购业务方面信息的,以传真(已加盖单位公章)及电子邮件提交与所在省辖市的财政局政府采购处,由他们审核后直接在江苏省政府采购网发布。

五、如何快速高效地发布政府采购信息

(一)信息本身要满足法定时限的要求

按政府采购有关规定,公开招标文件发售时间至投标人提交投标书截止时间需要满足20天的法定要求。代理机构向政府采购信息媒体提交的信息一定要满足这个时间要求,没有满足法定时间的信息很可能会被媒体退回,延缓发布信息,即使侥幸发布了,这样的信息孕藏着巨大风险,随时都有可能遭到投诉,并且这种低级错误,遭遇投诉必败。

(二)提供信息要真实合法

采购机构拟发布信息内容应当符合《政府采购法》及其他相关法规的规

定,如不得指定品牌,不得对潜在供应商有歧视的条件,内容应当客观真实。信息媒体虽然作形式上的必要的审核,帮助信息提供者把关,但信息媒体没有能够发现信息违反政府采购有关规定,刊登了内容不真实合法的信息,其后果仍然由信息提供者承担。

（三）信息要完整

信息完整包括采购人、采购代理机构的名称、地址和联系方式;招标项目的名称、用途、数量、简要技术要求或者招标项目的性质;供应商资格要求;获取招标文件的时间、地点、方式及招标文件售价;投标截止时间、开标时间及地点;采购项目联系人姓名和电话等。实际工作中,信息发布媒体会提供相应固定格式,信息提供者只需要按规定格式逐字全部填列即可。

（四）信息要规范,手续要完备

书写要规范,符合惯例,不应存在引起歧义的地方,有关手续要完备,如经办人签字、发布单位签章等内容是否齐全。

（五）发布信息渠道的相对一致性

1. 纵向一致性

由于同一个项目可能要发招标公告、更正公告、中标公告等多种信息,因此同一项目在发布信息时要注意前后的一致性,以便公众对项目有较系统的了解。要避免同一个项目前后不一致。

2. 横向一致性

在各政府采购信息发布媒体上分别公告同一信息的,内容必须保持相同,特别是一些更正公告,要注意在原发布媒体上发布更正公告。

3. 各种形式通知渠道一致性

除了在媒体上公告外,有关信息需要书面通知信息接收对象,这一点也务请信息提供者注意,例如,更正公告除了在媒体上公开发布外,还须以书面形式通知所有招标文件的收受人。

（六）注意信息提交时间的及时性

信息提交要考虑到自然传播的时间要求。应当预留媒体的运作时间和信息的自然传播时间,保证信息向社会公开的及时有效性。信息提交不能违反法规规定的时间。如果发更正公告,要满足距投标人提交投标书截止时间15日前进行发布;如果延长投标截止时间和开标时间,要满足距投标人提交投标书截止时间3日前的要求。如中标公告发布日期,按政府采购有关规定,中标公告,评标结束后5个工作日内评标报告送采购人,采购人在收到评标报告后5个工作日内确定中标供应商。由此推算应该在评标结束后10个工作日内网上发布中标公告。在政府采购实践中,有的采购代理机构考虑到质疑的时间,一般在法定质疑期7个工作日后发布公告。

第二节　政府采购评审专家管理

为加强对政府采购评审专家的管理,规范政府采购评审行为,必须加强对采购评审专家的管理。以江苏省为例,江苏省财政厅根据《中华人民共和国政府采购法》和《政府采购评审专家管理办法》制定了《江苏省政府采购评审专家管理实施办法》,其主要内容如下:

一、评审专家应当具备的条件

评审专家应当具备以下条件:

(1) 具有较高的业务素质和良好的职业道德,在政府采购的评审过程中能以客观公正、廉洁自律、遵纪守法为行为准则;

(2) 从事相关领域工作满8年,具有本科(含本科)以上文化程度,高级专业技术职称或者具有同等专业水平,精通专业业务,熟悉产品情况,在其专业领域享有一定声誉;

(3) 熟悉政府采购、招标投标的相关政策法规和业务理论知识,会基本的电脑操作,能胜任政府采购评审工作;

(4) 本人愿意以独立身份参加政府采购评审工作,并接受财政部门的监督管理;

(5) 没有违纪违法等不良记录;

(6) 身体健康,能正常参加政府采购评审活动;

(7) 财政部门规定的其他条件。

二、评审专家应提供的材料

在职和离退休人员,均可向当地财政部门自荐,也可由所在单位、采购人、采购代理机构或本行业专家推荐。自荐或推荐时应填写《江苏省政府采购评审专家申请登记表》,并交验以下材料:

(1) 文化及专业资格证书(原件及复印件);

(2) 个人研究或工作成就简况(包括学术论文、科研成果、发明创造等);

(3) 证明本人身份的有效证件;

(4) 财政部门要求的其他材料。

三、评审专家聘任办法

评审专家采取随时申报、定期聘任的办法。省辖市财政部门根据自荐和推荐情况,定期审核聘任。对经审核符合条件的专家,经过初任培训合格后,即获得政府采购评审专家资格,颁发《江苏省政府采购评审专家聘书》,纳入专家库统一管理。省辖市财政部门应当对所聘的评审专家每两年检验复审一次,符合条件的可以继续聘用,并办理相关手续。

四、对评审专家的检验复审

对评审专家的检验复审应以平时的考评记录为主。包括本人的职业道德、专业水平、评审能力以及有无违法违纪行为等。

经调查核实有下列情形之一者,按检验复审不合格处理:

(1) 本人专业水平和执业能力不能继续满足政府采购评审工作要求的;

(2) 在项目评审中显失公正的;

(3) 在项目评审中未按规定回避的;

(4) 一年内参加政府采购评审累计 3 次迟到或早退,或累计 2 次答应参加而无故缺席的,或一年内累计不参加次数占总抽到通知数(大于 5 次)50%以上,或总抽到通知次数不大于 5 次的累计不参加次数 3 次及以上的;

(5) 因身体状况及其他情况不再适宜从事评审工作的;

(6) 未按有关规定参加培训的;

(7) 不按规定参加检验复审的。

对在政府采购评审工作中有违规行为、不再胜任评审工作、检验复审不合格的,或者本人提出不再担任评审专家申请的,财政部门可随时办理有关解聘手续。

五、评审专家在政府采购活动中享有的权利

主要有:

(1) 对政府采购制度及相关情况的知情权;

(2) 对政府采购项目的独立评审权;

(3) 推荐中标或成交候选供应商的表决权;

(4) 按规定获得相应的评审劳务报酬;

(5) 法律、法规规定的其他权利。

六、评审专家在政府采购活动中应承担的义务

(一) 为政府采购提供真实、可靠的评审意见

在评审工作中不受任何采购人、采购代理机构、供应商、监管部门或其他机构的干扰,客观、公正地履行职责,遵守职业道德,对所提出的评审意见承担个人责任。禁止出现下列行为:

(1) 发表不负责任的言论，影响评审公正性；
(2) 征询采购人的倾向性意见；
(3) 不按采购文件的标准和方法评审的。

（二）严格遵守政府采购评审工作纪律

(1) 按时参加政府采购项目的评审工作。遇特殊情况不能按时参加评审时，应及时告知邀请单位，不得私下转托他人参加。

(2) 回避与本人存在利害关系的评审活动。

当被聘为某一采购项目评审成员时，如有下列情况情形之一的，应立即主动提出回避或应采购人、采购代理机构的请求进行回避：

① 本人、配偶或直系亲属 3 年内曾在参加该采购项目的供应商中任职（包括一般工作）或担任顾问；

② 与参加该采购项目的供应商发生过法律纠纷的；

③ 曾经参加过该采购项目的采购文件征询工作的；

④ 其他可能影响公正评标的情况。

(3) 不得向外界泄露评审情况。

(4) 不得私下接触采购项目供应商，不得收受他人的财物或者其他好处。

（三）发现供应商在政府采购活动中有不正当竞争或恶意串通等违规行为，及时向采购人、采购代理机构或财政部门报告并加以制止

（四）解答有关方面对政府采购评审工作中有关问题的咨询或质疑，配合财政部门处理供应商的投诉等事宜

（五）当工作单位、技术职务聘任资格、通讯联络方式等发生变化时，及时告知当地财政部门

（六）积极参加必要的学习培训

（七）法律、法规规定的其他义务

七、对政府采购评审专家违法行为的处理

（一）对不良行为的处理

评审专家的下列行为属于不良行为：

(1) 被选定为某项目并且已接受邀请的评审项目专家，未按规定时间参与评审，影响政府采购工作的；

(2) 在评审工作中，有明显倾向或歧视现象的；

(3) 违反职业道德和国家有关廉洁自律规定，但对评审结果没有实质性影响的；

(4) 违反政府采购规定，擅自向外界透露有关评审情况及其他信息的；

(5) 不能按规定回答或拒绝回答采购当事人询问的；

（6）评审意见违反政府采购政策规定的。

评审专家有上列情况之一的,将作为不良行为予以通报批评或记录。评审专家在一年内发生两次通报批评或不良记录的,将取消其一年以上的评审资格,累计3次以上者不得再从事评审工作。

（二）重大违法行为的处理

评审专家的下列行为被视为重大违法行为：

（1）故意并且严重损害采购人、供应商等正当权益的；

（2）违反国家有关廉洁自律规定,私下接触或收受参与政府采购活动的供应商及有关业务单位的财物或者好处的；

（3）违反政府采购规定向外界透露有关评审情况及其他信息,给评审结果带来实质影响的；

（4）评审专家之间私下达成一致意见,违背公正、公开原则,影响和干预评审结果的；

（5）以政府采购名义从事有损政府采购形象的其他活动的；

（6）弄虚作假骗取评审专家资格的；

（7）评审意见严重违反政府采购有关政策规定的。

评审专家有上列情况之一的,财政部门取消其政府采购评审专家资格,同时办理解聘手续。

（三）处理部门

对属于行政监察对象的评审专家的个人行为由监察机关监督检查,涉及有关违规违纪行为的,由有关部门按照有关规定给予相关人员相应处分。

（四）评审专家的责任

由于评审专家个人的违规行为给有关单位造成经济损失的,相关评审专家应当承担经济赔偿责任；构成犯罪的,将移送司法机关追究其刑事责任。

第三节 政府采购代理机构管理

对政府采购代理机构规范管理主要包括采购机构代理资格的认定管理及对采购代理机构的监督检查两方面的内容。

一、政府采购机构代理资格的认定管理

政府采购代理机构分为集中采购机构和社会采购代理机构两种,集中采购代理机构是政府专门为政府和公共事业部门集中采购设立的机构,其成立就是为了办理集中采购事项,因此,其天然具有政府采购代理的资格。所以,我们在此所讲的政府采购代理资格的认定是指社会采购代理机构的认定,如

江苏省乙级政府采购社会代理机构,其依据是《江苏省政府采购代理机构资格管理暂行办法》。

(一) 政府采购代理机构资格的分类

政府采购代理机构资格分为甲级资格和乙级资格。甲级资格的认定工作依法由财政部负责;乙级资格的认定工作由省级人民政府财政部门负责。

取得乙级资格的政府采购代理机构只能代理单项政府采购项目预算金额在一千万元人民币以下的政府采购项目;取得甲级资格的政府采购代理机构代理的政府采购项目不受预算金额限制。

取得政府采购代理机构甲级和乙级资格应当具备相应的条件,其内容已在第二章中进行了介绍。

(二) 政府采购代理机构资格证书

1. 资格证书概述

政府采购代理机构应当取得财政部或者省级人民政府财政部门认定颁发的《政府采购代理机构资格证书》(以下简称《资格证书》)。

《资格证书》应当载明政府采购代理机构名称、代理业务范围、资格等级及有效期限起止日期等事项,并加盖颁发证书的财政部门印章。

《资格证书》分为正本和副本,有效期为3年,持有人不得出借、出租、转让或者涂改。

以江苏为例,在江苏省行政区域内代理江苏省政府采购事宜的机构,必须依法经江苏省财政厅认定或备案政府采购代理机构资格,并在《资格证书》有效期限内依法开展业务,完成政府采购项目。

2. 乙级资格证书认定的管理——以申请江苏省政府采购代理乙级资格为例

(1) 提供申请材料。

申请江苏省政府采购代理乙级资格的,申请人应当按本条规定准备资格认定申请书及有关书面材料,加盖公章后报当地省辖市财政部门初审,送江苏省财政厅认定。其材料包括资格认定申请书和有关书面材料。

资格认定申请书:按"江苏政府采购网"中"代理机构资格认定"栏目的要求,填写并打印装订"资格认定申请书"。

书面材料:

① 有效的企业法人营业执照、税务登记证副本和社会保险登记证书复印件。

② 经工商管理部门备案的《企业章程》复印件。

③ 与行政机关没有隶属关系和其他利益关系的书面声明。

④ 机构内部各项管理制度。应当包括但不限于:工作岗位责任制度、工

作人员执业守则、员工培训管理制度、政府采购代理工作流程、采购文件编制审核制度、评标结果登记公示制度、采购合同管理制度、政府采购档案管理制度、政府采购质疑处理制度等。

⑤ 有固定的营业场所和开展政府采购代理业务所需的开标场所、电子监控等办公设备、设施的相关证明材料。营业场所、开标场所为自有场所的提供产权证复印件；营业场所、开标场所为租用场所的提供出租方产权证以及租用合同或者协议的复印件。

⑥ 最近3年内在经营活动中没有因违反有关法律法规受到刑事处罚或者取消政府采购代理资格以上的行政处罚的书面声明。

⑦ 专职人员的名单、中级以上专业技术职务证书、劳动合同、人事档案管理代理证明、申请之前6个月或者企业成立以来缴纳社会保险费的证明（社会保险缴纳情况表或者银行缴款单据）复印件以及符合规定的政府采购人员培训证明。

⑧ 母公司或者子公司已申请或者取得政府采购代理机构资格情况的说明。

⑨ 江苏省政府采购代理机构承诺函。

⑩ 财政部规定的其他材料。

(2) 对乙级资格认定申请的处理。

江苏省财政厅对申请人提出的资格认定申请，根据下列情况分别作出处理：

① 申请事项依法不属于本财政部门职权范围的，应当作出不予受理决定，并告知申请人向有关部门申请；

② 申请材料存在可以当场更正的错误的，应当允许申请人当场更正；

③ 申请材料不齐全或者不符合本办法规定形式的，应当当场或者在5个工作日内一次告知申请人需要补正的全部内容，逾期不告知的，自收到书面申请材料之日起即为受理；

④ 申请事项属于本财政部门职权范围，申请材料齐全、符合本办法规定形式的，或者申请人已按要求提交全部补正申请材料的，应当受理资格认定申请。

(3) 乙级资格认定的时间要求。

江苏省财政厅对申请人提交的书面申请材料进行审查，并自受理资格认定申请之日起20个工作日内，根据下列情况分别作出决定，20个工作日内不能作出决定的，经本财政部门负责人批准，可以延长10个工作日，并应当将延长期限的理由告知申请人：

① 申请人的申请符合本办法规定条件的，依法作出认定资格的书面决

定,并向申请人颁发乙级《资格证书》;

②申请人的申请不符合本办法规定条件的,依法作出不予认定资格的书面决定,并说明理由和告知申请人享有依法申请行政复议或者提起行政诉讼的权利。

江苏省财政厅作出资格认定决定前,对拟认定资格的政府采购代理机构名单,应当在"江苏政府采购网"上公示5个工作日以上。

3. 甲级资格的认定

甲级资格的认定按财政部2010年第20号令《政府采购代理机构资格认定办法》进行管理,其主要内容与乙级资格认定办法基本相同。

(三)政府采购代理资格的延续

1. 申请

(1)申请的时间。

政府采购代理机构需要延续依法取得的政府采购代理机构资格有效期的,应当在《资格证书》载明的有效期届满60日前,向作出资格认定的财政部门提出申请。

(2)需要报送的材料。

江苏省乙级政府采购代理机构提出资格延续申请的,应当准备资格延续申请书和有关书面材料,加盖公章后报当地省辖市财政部门初审,送江苏省财政厅认定。

资格延续申请书:按"江苏政府采购网"中"代理机构资格认定"栏目的要求,填写并打印装订"资格延续申请书"。

书面材料:

①原《资格证书》复印件;

②其他材料,主要包括:

有效的企业法人营业执照、税务登记证副本和社会保险登记证书复印件。

有固定的营业场所和开展政府采购代理业务所需的开标场所、电子监控等办公设备、设施的相关证明材料。营业场所、开标场所为自有场所的提供产权证复印件;营业场所、开标场所为租用场所的提供出租方产权证以及租用合同或者协议的复印件。

最近3年内在经营活动中没有因违反有关法律法规受到刑事处罚或者取消政府采购代理资格以上的行政处罚的书面声明。

专职人员的名单、中级以上专业技术职务证书、劳动合同、人事档案管理代理证明、申请之前6个月或者企业成立以来缴纳社会保险费的证明(社会保险缴纳情况表或者银行缴款单据)复印件以及符合规定的政府采购人员培训证明。

江苏省政府采购代理机构承诺函。

③ 财政部及江苏省财政厅规定的其他材料。

2. 申请的处理

江苏省财政厅在收到书面资格延续申请后，经审核，申请材料齐全，符合法定形式和要求的，受理申请，并依照本办法第十七条至第十八条的规定进行审查，并在申请人的政府采购代理机构资格有效期届满前，根据下列情况分别作出决定：

（1）申请人的申请符合本办法规定条件的，应当做出延续政府采购代理机构资格的书面决定，重新颁发《资格证书》；

（2）申请人的申请不符合本办法规定条件的，应当作出不予延续政府采购代理机构资格的书面决定，并说明理由和告知申请人享有依法申请行政复议或者提起行政诉讼的权利。

（四）对特殊情况的处理

1. 不申请资格延续的处理

政府采购代理机构逾期不申请资格延续的，其《资格证书》自证书载明的有效期届满后自动失效。需要继续代理政府采购事宜的，应当重新申请政府采购代理机构资格。

2.《资格证书》中相关事项变更的处理

政府采购代理机构《资格证书》记载事项依法发生变更的，应当自变更之日起20日内提供有关证明文件并办理变更或者换证手续。但是，机构名称变更的，应当重新申请政府采购代理机构资格。

3. 政府采购代理机构解散、破产的处理

政府采购代理机构解散、破产或者因其他原因终止政府采购代理业务的，应当自情况发生之日起10日内交回《资格证书》，办理注销手续。

4. 采购代理机构分立或合并的处理

政府采购代理机构分立或者合并的，应当自情况发生之日起10日内交回《资格证书》，办理注销手续；分立或者合并后的机构拟从事政府采购代理业务的，应当重新申请政府采购代理机构资格。

（五）政府采购代理机构资格的备案

1. 政府采购代理机构资格备案的范围

外省代理机构拟在江苏省行政区域内代理政府采购事宜的，应当具有合法有效的政府采购代理资格并向财政部门备案。

2. 申请资格备案的外省代理机构需要提供的材料

（1）资格备案申请书：按江苏政府采购网中"代理机构资格认定"栏目的要求，填写并打印装订"资格备案申请书"。

（2）书面材料：有效的政府采购代理资格证书和企业法人营业执照复印件。拟持续开展业务的外省代理机构，还应当提供以下材料：

① 江苏省内常设办事机构的有关证明材料；

② 其他材料，主要包括：

有固定的营业场所和开展政府采购代理业务所需的开标场所、电子监控等办公设备、设施的相关证明材料。营业场所、开标场所为自有场所的提供产权证复印件；营业场所、开标场所为租用场所的提供出租方产权证以及租用合同或者协议的复印件。

最近3年内在经营活动中没有因违反有关法律法规受到刑事处罚或者取消政府采购代理资格以上的行政处罚的书面声明。

专职人员的名单、中级以上专业技术职务证书、劳动合同、人事档案管理代理证明、申请之前6个月或者企业成立以来缴纳社会保险费的证明（社会保险缴纳情况表或者银行缴款单据）复印件以及符合规定的政府采购人员培训证明。

母公司或者子公司已申请或者取得政府采购代理机构资格情况的说明。

江苏省政府采购代理机构承诺函。

③ 财政部及江苏省财政厅规定的其他材料。

3. 申请备案的地点

申请资格备案的外省代理机构，应当将书面资格备案申请书等材料，加盖公章后报江苏省财政厅。外省代理机构在南京市以外开展代理业务的，同时需要到当地省辖市财政部门登记备案。

4. 申请备案的时间

江苏省财政厅定期集中对外省代理机构进行资格备案。申报材料受理时间为每季度的前10个工作日内（遇法定节假日顺延）。申请人提出的资格备案申请材料不齐全或者不符合规定形式的，应当当场或者在5个工作日内一次告知申请人需要补正的全部内容。申请材料存在可以当场更正错误的，允许申请人当场更正。

5. 对备案申请的处理

江苏省财政厅对申请人提交的申请材料进行审核，并自受理资格备案申请之日起20个工作日内，根据下列情况分别作出决定：

（1）申请人的申请符合本办法规定条件的，予以资格备案并在江苏省财政厅网站和江苏政府采购网予以公布；

（2）申请人的申请不符合本办法规定条件的，不予资格备案，并说明理由；

（3）江苏省甲级代理机构，按拟持续开展业务的外省代理机构要求进行备案。

二、对政府采购机构的监督、考核

（一）对集中采购机构的监督检查

《政府采购法》第五十九条对集中采购机构的考核、监督检查作出了规定,政府采购监督管理部门应当加强对政府采购活动及集中采购机构的监督检查。监督检查的主要内容是：有关政府采购的法律、行政法规和规章的执行情况,采购范围、采购方式和采购程序的执行情况,政府采购人员的职业素质和专业技能。

1．考核要求

（1）对集中采购机构进行考核时,财政部门应当组织考核小组。考核小组可以邀请纪检监察、审计部门人员参加,必要时邀请采购人和供应商参加。

（2）财政部门应当制定考核计划和考核方案,能采取量化考核的,要制定考核标准和打分方法,并在考核工作开始前15天以文件形式通知集中采购机构。

（3）对集中采购机构考核时,财政部门可向采购人、供应商征求对集中采购机构的意见,并作为考核参考依据。

（4）集中采购机构接到财政部门考核通知后,在1周内按考核要求进行自我检查,并形成自查报告；同时做好有关考核所需文件、数据及资料的整理工作,以备向考核小组提供。

（5）在考核工作中,集中采购机构对考核小组的考核意见有分歧时,应当进行协商；协商有困难的,应以书面形式将意见报财政部门,财政部门应当按规定予以答复或处理。

（6）财政部门根据考核中发现的问题向集中采购机构提出改进建议,集中采购机构应当按照财政部门的建议进行整改。

2．考核的内容

（1）集中采购机构执行政府采购的法律、行政法规和规章情况,有无违纪违法行为。

（2）采购范围、采购方式和采购程序的执行情况,包括集中采购目录或计划任务的完成情况,是否按规定的采购方式执行,采购程序是否合理合法,接受采购人委托完成其他采购情况等。

（3）集中采购机构建立和健全内部管理监督制度情况,包括是否建立岗位工作纪律要求,工作岗位设置是否合理,管理操作环节是否权责明确,是否建立内部监督制约体系。

（4）集中采购机构从业人员的职业素质和专业技能情况,包括是否遵守有关法律、规章制度,是否开展内部培训和参加财政部门组织的培训等。

（5）基础工作情况,包括日常基础工作和业务基础工作。日常基础工作有：政府采购文件档案管理制度是否规范有序,归档资料是否齐全、及时。业务基础工作有：招标公告和中标公告发布率、招标文件、招标结果和合同备案率、擅自改变采购方式率和质疑答复满意率,有关收费和资金管理情况,有关报表数据是否及时等。

（6）采购价格、资金节约率情况,包括实际采购价格是否低于采购预算和市场同期平均价格等。

（7）集中采购机构的服务质量情况,包括是否及时向采购人提供服务,是否在规定的时间内及时组织采购人和中标（成交）供应商签订采购合同,是否及时会同采购人对采购项目进行验收,采购人对集中采购机构服务态度和质量的满意度,是否公平公正对待参加采购活动的供应商等。

（8）集中采购机构及其从业人员的廉洁自律情况,包括是否制定廉洁自律规定,是否有接受采购人或供应商宴请、旅游、娱乐的行为,是否有接受礼品、回扣、有价证券的,是否在采购人或供应商处报销应该由个人负担的费用以及其他不廉洁行为等。

3. 考核的方法

（1）定性与定量相结合的考核方式。对集中采购机构采购次数、金额和信息发布等进行定量考核,对采购质量、采购效率和服务水平进行综合考评。

（2）自我检查与财政检查相结合的考核方式。财政部门要结合集中采购机构上报的自我检查报告进行考核。

（3）定期与随机检查相结合的考核方式。除正常考核外,财政部门还可以根据实际情况,采取随机方式进行考核。

（4）专项检查与全面检查相结合的考核方式。可对一个采购项目或事务进行专项考核,也可对一段时期采购情况开展综合考核。

4. 考核结果及责任

（1）考核小组要在考核工作结束5个工作日内形成书面考核意见,书面考核意见应当由考核小组集体研究决定,重大事项和情况可向财政部门请示或报告。

（2）财政部门要综合考核小组意见和采购人、供应商的意见后作出正式考核报告。考核报告要报送同级人民政府,同时抄送集中采购机构。

（3）对经考核工作业绩优良的集中采购机构要给予通报表彰。

（4）集中采购机构在考核中,虚报业绩、隐瞒真实情况的,或者无正当理由拒绝按照财政部门考核意见及时改进工作的,由财政部门或者同级人民政府给予警告或通报批评,情节严重的,可责令停止1个月至3个月的代理采购业务(此期间业务由采购人委托其他采购代理机构办理),并进行整顿。其中涉及集中采购领导或工作人员的,监察机关对直接责任人员可根据情节给予行政处分。

(5)集中采购发生下列情形,应当责令其限期改正,给予警告;对直接负责的主管人员和其他直接责任人,由其行政主管部门或检察机关给予行政处分。

① 应当采取规定方式而擅自采取其他方式采购的;
② 擅自提高采购标准的;
③ 以不合理条件对供应商实行差别待遇或歧视待遇的;
④ 在招标过程中违规与投标人进行协商谈判的;
⑤ 拒绝有关部门依法实施监督检查的。

(6)集中采购机构发生下列情形的,应当给予警告;情节严重的,可责令停止1~3个月的代理业务,进行内部整顿:

① 未按规定在财政部门指定媒体上发布政府采购信息的;
② 按规定应当在财政部门指定媒体发布招标公告和中标公告而发布率不足95%的;
③ 按规定应当在财政部门备案的招标文件、招标结果和合同,其备案率不足90%的;
④ 未经财政部门批准擅自改变采购方式的;
⑤ 质疑答复满意率、服务态度和质量满意度较低的;
⑥ 违反《集中采购机构监督考核管理办法》规定的其他考核内容的。

(7)集中采购机构工作人员有下列情形的,将追究有关责任人的责任,并且视情节给予短期离岗学习、调离(辞退)、处分等处罚;构成犯罪的,依法追究刑事责任。

① 与政府采购供应商恶意串通的;
② 在采购过程中,接受贿赂或获取其他不正当利益的;
③ 违反政府采购及招标投标法律、法规、规章制度有关规定的;
④ 在有关部门依法实施的监督检查中提供虚假情况的;
⑤ 由于个人工作失误,给采购人、供应商造成重大经济损失或不良影响的。

(8)财政部门或考核小组在考核工作中违反《集中采购机构监督考核管理办法》规定,弄虚作假、徇私舞弊或滥用职权的,要给予通报批评;情节严重的,由其上级部门或监察机关依法给予行政处分;构成犯罪的,依法追究刑事责任。

(二)对政府采购代理机构的检查

1. 对政府采购社会代理机构的检查内容

(1)是否提供虚假材料骗取代理资格;
(2)是否超出权限进行采购业务;
(3)是否与供应商违规串通;
(4)有关部门检查中是否提供了虚假情况;
(5)收取代理费用是否合理合法;
(6)政府采购法律、法规禁止的其他行为。

2. 检查的要求、方法、结果及责任

对检查出的问题要进行严肃处理,责令改正、给予警告,并按有关规定罚款。给采购人、供应商造成损失的,应当承担赔偿责任。

第四节 政府采购供应商管理

由于供应商的经营资格、经营实力与财务状况以及信誉与履约能力等,都直接关系到政府采购的质量和效果,因此,对供应商规范管理也是政府采购监管部门的一项重要工作。

一、建立供应商资格审查与管理制度

(一)政府采购供应商资格审查的必要性

供应商资格审查制度是指政府采购机构对投标供应商或潜在供应商参与政府采购的资格进行审查或登记的制度。政府按照特定的程序和指标对供应商的情况进行审查,确定其是否有参与政府采购竞争的资格。一般情况下,为了保障政府采购的顺利进行及采购人的利益不受损害,政府采购机构应该有及时、准确地了解供应商各种信息的畅通渠道,包括供应商的合法经营资格、经营能力、财务状况、资信程度等。建立供应商资格审查制度,其客观必要性主要体现在以下几个方面:

1. 资格审查是保质保量完成政府采购任务的重要保障

政府采购项目一般金额大、数量多,且事关采购的合法性,关系到国家利益和社会公众利益,也关系到政府的声誉。作为政府采购工程、货物和服务提供者的供应商,其行为和实际能力,则直接关系到政府采购的结果。我国政府采购供应商的概念十分广泛,按照《政府采购法》的规定,不仅法人和相关组织可以是供应商,连自然人也可以成为政府采购的供应商。对于不同的供应商而言,其资质,提供工程、货物、服务的能力以及信誉度都会有很大的差别。因此,为确保政府采购的质量,政府采购机构有必要对供应商提出资

格要求,并对供应商的资格进行审查。也就是说,不符合资格的供应商不能参加政府采购市场的竞争。

2. 资格审查是了解和评估供应商,制订招标计划与招标文件的重要手段

在制订政府采购计划时必须了解市场供应和供应商的情况。对潜在供应商进行资格审查,可以了解到达到采购要求的潜在供应商数量与其所能提供的政府采购货物、工程和服务的大体价格、实力,从而能够更有效地寻找政府采购的目标供应商,并做到知己知彼、百战不殆。

3. 资格审查可以提高招标机构的工作效率,降低成本

在具体的采购操作中,当发出采购信息和标书后,潜在供应商中准备前来参加招标和采购的可能有许多。如果招标机构对这些供应商一一评估,会大大增加招标采购的工作量,同时会增加招标的成本。经过资格要求和审查,可以淘汰部分不可能中标的投标人,使有资格参加本次采购活动的供应商的数目缩小到合理范围之内,从而提高工作效率,降低采购成本。

(二) 对供应商资格审查的规定

在对供应商资格审查的具体操作方面,国际政府采购规则及世界各国的政府采购法律、法规也有特别的规定。

1. 联合国的《采购示范法》的有关规定

联合国的《采购示范法》第六条规定了供应商的资格。为参加采购过程,供应商必须在资格上符合采购人认为适合于特定采购过程的下列标准:具有履行采购合同所需的专业技术资格、技术能力、财力资源、设备和其他物质设施、管理能力、可靠性、经验、声誉和人员;具有订立合同的法定权力;并非处于无清偿能力、财产被接管、破产或结业状态,其事务目前并非由法院或司法人员进行管理,其业务活动并未中止,而且也未因上述任何原因而成为法律诉讼的主体;履行了缴纳本国税款和社会保障款项的义务;在采购过程开始之前(由颁布国规定一定时限)一定期间内该企业未被判犯有与假报或虚报资格骗取采购合同有关的任何刑事犯罪,其董事或企业主要成员也未被判犯有与其职业行为有关的或与假报或虚报资格骗取采购合同有关的任何刑事犯罪,也未曾由行政部门勒令停业或被取消资格程序取消资格。在不损害供应商保护其知识产权或商业秘密的权利的前提下,采购人可要求参加采购过程的供应商提供采购人认为有用的适当的书面证据或其他资料,使采购人得以确信该供应商符合上述资格标准。

2. 我国《政府采购法》的规定

从我国的情况来看,在《政府采购法》中,对供应商提出了资格要求,其具体规定见第二章。

(三) 政府采购供应商资格审查的方式

根据不同情况,政府采购供应商审查主要有三种不同的方式。

1. 事前预审

所谓事前预审,是指在采购人或采购机构在采购之前,就对潜在供应商发出政府采购供应商预审公告,在公告中明确提出对供应商的要求,希望符合标准的供应商按照政府采购机构的要求,向政府采购机构提出供应商资格审查要求。政府采购机构在进行审查以后,如果供应商符合要求,就列入合格供应商名单,在正式的政府采购过程中,只对审查合格的供应商发出采购邀请函,而没有参加供应商资格预审和预审不合格的供应商则不能参与政府采购项目的竞争。

2. 开标或询价前审查

开标或询价前审查是指政府采购机构在发布政府采购公告以后,所有对此有意向的供应商都可以参加投标,并缴纳投标保证金,采购机构在开标或询价前,需要供应商按照相关要求出示资质证明,并通过采购机构的审查。在审查过程中,供应商对自身出示的证明要承担法律责任。对于审查不合格的供应商则取消其参与本次采购竞争的资格。

3. 供应商资格注册登记制度

(1) 供应商资格注册登记制度的含义。

政府采购供应商资格注册登记制度,是指对政府采购的潜在供应商进行系统的注册登记的制度。这种制度的核心内容在于,凡是有意向加入政府采购供应商行列的供应商,都可以向政府采购专门机构申请政府采购注册资格。政府采购相关管理机构公布政府采购供应商的条件,凡符合条件的供应商都可以提出申请,政府采购机构按照规定的条件,对提出申请的供应商资格进行审查,审查合格的供应商,将被纳入政府采购供应商储备库。只有进行了政府采购供应商资格注册登记的供应商,才能成为政府采购投标供应商。供应商资格注册登记制度有两个基本要求:一是如果供应商的情况发生变化,相应的注册登记资料必须进行调整;二是在政府采购过程中,如果供应商不讲信誉,有明显的违规行为,政府采购相关管理机构可以取消供应商的注册资格。

(2) 实行供应商注册登记制度的优势。

① 建立政府采购供应商资格注册登记制度,有利于政府采购机关及时、准确地了解政府采购供应商与政府采购有关的各种情况,提高政府采购的质量和效率。由于各供应商的情况已经过政府有关部门的审查和验证,政府采购机关可以此为依据,没有必要再单独对各供应商的情况作详细调查,从而大大节省了政府采购工作的时间和精力,并降低了由于供应商不正当行为

带来的风险,确保政府采购的顺利进行,提高政府采购的效率。特别是在我国市场经济规则还不是十分完善、供应商经营中违规操作及非法经营的现象还比较普遍、供应商分散在全国各地的现实情况下,通过政府部门对供应商进行直接审查和注册登记更有特殊意义。

② 建立政府采购供应商资格注册登记制度,有利于建立政府对供应商的制约机制。对于供应商而言,政府采购市场显然具有很强的吸引力,因此它们必然十分珍惜政府采购供应商的资格。对于不遵循政府采购法规,在政府采购过程中采取不正当手段、违规操作的供应商,政府采购机构可以通过取消供应商参与政府采购活动的资格、对供应商给予处罚等手段,形成对供应商的特殊制约。

③ 建立政府采购供应商资格注册登记制度,有利于促进供应商加强内部管理,增加与政府采购机构的合作与交流。由于供应商参与政府采购市场竞争需要政府部门不断地审查和考察,如有不法或违规行为,都将记录在案,并受到政府部门的处罚,从而有利于促进企业注重自身的形象,加强内部管理。同时,政府部门在审查供应商资格的时候,需要对企业参与政府采购市场的行为给予指导和咨询,如供应商怎样参与政府采购投标,需要遵循哪些规则,这个过程本身对供应商进入政府采购市场、增强政府与供应商的合作与交流具有积极意义。

④ 建立政府采购供应商资格注册登记制度,有利于供应商信息库的建立和完善。对所有具有政府采购供应商资格的企业和经济组织,纳入全国统一的供应商信息库,便于政府采购机关开展工作。

但是,建立供应商资格注册登记制度在实际操作中也存在着一定的缺陷:一是供应商由什么机构进行登记,什么机构登记的才能在全国范围内有效,登记中出了问题由谁负责,等等;二是在全国范围甚至世界范围内,企业有数十万乃至数百万家,完成登记注册需要耗费非常大的工作量,是否能够真正完成;三是市场经济条件下,供应商的情况瞬息万变,也许今天合格的供应商明天就面临着破产的结局。因此,这种登记管理方式的可靠性也是值得怀疑的。

(四) 供应商注册登记制度

以江苏省为例,根据《江苏省政府采购供应商监督管理办法》,供应商参加江苏省政府采购活动,实行注册登记制度。凡参加或有意参加江苏省政府采购活动的江苏省内供应商,均可向注册所在地政府采购监管部门或其委托的集中采购机构或社会代理机构(以下简称:审核机构)提出注册申请,省外供应商可向参加政府采购活动所在地的政府采购监管部门或其委托的审核机构提出注册申请,经审核登记后加入江苏省政府采购供应商库。

1. 入库供应商的范围

下列供应商,应当注册并登记加入江苏省政府采购供应商库:

(1) 政府采购中标、成交后的供应商;

(2) 政府采购协议供货(定点采购)、批量集中采购的供应商;

(3) 参与网上政府采购活动的供应商。

供应商为自然人的,暂不实行注册登记。

2. 入库义务

供应商在注册登记时,应当按照注册登记规定提供相关材料,并对材料的合法性、真实性、有效性负责。

登记入库的供应商信息发生变更时,应及时更新,并按规定向原登记审核机构报送相关材料。

3. 入库供应商享有的便利

未注册登记的供应商,不影响其参加政府采购活动。登记入库的供应商,在参加政府采购活动时享有下列便利:

(1) 在江苏省范围内参加政府采购活动时,提供从系统中下载打印有效的并经法定代表人签字和加盖公章的《江苏省政府采购注册供应商资格信息登记表》,视同提供已注册登记资格信息的相关证明文件复印件和原件。

(2) 直接参加网上政府采购活动。

(3) 可通过系统随机抽取成为采购人或采购代理机构发起的竞争性谈判、邀请招标、询价采购的受邀供应商。

(4) 可通过系统对采购人和采购代理机构组织的政府采购活动的服务水平、工作效率和公正性等进行评价。

(5) 政府采购监管部门、采购人、采购代理机构提供的其他便利。

4. 入库原则

供应商的注册审查、管理和使用,遵循统一标准、分级管理、互认共享的原则。

凡按照规定程序登记入库的供应商,其供应商资格和注册登记信息在江苏省范围内有效,省内各级政府采购监管部门、采购代理机构和采购人均应予认可。

5. 管理职能划分

供应商注册登记、信息变更的审查工作,由入库地政府采购监管部门或其委托的同级审核机构负责。

6. 审查职责

审核机构应当指定专人,按照规定的条件、程序和要求,负责供应商注册受理、信息变更、审查复核工作,并应将供应商报送的书面材料存档备查。

（五）供应商资格审查的程序

以上阐述了对供应商进行资格审查的三种方法。应该说不同的审查方式,其审查的程序和方法显然是不一样的。但是普遍而言,对供应商的资格审查包括三个基本步骤:收集信息,进行资格审查,确定供应商资格。

1. 收集信息

因为政府需要经常采购各种各样的物资,因而有必要尽可能地收集有关供应商的信息。信息内容主要包括供应商的名称、地点、经营范围、注册资金、经营能力与现状、曾经的业绩、资信程度、财务状况,等等。对供应商信息收集的方式可以多种多样。一般来说,主要有以下渠道:

(1) 采购人定期在有关刊物上发布消息,宣布对某些产品的生产厂商进行资格审查,供应商在得知消息后将有关材料送交采购人,审查合格者将有资格参加审查有效期限内的政府采购活动。这种方法能集中时间和人员对申请审查的企业进行检查,效率较高且节省财力,因此是采购人收集信息的主要途径之一。但此种方式一般用于已知将要采购的商品物资以及政府采购中经常购买的物资。

(2) 直接向供应商发出询问单。询问单的内容包括供应商的财务、商务、生产、技术设施等方面的情况,以协助采购人对供应商的信誉作出判断。此种方法也常被用来收集政府采购中经常购买物资和技术的厂家的信息。

(3) 利用公开的资料库。公开的资料库包括:商业目录、商业分类目录、供应商名单或指南,还有一些是企业自身的宣传材料。政府可以利用包含商业目录、商业分类目录等资料的公开的资料库获取信息。

(4) 利用外交途径获得信息。各国驻外代表和使节的任务之一就是促进国际经济合作,因此,涉及国外供应商信息的收集,可通过各国外交代表和商务代表的协助而获得。

(5) 采购人本身的信息来源。采购人经常进行各种采购活动,每次采购都可能接触大量的供应商。通过与供应商接触,可以获得不少关于供应商的信息。

(6) 如果事关重大,需要对供应商进行实地、详细的了解才可能确定,可以选派专门的人员进行实地收集。

对于收集到的信息,采购人应该建立资料库。资料库包含供应商档案、产品规格合格者档案和有关产品价格档案等。供应商档案应收集有关供应商生产的产品种类、生产经营管理、技术、道德、履约等多方面的资料,以便采购人对其资信进行审查。产品规格合格者档案是指生产某一产品并达到某一标准的合格生产商或供应商名单。需要说明的是,采购机构对供应商的信息收集,必须不断更新内容,因为市场不断变化,很多新情况、新问题不断产生,一些产品价格的变动极快,一些质量更高、更适用、成本更低的产品不断问世。在这种情况下,信息收集工作必须注重信息的及时性及其更新。

2. 进行资格审查

进行资格审查的过程实际上就是依据审查的标准对一定范围内的供应商进行审核的过程。因此,在进行供应商的资格审查时,首先应制定统一的审查标准。

审查标准应该包括以下几个方面的内容:供应商是否具有完成采购项目所需要的充足的资金来源,或者具有获得这种资金的能力;是否具备必要的组织经验、财会与业务控制技术,或者获得这些技能的能力;是否具有必要的生产施工和技术设备设施,或者获得它们的能力;是否具有良好的从业行为记录、良好的合同履行记录;是否具有按照采购计划按期交货的能力。对于大型的工程项目和特殊的采购项目,采购人员必须在有关专家技术人员的帮助下制定特殊的标准。

确定好审查标准后,采购人便开始对一定范围内的供应商进行资格审查。在考虑供应商的范围时,应根据采购计划和有关法律的规定来办理:第一,确定在全国范围内还是在某一地区内进行采购。某些具体的采购项目可能跟各地区的特殊利益相关,因而在资格审查时要根据采购计划对确定范围内的供应商进行审查。第二,对所需采购产品或技术仅能由国外供应商提供或国外市场提供的,应根据有关国际政府采购规则、政府间相关协议和国内法律、法规的有关规定要求,对国外相关供应商进行审查。如世界银行规定,凡利用世界银行贷款项目的采购,其机会对所有成员国及瑞士开放,因此在进行政府采购时,就应对来自这些国家和地区的所有供应商进行审查。第三,根据有关采购法律的规定不可以参加购买项目竞争的供应商,如被禁止的合同人、被暂停营业的供应商、被提议暂停营业的公司,或被宣布为能力不合格的人员,应被排除在资格审查的供应商名单之外。

从联合国的《采购示范法》以及世界贸易组织的《政府采购协议》有关民待遇与非歧视性的规定中可以看出,在根据审查标准对供应商进行审查时,也可以实施一些优惠政策。概括起来,可以分为以下几类:

(1)对本地或本国供应商的优惠规定。根据有关国际协议,如世界贸易组织的《政府采购协议》及其他有关国际经济组织机构的规定和政府间协定的要求,在国际招标中,在进行资格审查和确定资金担保、技术资格以及确定供应者的资金、商业和技术能力等方面的标准时,不得在本国供应者与外国供应者之间实行差别待遇。但这些国际协议及国际经济组织同时也规定,在采购中,本国供应商可以享受某些优惠待遇。各国政府最普遍规定的优惠待遇之一是规定本国供应商在价格上可以享受一定比例的优惠。根据这些优惠条件,在审查某些标准尤其是价格标准时,对本国供应商的条件就要适当放宽。

(2)对中小企业的优惠规定。一些国家为了保护中小企业、完善市场竞争机制,制定了对中小企业的优惠规定。在政府采购活动中进行资格审查时应该考虑到这些规定。

(3)其他优惠规定。如对高失业地区及不发达地区供应商的优惠。英国于1971年规定,在价格、质量、交货条件同等的情况下,应优先考虑将合同授予不发达地区的供应商。在第一次投标未果后,应再给这些供应商一次投标机会,并可以高于要求达25%的价格进行投标。因此在资格审查时也应对这些地区的供应商实行优惠和照顾。

3. 确定供应商资格

通过审查,供应商如果符合资格审查机构所确定的供应商能力的各项指标,并且出具了所规定的有关资信证明,即可以被认为是合格的供应商。具体的合格供应商确定后,即可以公开通告,或以分别告之的方式通知供应商,邀请其参加政府采购。

供应商资格审查是一项重要的工作,它关系着政府采购的成功与否,决定着政府采购活动能否顺利完成。在供应商的选择上,既要注重选择合格的供应商,又不能形成对供应商的排挤和歧视,而是要严格按相关法律、法规行事。

二、供应商诚信管理

以江苏省为例,根据《江苏省政府采购供应商监督管理暂行办法》,江苏省建立了供应商诚信管理制度。

(一)建立诚信管理制度的意义

诚信内涵包括质量诚信、服务诚信、价格诚信、合同诚信、法人行为诚信等。为了进一步适应政府采购市场的规律,提高政府采购效率,保证政府采购健康有序地发展,促进政府采购供应商在政府采购市场竞争中,遵守国家法律、法规,规范经营行为,供应商就必须加强诚信建设。如果不诚信的供应商取得了采购项目,并取得了一定的利益,那么很有可能导致其他守信用的供应商也不守信用,这对整个政府采购事业的发展就非常不利,并影响了采购的质量,同时整个供应商信誉也会受到极坏的影响。具体来说,加强供应商诚信制度建设具有如下作用:

1. 诚信建设是市场秩序有序化的需要

政府采购市场也是市场经济。市场经济,其本质是法制经济、诚信经济,通过合同契约的形式来实现。诚信是经营的道德基础。在市场经济中,如果没有诚信保证,市场就会出现尔虞我诈、贩假卖假、低价竞销等混乱无序的状态。它不但直接破坏了市场经济秩序,给合法经营造成损失,而且败坏了社会道德水平。因此,政府采购市场需要诚信,社会呼唤诚信。

2. 诚信建设是保障政府采购供应商合法盈利的内在需要

在政府采购市场中,良好的诚信度对于一个供应商是不可估价的无形资产,给其带来的互相信任的人际关系、稳定的采购群体,是供应商长期稳定获利的坚实基础。同时,供应商根据其诚信度在货源上、送货频率上实行的差异化、奖励性服务,给其获利带来了稳定的资源。因此,供应商在履行合同的过程中,应当而且是必须不可或缺地要去重视自身的诚信建设。

3. 诚信建设是加强供应商监管工作的需要

行政执法的目的主要是通过打击少数非法经营行为来保护合法行为,诚信建设则主要通过宣传教育功能引导规范经营,制约不规范经营行为。行政执法和诚信建设是维持市场运行的"游戏规则"的两个方面,即法治和德治。目前,对少数参与政府采购的违法供应商可以按照《政府采购法》及相关法规来执行行政处罚,触犯刑律的可以按照《刑法》来执行司法制裁。但是对于相当一部分供应商,在目前市场建设还不完善的情况下,或多或少都会犯规,怎么样来规范?只能通过供应商诚信建设的教育和监管,来约束政府采购市场的市场主体,整治政府采购市场秩序,规范供应商经营行为。

一方面,行政执法部门通过建立供应商诚信管理体系,对政府采购市场主体实行动态管理,在日常监管信息中记录供应商的诚信状况、奖惩资料等,逐步形成准确、系统的诚信数据库,使政府采购工作有一个客观的、统一的管理与服务的标准。同时,通过媒体或网络对供应商的诚信信息予以发布,提高供应商在市场经营中的透明度,增加信任度,从而有力地促进供应商的自律。

另一方面作为供应商群体要具备良好的商业信誉和健全的财务会计制度,有依法纳税和缴纳社会保障资金的良好记录,参加政府采购经营活动中不能有违法违纪行为,能提供优质产品和服务。只有这样才能参与政府采购竞争,才能获取商机,才能取得效益。

(二)供应商诚信管理制度的主要内容

供应商诚信管理制度主要围绕供应商是否诚信展开的,其主要内容如下:

1. 诚信档案记录

各级采购人、采购代理机构和政府采购监管部门应根据各自职责,根据事实依据如实记录和认定供应商参加政府采购活动的诚信情况,共同建设和管理供应商诚信档案。

政府采购集中采购机构、社会代理机构和采购人组织的政府采购项目,需要记录参与政府采购活动供应商诚信信息的,应当及时将相关材料报同级政府采购监管部门,经审核后予以记录。

政府采购的工程项目所涉及的供应商诚信信息,由政府采购监管部门从相关行政监管部门供应商诚信信息中采集,经审核后予以记录。

2. 诚信档案记录的内容

(1) 失信行为。

供应商有下列情形之一的,按失信行为记入该注册供应商诚信档案中:

① 开标后擅自撤回采购响应文件,影响采购活动继续进行的;
② 不遵守开标现场纪律,故意扰乱开标评标现场秩序的;
③ 已响应参加政府采购活动而无故不参加的;
④ 未按合同规定履行合同义务的;
⑤ 不按规定或不及时变更供应商库中的有关信息的;
⑥ 在本省范围内一年内累计3次以上质疑,均查无实据的;
⑦ 捏造事实、提供虚假材料进行恶意举报的;
⑧ 不配合或采用不正当手段干扰政府采购质疑、投诉处理工作的;
⑨ 各级政府采购监管部门认定的其他失信行为。

(2) 不良行为。

供应商有下列情形之一的,按不良行为记入该注册供应商诚信档案中:

① 提供虚假材料谋取中标、成交的;
② 采取不正当手段诋毁、排挤其他供应商的;
③ 与采购人、采购代理机构或者其他供应商恶意串通投标的。

串通投标包括以下情形:

供应商直接或间接从采购人或采购代理机构处获得其他供应商的投标情况,并修改其投标文件;

评审活动开始前供应商直接或间接从采购人或采购代理机构处获得评标委员会、竞争性谈判小组或询价小组组成人员情况;

供应商接受采购人或采购代理机构授意撤换、修改投标文件;

供应商之间协商投标报价、技术方案等投标文件实质性内容;

属于同一集团、协会、商会等组织成员的供应商按照该组织要求协同投标;

供应商之间事先约定由某一特定供应商中标、成交;

供应商之间商定部分供应商放弃投标或者放弃中标、成交;

供应商与采购人或采购代理机构之间、供应商相互之间为谋求特定供应商中标成交或者排斥其他供应商的其他串通行为。

不同投标人的投标文件由同一单位或者个人编制;

不同投标人委托同一单位或者个人办理投标事宜;

不同投标人的投标文件载明的项目管理成员为同一人;

不同投标人的投标文件异常一致或者投标报价呈规律性差异；

不同投标人的投标文件相互混装；

不同投标人的投标保证金从同一单位或者个人的账户转出。

④ 向采购人或者采购代理机构行贿或者提供其他不正当利益的；

⑤ 在招标过程中与招标采购单位进行协商谈判、不按照采购文件和中标、成交供应商的投标文件订立合同，或者与采购人另行订立背离合同实质性内容的协议的；

⑥ 拒绝有关部门监督检查或者提供虚假情况的；

⑦ 中标后无正当理由不与采购人或者采购代理机构签订合同的；

⑧ 将中标项目转让给他人，或者在招标文件中未说明，且未经采购人或者采购代理机构同意，将中标项目分包给他人的；

⑨ 拒绝履行合同义务的；

⑩ 一年内3次以上投诉均查无实据的；

⑪ 捏造事实或者提供虚假投诉材料进行投诉。

供应商违法违规行为已被依法认定为不良行为的，不再重复认定为失信行为。

3. 诚信管理载体

在政府采购供应商库中设置"供应商诚信记录"和"供应商不良行为记录曝光台"栏目。

4. 不诚信行为报告制度

政府采购各方当事人发现供应商存在不诚信行为的，应以书面形式向不诚信行为发生地政府采购监管部门报告，由政府采购监管部门调查处理。报告内容包括：

（1）不诚信供应商姓名或名称、联系人及联系方式；

（2）报告人的姓名或名称、联系人及联系方式；

（3）供应商不诚信行为的具体表现及相关证据。

供应商不诚信情况报告实行实名制。报告人为自然人的，应当由本人签字；为法人或者其他组织的，应当由法定代表人签字并加盖法人或者其他组织的公章。

5. 供应商申辩和异议

在供应商诚信信息记录前，记录机构应告知相关供应商。供应商如认为诚信信息有误的，应书面向记录机构提出异议并提供有关证据，经记录机构核实后，如发现有误，应当予以修改。

6. 诚信记录记分办法

供应商诚信记录起始基础分为60分。

（1）供应商有失信行为之一的，每一个失信行为诚信记录分减 10 分；

（2）供应商有不良行为之一的，其诚信记录起始基础分均减为零分。

7．诚信记录分有效期

供应商诚信记录分中失信行为记录分有效期 1 年；不良行为记录分有效期为处罚生效或者禁止参加政府采购活动期限。

8．诚信记录分的使用

招标采购单位在招标文件中，应当明确供应商诚信记录分使用办法：其中，采用综合评分法的，诚信记录分每减 10 分，给予总分值 1% 的扣分，扣分最多不超过 5%；采用性价比法和最低评标价法的，诚信记录分每减 10 分，按该供应商投标价的 1% 增加评审价格，增价最多不超过 5%。

招标采购单位在评标时，要结合投标供应商的实时诚信记录情况评定供应商最终评标得分。

9．不良行为记录曝光

供应商因违反《政府采购法》被列入不良行为记录名单的，由政府采购监管部门录入"供应商不良行为记录曝光台"，处罚期满自动撤除。

供应商不良行为记录和曝光的内容包括：供应商姓名或名称；不良行为基本事实；被有关行政部门处罚情况；记录有效期；记录日期及记录机关。

三、对供应商的监督检查

（一）监督检查的要求

1．总体要求

政府采购监管部门应当加强执法，及时发现和查处供应商违法违规行为，维护政府采购公开、公平、公正和诚实信用的原则。

2．一般要求

政府采购监管部门根据政府采购供应商管理工作的需要，可以有计划、有重点地实施监督检查。

3．资格要求

政府采购监管部门实施监督检查时，应当由 2 名以上具有执法资格的执法人员实施，并应当主动出示执法证件。

4．事前通知的要求

政府采购监管部门对供应商实施监督检查，应当至少提前 3 个工作日向供应商送达书面通知。

5．工作要求

政府采购监管部门实施监督检查工作，应当制作检查工作底稿，依法收集和保存相关证据。

被检查供应商应当按照要求在检查工作底稿上签字，拒不签字的由执法人员记明情况。

（二）检查结论

检查工作结束后，政府采购监管部门应当作出检查结论，在规定时间内对违法违规行为依法作出处理。

（三）其他结论的采用

财政、审计、税务、工商等执法部门实施监督检查中已经依法作出的调查、检查结论，能够满足政府采购监管工作需要的，经依法收集，可以加以利用。

第五节　政府采购档案管理

为做好政府采购档案管理工作，有效保护和利用档案资源，必须加强对采购档案的管理。为此，江苏省财政厅于2010年发布了《江苏省政府采购档案管理暂行办法》，根据此办法的内容，采购档案规范管理的主要内容如下：

一、采购档案的形式

政府采购档案是指在政府采购活动中形成的具有查考、利用和保存价值的文字、图表、声像等不同形式（载体）的历史记录。

二、采购档案的内容和范围

政府采购档案具体包括：
（一）政府采购预算执行文件
（1）政府采购预算表；
（2）政府采购计划申报表和审核表；
（3）有关政府采购预算和计划的其他资料。
（二）政府采购前期准备文件
（1）委托代理采购协议书；
（2）核准采购进口产品的相关审批资料；
（3）自行组织采购的申请及批复资料；
（4）采购方式变更申请及批复；
（5）采购文件及采购人确认记录，包括评标办法、评标细则、评标纪律等有关文件、资料；
（6）采购公告、资格预审公告及其变更事项（包括报刊及电子网站等媒体原件或下载记录等）；

（7）获取采购文件或资格预审文件的供应商名单登记表；

（8）专家咨询论证会记录；

（9）已发出采购文件或资格预审文件的澄清、修改说明和答疑记录；

（10）供应商资格审查情况报告；

（11）评审专家名单及抽取记录；

（12）库外专家使用备案审核表。

（三）政府采购开标（含谈判、询价）文件

（1）采购响应文件及有关资料等；

（2）在递交采购响应文件截止时间前供应商对递交的采购响应文件进行补充、修改或撤回的记录；

（3）采购项目样品送达记录；

（4）接受供应商投标或谈判的记录；

（5）开标一览表；

（6）开标（谈判、询价）过程有关记录；

（7）开标（谈判、询价）过程中其他需要记载的事项。

（四）政府采购评审文件

（1）评审专家签到表及现场监督人员签到表；

（2）评审专家评审工作底稿等评审过程记录；

（3）供应商的书面澄清记录；

（4）评标或谈判报告，包括无效供应商名单及说明、中标（成交）候选供应商名单等；

（5）经监督人员签字的现场监督审查记录；

（6）评审过程中其他需要记载的事项。

（五）政府采购中标（成交）文件

（1）采购人对采购结果的确认意见；

（2）中标或成交通知书；

（3）采购结果公告（公示）记录（含报刊及电子网站等媒体原件或下载记录等）；

（4）公证书；

（5）与中标（成交）相关的其他文件资料。

（六）政府采购合同文件

（1）政府采购合同；

（2）政府采购合同依法补充、修改、中止或终止等相关记录。

（七）政府采购验收及结算文件

（1）项目验收记录；

（2）政府采购项目质量验收单或抽查报告等有关资料；

（3）发票复印件及附件；

（4）其他验收文件资料。

（八）其他文件

（1）供应商质疑材料、处理过程记录及答复；

（2）供应商投诉书、投诉处理有关记录及投诉处理决定等；

（3）采购过程中的音像资料；

（4）其他需要存档的资料。

三、政府采购档案收集、整理与保管的要求

（一）时间要求

政府采购合同签订后3个月内或项目竣工验收后1个月内，由项目经办人员或责任人将该采购项目的全套文件材料进行收集整理后移交档案管理人员归档。

（二）归档要求

（1）内容齐全完整；

（2）规格标准统一；

（3）要求是原件的，不可用复印件替代；

（4）签名、印鉴手续齐全，首页应有"政府采购档案目录"字样；

（5）符合国家有关档案质量标准，便于保管和利用。

（三）保管要求

（1）档案管理人员应按照档案管理的要求，负责收集、整理、立卷、装订、编制目录，保证政府采购档案标识清晰、保管安全、存放有序、查阅方便。光盘、磁盘等无法装订成册的应在档案目录中统一编号，单独保存。

（2）政府采购档案按照年度顺序编号组卷，卷内材料按照政府采购工作流程排列，依次为项目预算及预算执行文件、项目采购准备文件、项目开标（谈判、询价）文件、项目评审文件、采购结果文件、项目采购合同文件、项目验收文件及其他文件资料。

（3）采购人和采购代理机构因合并、撤销、解散、破产或其他原因而终止的，在终止和办理注销登记手续之前形成的政府采购档案，应按档案管理的有关规定移交相关部门。

四、政府采购档案的使用、移交与销毁

（一）使用制度

（1）各级政府采购监管部门、采购人和采购代理机构应当建立健全政府

采购档案查阅、使用制度。除法律另有规定外,未经批准,不得擅自查阅、复印或出借政府采购档案。

（2）档案使用者应对档案的保密、安全和完整负责,不得传播、污损、涂改、转借、拆封、抽换。

（二）移交制度

档案管理人员工作变动,应按规定办理档案移交手续,并经单位负责人签字确认。

（三）销毁制度

保管期满的政府采购档案,应按照档案主管部门及档案法规规定程序和手续进行销毁。

五、监督检查与法律责任

（1）采购人和采购代理机构的档案工作,应当接受政府采购监管部门的监督检查；

（2）采购人、采购代理机构违反规定隐匿、销毁应当保存的采购文件或者伪造、变造采购文件的,由政府采购监督管理部门依照《中华人民共和国政府采购法》等法律法规予以处理处罚；

（3）政府采购监管部门、采购人和采购代理机构有下列行为之一的,由县级以上人民政府档案行政管理部门依照《江苏省档案管理条例》等法律法规予以处理处罚。

① 将政府采购活动中形成的应当归档的文件、资料据为己有、拒绝归档的；

② 涂改、损毁档案的；

③ 档案管理人员、对档案工作负有领导责任的人员玩忽职守,造成档案损失的。

第六节　政府采购学习和培训管理

一、政府采购从业人员学习和培训的必要性

政府采购从业人员广义地可理解为从事政府采购工作的人员,具体包括集中采购机构从业人员、部门集中采购机构从业人员、政府采购代理机构从事政府采购业务的人员、政府采购评审专家、政府采购监管机构人员以及采购人单位经办政府采购事务的人员。政府采购从业人员的学习和培训,对提高采购人员职业道德水平、专业素质和工作技能具有重要作用,是非常必要的。

(一) 深化政府采购制度改革和依法行政的内在需要

近年来,上政府采购法规制度建设的步伐较快,新的规定办法相继出台,如果培训工作跟不上,也会影响改革进程。因此,各级财政部门要加大培训力度,让采购当事人尽快全面掌握政府采购政策的制度规定,保证各项制度顺利实施。

(二) 政府采购改革创新的需要

政府采购是创新工作,没有现成的管理模式,面对不断深化而又艰巨的改革任务,我们必须把学习和培训作为政府采购工作迎接挑战的重要手段。采购当事人不仅要熟悉政府采购的法律、法规和政策,还应掌握招标投标、合同管理、商品性能等多方面的知识和技能,用宽阔的眼界观察问题,发现规律,不断增强做好政府采购工作的主动性、预见性和科学性。

(三) 提高政府采购高效廉洁优质服务的重要手段

政府采购涉及面广,工作复杂,社会关注度高,稍有懈怠疏忽,出现服务不周、采购效率低等问题,就会影响政府采购的声誉,甚至可能遭受供应商投诉,因此,必须加强对从事政府采购工作的人员的培训,提高他们的思想道德和职业素养,改进他们的工作作风。

二、学习和培训的内容

主要有:

(1) 政府采购理论与实务;
(2) 政府采购、招标投标等法律法规制度;
(3) 其他相关法规制度和知识;
(4) 其他。

三、学习和培训的形式

政府采购人员学习和培训包括个人自学、单位组织学习和接受培训三种形式。

(一) 个人自学

个人自学包括个人自行学习政府采购法律、法规和知识;个人在省级以上公开出版刊物上发表的政府采购研究论文等(每千字可折合 1 个接受培训小时);经省辖市以上政府采购监管机构认可的政府采购培训班授课(1 个授课小时可折合 3 个接受培训小时)。

(二) 单位组织学习

其形式包括:

（1）部门或单位组织的业务学习、岗位培训；

（2）部门和单位组织的政府采购课题研究（其成果在省级以上公开出版刊物上发表的，每千字可分别折合课题组各成员1个接受培训小时）。

（三）接受培训

其形式主要包括：

（1）省辖市以上（包括省辖市，下同）财政部门政府采购监管机构组织或委托的培训；

（2）省辖市以上财政部门政府采购监管机构认可的培训或其他形式。

四、培训的方法

对政府采购人员进行培训，需要选择合适的培训方法，但无论选择什么方法都必须遵循一定的规则。首先，选择的方法要能引发受训人员的学习兴趣，鼓励受训人员参与教学互动交流，以激发受训人员的求知欲望。当然每种方法都有不同的侧重点，因此必须根据培训对象的不同，选择适当的培训方法。此外，选择培训方法还应考虑政府采购工作的特点和客观条件的可能性。下面介绍几种常见的方法。

（一）讲座

讲座是传授知识最基本的方法，政府采购培训也不例外，法规讲解、政府采购基础知识的介绍都可以采用这种方法。这种方法生动，便于组织，但对实务性强的知识，培训效果不那么明显。

（二）观看录像

在受到时间空间限制的情况下，可以通过拍摄录像、制作光盘等手段，使更多的政府采购人员得到学习机会。录像具有可多次重复观看、成本低、受训者众多但师生交流受到限制的特点。

（三）举办研讨会

对于探讨政府采购的一些专门问题，采用研讨会形式不失为一种行之有效的培训法。通过相互讨论、交流，可以找到解决某些政府采购疑难问题的正确办法。

（四）案例评析

这是提高政府采购人员分析和解决问题能力的一种有效方法。对政府采购质疑和投诉处理、政府采购项目管理等课题，都可采用这种方法进行培训，效果比较明显。采用这种方法要注意：一是选择案例要有真实性和典型性；二是要有启发性，要善于启发受训人员阐述自己的看法，能够分析问题并提出解决问题的方法；三是要有点评。由于受训人员能力水平不同，解决案例问题的手段、办法也会各不相同，教师对此要有点评，提出一个思考和处理问题的正确方向。

（五）实务操作

传授操作性实务性强的技能，纯粹讲解可能效果不一定好，可以采取让学员实际动手操作的方法来进行培训。如对政府采购信息系统、政府采购专家库系统等内容的培训，实际操作这种办法效果会更好。

五、学习和培训的时间要求

《江苏省政府采购从业人员学习和培训暂行办法》和《关于政府采购从业人员学习和培训有关问题的补充通知》，对政府采购从业人员学习和培训的时间做了如下规定：

集中采购机构从业人员、部门集中采购机构从业人员学习和培训时间每3年累计不少于120小时，其中单位组织学习时间不少于80小时，接受培训时间不少于40小时；

政府采购评审专家接受培训时间每两年累计不少于8小时；

政府采购代理机构从事政府采购业务的人员每年接受业务专业培训的时间不少于12小时，政策理论和职业规范教育时间每年不少于12小时。

六、学习和培训登记制度

为了加强对政府采购从业人员学习和培训的管理，系统记录政府采购从业人员学习和培训情况，江苏省对政府采购人员的学习和培训采用登记制度。

政府采购人员个人自学情况由个人保存备查。

单位组织的学习活动由本人或所在单位提供有关证明材料，经同级政府采购监管机构审核确认后，自行保存备查。

政府采购人员接受培训情况实行证书登记制度。政府采购评审专家接受政府采购培训情况可直接记入政府采购评审专家资格证书。

政府采购评审专家以外政府采购人员学习培训情况记入江苏省政府采购培训证书。

江苏省政府采购培训证书是记录除政府采购评审专家以外政府采购人员接受培训情况的有效凭证，是政府采购人员接受政府采购培训的主要依据，培训结束后，应由培训单位如实记录培训的时间、内容和成绩等情况并签章，经省辖市以上政府采购监管机构审核确认签章后有效。

江苏省政府采购培训证书由省级财政部门监制，省辖市以上财政部门按有关规定发放与管理。

七、违反学习和培训规定的处理

集中采购机构每年完成规定学习和培训任务的人员小时数不足 3 年累计应完成人员小时总数(人员总数×规定 3 年累计学习和培训小时数)30%的,同级财政部门按财政部《集中采购机构监督考核办法》有关规定进行处理。

政府采购评审专家未按规定完成每 2 年累计接受培训任务的,按财政部《政府采购评审专家管理办法》第十三条规定,以检验复审不合格,不再办理政府采购评审专家续聘手续。

政府采购代理机构每 3 年累计完成规定学习和培训任务的人员总数不足 90%的,省级财政部门根据财政部《政府采购代理资格认定办法》有关规定,不予办理其资格证书期满后乙级政府采购代理机构资格的延续手续,或提请财政部不予办理其资格证书期满后甲级政府采购代理机构资格延续手续。

采购人单位经办政府采购事务的人员未按规定参加政府采购学习和培训的,将按有关规定对采购人单位予以通报。

政府采购监管机构未按规定完成政府采购学习和培训任务的或未按本办法要求对本地区政府采购学习培训进行规范管理的,结合对各市政府采购监管部门的年度考核工作按有关规定进行处理。

八、政府采购从业人员学习和培训的检查

为了保证政府采购人员学习和培训的落实,要按照监督、考核、激励相结合的原则,建立政府采购人员学习和培训定期检查考核制度。根据《江苏省政府采购人员学习和培训暂行办法》,其检查制度内容如下:

结合对各市政府采购监管部门的考核,对政府采购监管机构人员学习和培训情况每年检查考核一次。

结合对集中采购机构考核,对集中采购机构从业人员、部门集中采购从业人员学习和培训情况每年检查考核一次。

对采购人单位经办政府采购事务的人员学习和培训情况适时进行检查。

结合对政府采购专家资格检验复审工作,对政府采购评审专家接受培训情况每 2 年检查一次。

结合对政府采购代理资格管理,对政府采购代理机构从事政府采购业务的人员学习和培训情况每 3 年检查一次。

第六章
政府采购救济制度

第一节 政府采购救济制度概述

随着政府采购改革向纵深推进,在触及旧有部门采购利益格局的同时,也产生了新的法律关系,形成了采购代理机构、供应商和采购人之间多方主体、多重法律关系。由于利益格局的变动、法律关系的复杂化,各种冲突和矛盾在所难免,于是,建立科学、有效的纠纷解决制度就显得尤为迫切。

在政府采购诸多法律关系中,采购人与供应商之间属于采购合同关系,供应商是采购合同的竞争者,采购合同的订立程序是否合法、采购合同的授予是否公正以及合同条件是否公平,直接关系到供应商的切身利益。为保护供应商的合法权益,各国政府采购法都将公开透明、公平竞争作为政府采购的基本原则。通过制定详尽的程序规范使上述基本原则落到实处,使之具有可操作性。

虽然在政府采购活动中,采购人与供应商都属于政府采购当事人,在法律上享有平等的民事主体地位,但客观地看,政府采购关系中的主体,一方为使用财政性资金的各级国家机关、事业单位和团体组织,另一方则是以供应商为代表的普通民事主体,两者之间存在先天的不平等性。因此,需要建立一套科学、有效的救济制度来有效地保障处于弱势地位的供应商的合法权益。健全、透明、公正、高效的当事人权利救济制度是政府采购法制中不可或缺的重要内容。

一、政府采购救济制度的概念

我国目前对政府采购救济制度没有明确的定义,我们大概可以将政府采购救济制度理解为:在政府采购过程中,由于当事人一方故意或者过失造成另一方的权益受损时,法律上规定另一方所能采取的执行、保护、恢复权利的方法或者补救权利所受侵害的措施。

二、政府采购救济制度的救济对象

政府采购中最主要的救济对象是合法权益受到侵害的供应商。我国《政府采购法》中规定享有异议权的人为供应商。当前,国际上大多数国家和一些国际组织在构建政府采购救济制度时,界定救济对象的范围比我国更广,我国对政府采购救济对象的界定需要进一步科学化。

三、政府采购救济制度的适用范围

通过各国政府采购的实践,供应商在政府采购过程中权益受到损害的情况一般有两种:一种是在寻找合适的供应商并授予其合同的过程中,政府采购人或采购代理机构的某些程序、采用的规则违反规定或有失公允性,侵害了供应商的合法权益;另一种是在合同授予后的履行过程中,采购人的违约行为侵害了供应商依据合同享有的权利。

根据国际惯例可将政府采购争议划分为政府采购合同授予争议和政府采购合同履行争议。

政府采购合同授予争议指政府采购合同签订前,从发布采购文件、招标、投标、开标、评标、定标为止的采购过程中所发生的争议。其最大的特点在于采购当事人双方还没有建立合同关系,而且争议的发生是由政府采购人或者其代理机构单方面的行为所导致的。这一阶段的救济主要是针对采购人和采购机构违反采购程序、损害供应商合法权益的行为。

政府采购合同履行争议是指在政府采购合同的履行阶段及履行完毕后的验收阶段所发生的争议。它的特点主要是双方当事人已经建立了合同关系,双方当事人的权利义务关系已经确定。这个阶段争议的发生既可能是政府采购人的原因,也可能是供应商的原因。

第二节 我国政府采购救济制度

在《政府采购法》颁布实施之前,我国《招标投标法》第六十五条就规定了投标人的质疑权和投诉权,即投标人和其他利害关系人有权向招标人提出异议或者依法向有关行政监督部门进行投诉。但是,《招标投标法》对于投标人如何行使质疑权和投诉权则缺乏程序上的具体规定。《政府采购法》则专门就供应商的质疑与投诉以及申请复议或诉诸司法救济做出了明确规定,给在政府采购过程中受到不公平或不当待遇的供应商提供了有效的救助方式。质疑和投诉制度是整个政府采购制度能否得以健康发展及有效贯彻的关键之处。

一、政府采购合同授予争议救济制度

《政府采购法》对于供应商的行政救济主要作了如下的规定:

（一）询问

《政府采购法》第五十一条和第五十四条就询问环节作出了相关规定,指出供应商如对采购活动事项有疑问的,可以向采购人或者采购代理机构提出询问并且对方应当及时作出答复,答复内容不得涉及商业秘密,如果是采购代理机构作出答复,内容应当是采购人委托授权范围内的有关事项。

1. 答复应当及时

条款中未对答复时间作出明确规定,只是作出"及时"的规定。如何才能算作及时作出答复,其判断标准应是:是否足以影响采购公开、公平、公正的进行。

2. 答复内容不得涉及商业秘密

商业秘密如何界定完全基于采购人或者采购代理机构的主观判断。对于何种内容涉及商业秘密,谁来判断这一项内容涉及商业秘密以及是否需要采购人举证证明某项内容属于商业秘密等问题容易出现争议,这需要采购人把握好标准,不能肆意扩大对商业秘密的理解而对供应商的合理询问一概以商业秘密回绝,亦不得在回答问题时因回答内容涉及需保密事项而违反政府采购方面的管理规定或侵害第三者的商业秘密。

3. 答复的方式

供应商对政府采购活动事项提出询问以及采购人作出答复的方式可以是口头或者书面形式,条文中未作明确规定。所有供应商都可以享有对政府采购活动事项进行询问的权利。只要供应商对于政府采购活动事项有疑问,就可以向采购人或其代理机构提出询问。

（二）质疑

《政府采购法》在第五十二条、五十三条和五十四条中对供应商享有质疑权以及采购人或者采购代理机构有在法定时间内进行书面答复的义务作出了规定。根据这三条法律条款的规定,供应商认为其权益受到采购文件、采购过程以及中标、成交结果损害的,可以在知道或者应该知道其权益受到损害之日起7个工作日内,以书面形式向采购人或者采购代理机构提出质疑。采购人或者采购代理机构应当在收到供应商的书面质疑后7个工作日内作出书面答复,通知质疑供应商和其他有关的供应商,但答复内容不得涉及商业秘密,并且采购代理机构答复不能超出采购人委托授权的范围。

1. 质疑的范围

供应商提出质疑的范围只能涉及中标、成交结果等相关事项。供应商对政府采购活动所涉及的事项如有疑问,可以提出询问,并且询问事项的范围没有限制。但是供应商提出质疑的前提必须是他认为采购文件、采购过程和中标、成交结果使自己的权益受到了损害。如果采购文件、采购过程和中标、成交结果与质疑供应商没有关系,或者供应商找不出理由来证明采购文件、采购过程和中标、成交结果使自己的权益受到了损害,则不宜提出质疑,即使提出质疑,采购人也可以不予受理。

2. 提出质疑的时间

供应商可以在知道或者应当知道其权益受到损害之日起 7 个工作日内向采购人或者采购代理机构提出质疑;若超过这一时限,采购人可以不接受质疑。

供应商提出质疑应当采用书面形式,若采用口头形式提出质疑,采购人或者采购代理机构可以不予答复。

3. 答复时间

采购人或者采购代理机构应当在收到供应商的书面质疑后 7 个工作日内作出答复,且答复内容不得涉及商业秘密。及时对供应商提出的质疑做出答复是采购人或者采购代理机构应尽的义务,而且采购人或者采购代理机构只有形成正式的书面答复意见才能表明其履行了法定的义务。同时,由于政府采购活动中有多个供应商参加,采购人或者采购代理机构对质疑供应商提出的质疑事项作出答复不仅应当通知质疑供应商,也要书面通知其他有关供应商。

(三) 异议

《政府采购非招标采购方式管理办法》第三十九条规定,任何供应商、单位或者个人对单一来源采购方式公示有异议的,可以在公示期内将书面意见反馈给采购人、采购代理机构,并同时抄送相关财政部门。

《政府采购非招标采购方式管理办法》第四十条规定,采购人、采购代理机构收到对单一来源采购方式公示的异议后,应当在公示期满后 5 个工作日内,组织补充论证,论证认为异议成立的,应当依法采取其他采购方式;论证认为异议不成立的,应当将异议意见、论证意见与公示情况一并报相关财政部门。采购人、采购代理机构应当将补充论证的结论告知提出异议的供应商或者个人。

(四) 投诉

《政府采购法》第五十五条、第五十六条和第五十八条规定了供应商的投诉权和政府采购监督管理部门处理其投诉的权力及职责。投诉是一种行政程序,属于外部救济制度。按照规定,质疑供应商对采购人、采购代理机构的答复不满意或者采购人、采购代理机构未在规定的时间内作出答复的,可以在答复期满后 15 个工作日内向同级政府采购监督管理部门投诉。政府采购监督管理部门应当在收到投诉后 30 个工作日内,对投诉事项作出处理决定,并以书面形式通知投诉人和与投诉事项有关的当事人,对于供应商的投诉所做出的书面答复属于行政裁决。投诉人对政府采购监督管理部门的投诉处理决定不服或者政府采购监督管理部门过期未作处理的,可以依法申请行政复议或者向人民法院提起行政诉讼。

为了确保政府采购供应商的利益,《政府采购法》第五十七条还规定了临时救济措施,按照规定,政府采购监督管理部门在处理投诉事项期间,可以视具体情况书面通知采购人暂停采购活动,但暂停时间最长不得超过30日。

1. 投诉的范围

供应商投诉的事项仅限于可以提出质疑的事项范围内,即采购文件、采购过程和中标、成交结果。供应商提出书面质疑后,只有对采购人、采购代理机构所作出的答复不满意或是采购人、采购代理机构未在规定时间内作出答复,才能提出诉讼。并且,《政府采购法》也明确规定了供应商投诉的法定期限是在质疑答复期满后的15个工作日内,投诉处理机构是同级政府采购监督管理部门。供应商既不能超过规定时限投诉,也不能越级或向其他部门投诉。

2. 处理时间

处理投诉是政府采购监督管理部门的法定职责,政府采购监督管理部门在收到供应商的投诉后,应当及时进行认真的研究处理。由于面对不同的投诉事项等复杂情况,政府采购监督管理部门需要一定的时间研究。因此,《政府采购法》规定,政府采购监督管理部门应当在收到投诉后30个工作日内,对投诉事项作出处理决定,并以书面形式通知投诉人及其他与投诉事项有关的当事人。

3. 投诉期内对相关政府采购活动的处理

供应商向政府采购监督管理部门投诉,投诉事项有可能使其权益受到很大的损害,因此暂停活动显得很有必要。暂停的目的是为了在作出投诉处理之前避免采购合同生效,以维护投诉供应商获得合同的机会。我国法律对暂停措施作出了相关规定,赋予了投诉受理机关在暂停采购中较大的自由裁量权。但政府采购监督管理部门在处理投诉事项期间,不能随意行使甚至滥用暂停采购的权力。虽然暂停时间可以由政府采购监督管理部门视具体情况而定,但也不意味着可以无限期暂停,根据《政府采购法》的规定,政府采购监督管理部门在处理投诉事项期间,决定采购人暂停采购活动的时间最长不得超过30日,而且必须以书面形式通知采购人。政府采购监督管理部门对投诉人的投诉事项作出处理决定,是一项具体行政行为,但法律并没有规定这种具体的行政行为可以成为最终裁决。相反,我国《政府采购法》第五十八条规定了投诉与行政复议及行政诉讼的衔接,按照规定,投诉人对政府采购监督管理部门的投诉处理决定不服或者政府采购监督管理部门逾期未作处理的,可以依法申请行政复议或者向人民法院提起行政诉讼。

（五）政府采购行政复议

对投诉处理结果不服或者政府采购监督管理部门对投诉人的投诉事项逾期未作处理的，投诉人可以依法申请行政复议，请求复议机关重新审查政府采购监督管理部门所作决定的合法性和适当性。

1. 提出行政复议的期限

《行政复议法》第九条规定，申请人必须在法定期限内提出申请复议。按规定，公民、法人或者其他组织认为具体行政行为侵犯其合法权益的，可以自知道该具体行政行为之日起60日内，提出行政复议申请，法律规定的申请期限超过60日的除外。因不可抗力或者其他正当理由耽误法定申请期限的，申请期限自障碍消除之日起继续计算。

2. 申请行政复议的形式

《行政复议法》第十一条规定，申请人申请行政复议，既可以采用书面形式，也可以采用口头形式。

3. 行政复议的受理机构

行政复议的受理机构是作出投诉处理决定的政府采购监督管理部门的本级人民政府，或者是上一级政府采购监督管理部门。如果投诉处理决定是由财政部作出的，则行政复议的受理机构应当是财政部。行政复议机关收到行政复议申请后，应在5个工作日内进行审查并决定是否受理，对不予受理的，应当书面告知申请人；对符合《行政复议法》规定的，应当及时进行审查、研究并提出处理意见；对符合《行政复议法》规定但不属于本复议机关受理的行政复议申请，则应当告知申请人向有管辖权的行政复议机关提出。

4. 行政复议的处理程序

《行政复议法》规定行政复议机构应当自受理行政复议申请之日起7日内，将行政复议申请书副本或者行政复议笔录复印件发送给被申请人，被申请人应当自收到申请书或者申请笔录复印件之日起10内，提出书面答复，并提交当初做出具体行政行为的证据、依据及其他相关资料。按照法律规定，在行政复议过程中，被申请人不得自行向申请人和其他相关组织或个人搜集证据。行政复议机关应当自受理行政复议申请之日起6日内作出行政复议决定，法律规定行政复议期限少于60日的除外。行政复议机关负责人可以根据申请复议案件情况的复杂程度，批准适当延长作出行政复议决定的期限，但延长期限最多不得超过30日。

5. 行政复议结果

《行政复议法》规定行政复议的结果应当以行政复议决定的形式表现出来。其中，行政复议决定包括以下几种：维持决定；限期履行决定；撤销、变更决定；确认违法决定。

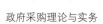

6. 行政复议的法律效力

行政复议机关作出复议决定后,应当依法送达当事人才能发生法律效力。申请人如果不服行政复议决定,可依法提起行政诉讼。法律规定复议为终局决定的,行政复议决定一经送达即发生法律效力。

(六)政府采购行政诉讼

投诉人对政府采购监督管理部门做出的投诉处理决定如有不服,或者政府采购监督管理部门到期未作处理的,可以不经行政复议程序而直接向人民法院提起行政诉讼。

1. 提出行政诉讼的时间

根据《行政诉讼法》的规定,投诉人不服处理决定直接向人民法院提起行政诉讼的,应当在收到投诉处理决定之日3个月内,向作出投诉处理决定的政府采购监督管理部门所在地的基层人民法院提出。如果投诉处理决定是由财政部门作出的,投诉人应当向财政部门所在地的中级人民法院提出。

2. 人民法院立案

人民法院接到诉讼后,经审查应在7日内立案或者作出裁定不予受理。7日内不能决定受理的,应当先予受理;受理后经审查不符合起诉条件的,裁定驳回起诉。起诉人对不予受理和驳回起诉的裁定不服的,可以提起上诉。受诉人民法院在7日内既不立案,又不作出裁定的,起诉人可以向上一级人民法院申诉或者起诉。上一级人民法院认为符合受理条件的,应予以受理;受理后,可以移交或者指定下级人民法院审理,也可以自行审理。

3. 人民法院的审理

一经立案,人民法院将及时进行审理,并根据不同情况,在立案之日起3个月内分别作出维持、撤销或者部分撤销原投诉处理决定的第一审判决。投诉人若对第一审判决不服,有权在判决书送达之日起15日内向上一级人民法院提出上诉。人民法院审理上诉案件,一般在收到上诉状之日起2个月内作出终审判决。

二、政府采购合同履行阶段争议救济制度

现行《政府采购法》规定的救济范围仅限于招标文件,采购过程及中标、成交结果三个方面的内容,并未规定在政府采购合同订立后,政府采购合同履行阶段发生的争议如何进行救济。《政府采购法》第四十三条规定:"政府采购合同适用合同法。采购人和供应商之间的权利和义务,应当按照平等、自愿的原则以合同方式约定。"在合同履行阶段,任何一方不履行合同义务,除不可抗力等免责事由外,都应当承担违约责任。按照《合同法》第一百二十八条的规定,当事人可以通过和解或者调解解决合同争议。当事人不愿和

解、调解或者和解、调解不成的,可以根据仲裁协议向仲裁机构申请仲裁。涉外合同的当事人可以根据仲裁协议向中国仲裁机构或者其他仲裁机构申请仲裁。当事人没有订立仲裁协议或者仲裁协议无效的,可以向人民法院提起诉讼。当事人应当履行发生法律效力的判决、仲裁裁决、调解书;拒不履行的,对方可以请求人民法院执行。因此,政府采购合同履行争议有四大解决途径:和解、调解、仲裁和诉讼。其中,和解和调解的结果没有强制执行的法律效力,要靠当事人的自觉履行。

(一)和解

和解是指合同纠纷当事人在自愿友好的基础上,互相沟通、互相谅解,从而解决纠纷的一种方式。和解是争议救济的重要手段。合同发生纠纷时,当事人应首先考虑通过和解解决纠纷。和解作为一种非诉讼的纠纷解决方式,有着诉讼难以比拟的优势,例如成本低、后遗症少,不至于引起矛盾的激化和二次纠纷的发生等。事实上,在合同的履行过程中,绝大多数纠纷都可以通过和解解决。

(二)调解

调解是指合同当事人对合同所约定的权利、义务发生争议,不能达成和解协议时,在经济合同管理机关或有关机关、团体等的主持下,通过对当事人进行说服教育,促使双方互相做出适当的让步,平息争端,自愿达成协议,以求解决经济合同纠纷的方法。

合同纠纷的调解往往是当事人经过和解仍不能解决纠纷后采取的方式,因此与和解相比,它面临的纠纷要大一些。它能够较经济、较及时地解决纠纷,有利于消除合同当事人的对立情绪,维护双方的长期合作关系。

(三)仲裁

仲裁,又称"公断",是指争议双方在纠纷发生前或者纠纷发生后达成协议或者根据有关法律规定,自愿将争议交给第三者做出裁决,并负有自动履行义务的一种解决争议的方式。仲裁以其公正、专业、裁决易于被接受等优势在纠纷解决中扮演着重要的角色。同诉讼相比,仲裁实行一裁终局原则。仲裁具有以下原则:

1. 自愿原则

解决合同争议是否选择仲裁方式以及选择仲裁机构本身并无强制力。当事人采用仲裁方式解决纠纷,应当贯彻双方自愿原则,达成仲裁协议。如有一方不同意进行仲裁的,仲裁机构即无权受理合同纠纷。

2. 公平合理原则

仲裁的公平合理原则,是仲裁制度的生命力所在。这一原则要求仲裁机构要充分搜集证据,听取纠纷双方的意见。仲裁应当根据事实,同时,仲裁应当符合法律规定。

3. 依法独立进行原则

仲裁机构是独立的组织，相互间也无隶属关系。仲裁依法独立进行，不受行政机关、社会团体和个人的干涉。

4. 一裁终局原则

由于仲裁是当事人基于对仲裁机构的信任做出的选择，因此其裁决是立即生效的。裁决做出后，当事人就同一纠纷再申请仲裁或者向人民法院起诉的，仲裁委员会或者人民法院不予受理。

（四）诉讼

诉讼，是指人民法院在当事人和其他诉讼参与人的参加下，依照法定程序，以审理、裁决、执行等方式解决纠纷的活动，以及由这些活动产生的各种诉讼关系的总和。如果当事人没有在合同中约定通过仲裁解决争议，则只能通过诉讼作为解决争议的最终方式。当事人可以选择向该争议有管辖权的人民法院提起诉讼。人民法院审理民事案件，依照法律规定实行合议、回避、公开审判和两审终审制度。

在政府采购活动中，在供应商与政府采购人签订采购合同后，合同因故无法继续履行的，合同的双方当事人可以向有管辖权的人民法院提起民事诉讼，请求法院判决解除政府采购合同，或判决被告履行政府采购合同或承担某种违约责任。

第三节 我国政府采购救济制度存在的问题

政府采购救济制度是供应商因政府采购事宜同采购人发生争议而寻求合理解决的制度安排，是政府采购制度中必不可少的一项内容。在政府采购某些制度出现"失灵"的情况下，有效而完善的救济制度可以保障政府采购制度的正常运行。虽然《政府采购法》设置了五大途径，即询问、质疑、投诉、行政复议和行政诉讼，来保障处于弱势地位的供应商，但是，立法中对当事人合法权益受侵害或有异议时的具体救济途径规定较少，甚至没有规定，即使有规定，一般也较为简单，而且救济途径大多仅限于行政程序，这样的救济制度难以真正达到保护利益受损供应商的救济目的。总结起来，我国政府采购救济制度的缺陷主要有以下几点：

一、质疑、投诉、行政复议或行政诉讼的程序设计问题

《政府采购法》第五十八条明确规定："投诉人对政府采购监督管理部门的投诉处理决定不服或者政府采购监督管理部门逾期未作处理的，可以依法

申请行政复议或者向人民法院提起行政诉讼。"这就意味着在我国,供应商提出质疑是投诉的前置程序,投诉程序又是行政复议或行政诉讼的前置程序,这就使得供应商对质疑不满意,还应当进行投诉,才能以投诉人的身份提起行政复议或行政诉讼。这样的程序设计是不科学的。

首先,根据法律规定,受理供应商质疑的主体就是采购人自身,其独立性、公正性本身就是应该受到怀疑的,采购人既当"裁判"又当"运动员",面对供应商的质疑很难作出令供应商信服的答复。

其次,获得救济经过的环节过多,供应商从提出质疑起,如果要想行使司法救济程序手段,按法律规定的时间,至少要经过52个工作日才有可能提起行政诉讼,这对于处于弱势地位的供应商,对于市场经济中的一个独立的经济体来说是不符合效率原则和经济原则的,会使救济制度作用的发挥大打折扣。

最后,只有经过投诉才能提出行政诉讼,不利于法律规定的救济权利的实现。权利救济重于权利的宣告,权利的实现主要通过诉讼请求和法院对诉讼请求的裁判来实现,那么,对投诉不服提出行政诉讼,既难以提出有利于维护权益受损当事人利益的诉讼请求,同时,法院也会在判决中面临尴尬局面。

二、投诉主体范围的问题

行政诉讼作为行政救济的重要方式,旨在通过程序保障公民权利,只有投诉人方可提出诉讼,不利于平等保障当事人的合法权益。关于投诉主体范围,《政府采购法》第五十二条规定:"供应商认为采购文件、采购过程和中标、成交结果使自己的权益受到损害的,可以在知道或者应该知道其权益受到损害之日起7个工作日内,以书面形式向采购人提出质疑。"只有在政府采购规定中存在既定的损害事实的采购人,才能成为投诉主体。但事实上,由于采购过程的复杂性和采购技术的专业性,以及采购实体的自由裁量权的广泛存在,未中标的供应商权益受损的可能性更大,由于这种损害是一个预期利益的损害,因此很难提供有效的证据来证明损害事实的存在。这样,就不可避免地将这些未中标而又利益受损的供应商排除在政府采购行政诉讼资格之外,其合法权益难以得到保障。

三、投诉客体范围的问题

建立政府采购供应商救济制度的理念在于:对供应商提供救济以及实现社会公益。当然,在大多数情况下,二者是一致的,只有在少数情况下才会发生冲突,因此政府采购供应商救济制度中应规定例外情况。从我国《政府采购法》所规定的适用情况来看,主要局限于采购文件、采购过程以及中标、成交结果对其所造成的客观损害。对其他任何情况下的损害情况,供应商将无法获得救济。实际上,《政府采购法》中对供应商救济范围的规定采取的是直接列举的方式来对供应商可获得救济情况进行穷尽规定,这就意味着,无论将来出现何种新情况,只要不符合救济范围,供应商将无法获得相应的救济,这与救济制度的理念是不相符的。由于受到客体范围的法律限制,供应商的合法权益难以得到全面的保护。

四、受案范围明确排除政府采购合同的问题

《政府采购法》第四十三条规定,"政府采购合同适用合同法",这就意味着政府采购合同纠纷被纳入到民事诉讼范围,排除了行政诉讼救济。但是政府采购合同有别于一般民事诉讼,其订立和履行都要置于公众的监督之下,在现行的行政诉讼制度构建上,缺乏对行政合同这种双方行为特征的深入认识和考虑。根据《政府采购法》第五十五条的规定,供应商只能对政府采购合同履行之前的纠纷进行投诉,意味着行政机关丧失对政府采购合同履行后纠纷的审查权。而政府采购中所具备的社会公益目标的促进功能,不仅应包含于政府采购合同履行之前,在合同履行阶段政府采购活动中所具备的公益性更应得到保障。再者,由于《政府采购法》规定政府采购合同适用于《合同法》,这就意味着将合同履行纠纷完全等同于一般民事纠纷交给民事诉讼程序去解决。普通民事合同的救济,由于只牵涉合同当事人之间的利益,所以当事双方可以按照意思自治原则自由处分权利,其他人不得干涉。虽然在该阶段所出现的纠纷,可以认为主要是两个平等民事主体之间的财产纠纷,但是,我们应该注意到,政府采购合同中包含了社会公益,更应视为是牵涉社会重大利益的纠纷。因此,纠纷当事人不能按照自己的意志自由处分社会公益,而应继续接受行政机关以及行政诉讼的监督,以确保政府采购公益的实现,以及维护正常的政府采购秩序。

综上所述,我国目前的政府采购救济制度还存在着较多的漏洞与缺陷,不利于全面保障供应商的合法权益,因此,尽快建立、健全对供应商的权利保障制度具有相当的现实必要性。

第七章

政府采购法律责任

第一节 政府采购法律责任概述

一、政府采购法律责任的含义

政府采购法律责任,是指政府采购当事人对其违法行为所应当承担的法律后果。法律作为国家制定并由国家强制力保障实施的行为规范,一经颁布,任何人都必须遵守,如有违反,就要承担相应的法律后果,受到法律的制裁。

二、政府采购法律责任的形式

(一)民事责任

民事责任是违法行为人依法所应承担的法律后果。政府采购虽然是一种行政行为,但在采购人和中标供应商签订政府采购合同后,双方都必须严格依法按约定履行义务。政府采购合同的双方当事人不得擅自变更、中止或者终止合同。政府采购合同继续履行将损害国家利益和社会公共利益的,双方当事人应当变更、中止或者终止合同。有过错的一方应当承担赔偿责任;双方都有过错的,各自承担相应的赔偿责任。

(二)行政责任

我国《政府采购法》第一条规定:"为了规范政府采购行为,提高政府采购资金的使用效益,维护国家利益和社会公共利益,保护政府采购当事人的合法权益,促进廉政建设,制定本法。"因此,政府采购法律制度的目的就是规范政府的采购行为,政府采购主体的特殊性决定了行政责任是政府采购法律责任的主要形式,行政责任包括行政处分和行政处罚。

行政处分,是指法律规定的国家机关或单位,依照行政隶属关系,给予有违法失职行为而未构成刑事犯罪的人员的一种行政制裁,我国《政府采购法》中行政处分主要是针对采购人违反政府采购法律规范的行为作出的。我国《政府采购法》第二十八条规定:"采购人不得将应当以公开招标方式采购的货物或者服务化整为零或者以其他任何方式规避公开招标采购。"第六十四条规定："采购人必须按照本法规定的采购方式和采购程序进行采购,任何单位和个人不得违反本法规定,要求采购人或者采购作人员向其指定的供应商进行采购。"第七十四条规定："采购人对应当实行集中采购的政府采购项目,不委托集中采购机构实行集中采购的,由政府采购监督管理部门责令改正;拒不改正的,停止按预算向其支付资金,由其上级行政主管部门或者有关机关依法给予其直接负责的主管人员和其他直接责任人员处分。"根据《国家公务员条例》规定："公务员行政处分的种类有警告、记过、记大过、降级、降职、撤职、开除等。"

行政处罚是指特定的行政主体依法对违反行政管理秩序但尚未构成犯罪的行政相对人所给予的行政制裁。在政府采购中,行政处罚主要是针对供应商或政府采购业务代理机构等主体违反政府采购法律规范的行为,由政府有关部门依法作出的。我国《政府采购法》规定的行政处罚的形式包括警告、罚款、没收非法所得、吊销营业执照、列入不良记录名单等形式,其中列入不良记录名单是政府采购领域的一种特定的行政处罚形式。

(三) 刑事责任

刑事责任由《刑法》规定,《政府采购法》对与《刑法》衔接的问题作了原则规定,即有关单位和个人违反《政府采购法》规定,"构成犯罪的,依法追究刑事责任"。

三、政府采购法律责任的构成要件

(一) 政府采购法律责任主体

政府采购法律责任的主体范围广泛,它既包括政府采购的当事人如采购人、供应商和采购代理机构,也包括政府采购监督管理部门的工作人员。

(二) 违法行为

政府采购中的违法行为不仅包括积极的行为,也包括消极的行为,我国《政府采购法》第二十五条规定："政府采购当事人不得相互串通,损害国家利益、社会公众利益和其他当事人的合法权益;不得以任何手段排斥其他供应商参与竞争。供应商不得向采购人、采购代理机构、评标委员会的组成人员、竞争性谈判小组的组成人员、询价小组的组成人员行贿或者采取其他不正当手段谋取中标或者成交。采购代理机构不得以向采购人行贿或者采取其他不正当手段谋取非法利益。"同时,对政府采购监督管理部门消极对待供应商的投诉,逾期不作处理的行为,则应对直接主管人员和直接责任人员给予行政处分。

（三）损害后果

损害必须是客观存在的事实，而非虚构的、主观意识造成的。我国《政府采购法》第十一条规定："政府采购的信息应当在政府采购监督管理部门指定的媒体上及时向社会公开发布，但涉及商业秘密的除外。"若信息不真实，即可造成损害结果的发生。当然，损害并不是以实际损害的发生为条件。如对供应商实行歧视待遇，侵害的客体是政府采购的市场秩序，但是对供应商的歧视待遇并不一定要有对政府采购的市场秩序造成实际损害后果的证明。

第二节　政府采购代理机构法律责任

《政府采购法》根据采购代理机构违法行为情节轻重、产生的后果，对政府采购代理机构的法律责任作出了明确规定。

一、政府采购代理机构一般违法行为所应承担的法律责任

《政府采购法》第七十一条对采购代理机构一般违法行为所应承担的法律责任作出了规定，即采购代理机构有下列情形之一的，责令限期改正，给予警告，可以并处罚款，对直接负责的主管人员和其他直接责任人员，由其行政主管部门或者有关机关给予处分，并予通报。

（一）一般违法行为的种类

1. 应当采用公开招标方式而擅自采用其他方式采购

根据《政府采购法》的规定，政府采购原则上以公开招标采购为主，特殊情况经批准采取邀请招标、竞争性谈判、单一来源采购、询价以及国务院政府采购监督管理部门认定的其他采购方式。政府采购应当采用公开招标，但因特殊情况而需要采用公开招标以外的其他采购方式采购货物或服务的，应当在采购活动开始前获得设区的市、自治州以上人民政府采购监督管理部门的批准。采购代理机构在采购活动中不采用规定方式或擅自改变采购方式，属于违法行为。

2. 擅自提高采购标准

采购标准一经确定和公开，即成为采购人和供应商的共同依据，采购代理机构不得擅自变更，否则，属于违法行为。

3. 以不合理的条件对供应商实行差别待遇或者歧视待遇

公平对待所有供应商是采购人、采购代理机构的法定义务，采取任何方式偏袒某些供应商，而对其他供应商实现差别待遇或者歧视待遇，属于法律禁止的行为。

4. 在公开招标过程中与投标人进行协商谈判

这一行为会直接影响采购活动和采购结果的客观性、公正性,应当予以禁止。

5. 拒绝有关部门依法实施监督检查

按照《政府采购法》的规定,政府采购监督管理部门、对政府采购负有行政监督职责的政府有关部门、审计机关、监察机关有权对采购代理机构及其工作人员依法实施监督检查,采购代理机构必须依法接受监督检查,拒绝则属于违法行为。

(二)应承担的法律责任

政府采购代理机构有以上的违法行为的,应承担以下的法律责任:

1. 责令限期改正

责令限期改正是对违法行为采取的一种补救性行政措施,要求当事人在规定时间内停止违法行为,并予以纠正。《政府采购法》规定的责令限期改正,是指政府采购监督管理部门对于有上述违法行为的采购代理机构,要求其对应当采用公开招标方式的项目进行公开招标,取消对供应商实行差别待遇或者歧视待遇的不合理条件,停止与投标人进行协商谈判,接受有关部门依法进行的监督检查等。

2. 警告

警告是行政机关对违反行政管理秩序的行为给予的告诫性质的行政处罚,处罚的力度相对较轻。这里的警告属于行政处罚,它与行政处分中的警告虽然名称相同,但性质完全不同。

3. 罚款

罚款是行政机关对违反行政管理秩序的行为给予的财产性质的行政处罚。《政府采购法》虽然规定了对犯有一般违法行为的采购代理机构处以罚款,但没有规定罚款的具体数额或者幅度。

4. 处分

这里所指处分是指行政处分,包括对直接负责的主管人员和其他直接责任人员的处分,由其行政主管部门或者有关机关根据情节轻重,作出警告、记过、记大过、降级、降职或者开除的处理决定,并要给予通报。

二、政府采购代理机构严重违法行为所应承担的法律责任

(一)严重违法行为的种类

《政府采购法》第七十二条对采购代理机构严重违法行为做了如下界定:

(1)采购代理机构的工作人员与供应商恶意串通,或者与采购人恶意串通;

(2)在采购过程中接受贿赂或者获取其他不正当利益;
(3)在有关部门依法实施的监督检查中提供虚假情况;
(4)开标前泄露标底。

(二)应承担的法律责任

1. 构成犯罪的,依法追究刑事责任

刑事责任是指由《中华人民共和国刑法》(以下简称《刑法》)规定的对触犯《刑法》构成犯罪的人适用的并由国家强制力保障实施的刑事制裁措施,由于刑事责任是由《刑法》规定,因此《政府采购法》只就本法与《刑法》的衔接问题作了原则规定,即有关单位和个人违反本法规定,"构成犯罪的,依法追究刑事责任"。

2. 尚未构成犯罪的,应追究的法律责任

采购代理机构及其工作人员虽有上述严重违法行为,但尚未构成犯罪的,应当依法追究下列形式的法律责任:(1)处以罚款。(2)没收违法所得。没收违法所得是行政机构对违反行政管理秩序行为给予的财产性质的行政处罚。没收违法行为人的违法所得,使其在经济上得不到任何好处,增强了制止违法行为的针对性和有效性。在《政府采购法》规定的严重违法行为中,除在有关部门依法实施的监督检查中提供虚假情况以外,采购代理机构及其工作人员与供应商恶意串通,在采购过程中接受贿赂或者获取其他不正当利益,开标前泄露标底,都是与获得经济利益密切相关的,这些经济利益一旦实现,就构成了违法所得。

根据《政府采购法》第七十二条的规定,采购代理机构及其工作人员实施了上述违法行为,除了依法处以罚款以外,对有违法所得的,应当同时没收其违法所得。

三、政府采购代理机构的违法行为影响中标、成交结果的处理办法

《政府采购法》第七十三条规定,影响中标、成交结果或者可能影响中标、成交结果的,按下列情况分别处理:

(一)未确定中标、成交供应商的,终止采购活动

在未确定中标、成交供应商之前,一旦发现采购代理机构有上述违法行为,而且由事实证明这种违法行为已经影响中标、成交结果或者可能会影响中标、成交结果,应当由有关监督部门责令终止采购活动。这是在中标、成交结果形成之前采取的一种比较简便的处理办法。

(二)中标、成交供应商已经确定但采购合同尚未履行的,撤销合同,从合格的中标、成交候选人中另行确定中标、成交供应商

这种办法较复杂,它要求在撤销已经签订的政府采购合同,取消原有中

标、成交供应商的中标、成交资格的同时,采购人、采购代理机构还应当从合格的中标、成交候选人中另行确定中标、成交供应商,并与其签订政府采购合同。

(三)采购合同已经履行的,给采购人、供应商造成损失的,由责任人承担赔偿责任

在采购合同已经履行的情况下,重新选择中标、成交供应商已不可能,赔偿损失成为一种可行的办法。根据《政府采购法》的规定,采购代理机构及其工作人员的违法行为给采购人、供应商造成损失的,责任人必须承担赔偿责任。这里的赔偿责任是一种民事责任。民事责任是平等主体之间违反民事法律规范依法所必须承担的法律后果。

四、政府采购代理机构违反规定隐匿、销毁应当保存的采购文件或者伪造、变造采购文件所应承担的法律责任

《政府采购法》第七十六条规定:采购代理机构违反本法规定隐匿、销毁应当保存的采购文件或者伪造、变造采购文件的,由政府采购监督部门处以两万元以上十万元以下的罚款,对其直接负责的主管人员和其他直接责任人员依法给予处分;构成犯罪的,依法追究刑事责任。

(一)罚款

政府采购代理机构违反政府采购法规定隐匿、销毁应当保存的采购文件或者伪造、变造采购文件的,只能由政府采购监督部对其处以两万元以上十万元以下的罚款,其他部门、机关在检查中如果发现采购代理机构有上述违法行为,可以依法予以制止,但不能对其处以罚款。

(二)给予处分

采购代理机构违反《政府采购法》规定隐匿、销毁应当保存的采购文件或者伪造、变造采购文件的,应当由有关行政主管机关或者有关监察机关对其直接负责的主管人员和其他直接责任人员依法给予处分,政府采购监督管理部门在对违法行为进行处理时,只能向有关行政主管机构或者有关监察机关提出处分建议,不能自行给予处分。

(三)追究刑事责任

采购代理机构违反《政府采购法》规定隐匿、销毁应当保存的采购文件或者伪造、变造采购文件,构成犯罪的,依法追究刑事责任。

五、政府集中采购代理机构在业绩考核中违法所应承担的法律责任

《政府采购法》第八十二条规定:集中采购机构在政府采购监督管理部门考核中,虚报业绩,隐瞒真实情况的处以两万元以上二十万元以下的罚款,并

予以通报;情节严重的,取消其代理采购资格。根据《政府采购法》第六十六条的规定,政府采购监督管理部门应当对集中采购代理机构的采购价格、节约资金效果、服务质量、信誉状况、有无违法行为等事项进行考核,并定期公布考核结果。如果集中采购代理机构在政府采购监督管理部门考核中,虚报业绩,隐瞒真实情况,就不能保证政府采购监督管理部门的考核真实、有效,从而直接削弱了对集中采购代理机构的监督力度,不能有效地遏制集中采购代理机构可能滋生的腐败行为。因此,集中采购代理机构在政府采购监督管理部门考核中,虚报业绩,隐瞒真实情况的,政府采购监督管理部门可以对其给予以下处罚:

(一) 罚款

政府采购监督管理部门对集中采购机构在接受考核中有违法行为的,可以对其处以两万元以上二十万以下的罚款。

(二) 在一定范围内予以公开

根据《政府采购法》第八十二条规定,对集中采购机构在接受考核中的违法行为及处理结果,有关部门必须予以通报。通过公开对当事人及其他相关单位产生警示作用。

(三) 取消其代理采购资格

根据《政府采购法》第八十二条规定,集中采购机构在接受考核中虚报业绩,隐瞒真实情况,情节严重的,应当取消其代理采购资格。

第三节 采购人法律责任

根据《政府采购法》的相关规定,对采购人的违法行为和法律责任做了如下规定:

一、采购人规避集中采购法律责任

根据《政府采购法》的规定,采购人采购纳入集中采购目录的政府采购项目,必须委托采购机构代理采购。纳入集中采购目录属于通用的政府采购项目的,应当委托集中采购机构代理采购;属于本部门、本系统有特殊要求的项目,应当实行部门集中采购;属于本单位有特殊要求的项目,经省级以上人民政府批准,可以自行采购。采购人对应当实行集中采购的政府采购项目,如果不委托集中采购机构实行集中采购,属于违法行为,给予下列处分:

(一) 限期改正

采购人对应当实行集中采购的政府采购项目,不委托集中采购机构实行集中采购的,由政府采购监督管理部门责令改正。集中采购目录是由省级以上人民政府根据需要确定并公布的集中采购项目范围,是提高采购效益、确保采购质量的重要基础。纳入集中采购目录的政府采购项目,除个别确有特殊要求的项目,经省级以上人民政府批准,可以自行采购以外,采购人都必须委托集中采购机构代理采购。对于采购人不委托集中采购机构代理采购的行为,政府采购监督管理部门应当责令改正。

(二)停止按预算支付资金

采购人对应当实行集中采购的政府采购项目,不委托集中采购机构实行集中采购的,经政府采购监督管理部门责令改正而拒不改正的,停止按预算向其支付资金。这是对采购人较为严厉的一种制裁措施,也是督促采购人纠正违法行为的有效办法。

(三)给予直接负责的主管人员和其他直接责任人员处分

采购人对应当实行集中采购的政府采购项目,不委托集中采购机构实行集中采购的,经政府采购监督管理部门责令改正而拒不改正的,由其上级行政主管部门或者有关机关依法给予直接负责的主管人员和其他直接责任人员处分。

二、采购人一般违法行为法律责任

根据《政府采购法》第七十一条的规定,采购人的一般违法行为种类及应当承担的法律责任如下:

(一)一般违法行为的种类

1. 应当采用公开招标方式而擅自采用其他方式采购

根据《政府采购法》的规定,政府采购原则上以公开招标采购为主,特殊情况可以经批准采取邀请招标、竞争性谈判、单一来源采购、询价以及国务院政府采购监督管理部门认定的其他采购方式,所以,公开招标是政府采购的主要采购方式。采购人应当采用公开招标但因特殊情况而需要采用公开招标以外的其他采购方式采购货物或者服务的,应当在采购活动开始前获得设区的市、自治州以上人民政府批准,政府采购项目未经批准擅自采用其他方式采购,属于违法行为。

2. 擅自提高采购标准

采购标准一经确定和公开,即成为采购人和供应商的共同依据,采购人不得擅自变更,否则,属于违法行为。

3. 委托不具备政府采购业务代理资格的机构办理采购事务

根据《政府采购法》的规定,采购人采纳入集中采购目录的政府采购项目,必须委托集中采购机构代理采购;采购未纳入集中采购目录的政府采购项目,可以自行采购,也可以委托集中采购机构或经国务院有关部门或者省级人民政府有关部门认定资格的采购代理机构,在委托的范围内办理政府采购事宜。采购人不按照法律规定委托集中采购机构或者委托没有政府采购业务代理资格的机构办理采购事务,都是不允许的,应当承担相应的法律责任。

4. 以不合理的条件对供应商实行差别待遇或者歧视待遇

公平对待所有供应商是采购人的法定义务,采取任何方式偏袒某些供应商,而对其他供应商实行差别待遇或者歧视待遇,属于法律禁止的行为。

5. 在公开招标采购过程中与投标人进行协商谈判

这一行为直接影响到采购活动和采购结果的客观、公正,应当予以禁止。

6. 中标、成交通知书发出后,不与中标、成交供应商签订采购合同

政府采购合同是采购人与供应商之间约定相互权利和义务的法律凭证,是保证中标、成交结果得以有效执行的基础。按照政府采购法的规定,采购人与中标、成交供应商应当在中标、成交通知书发出之日起30日内,按照采购文件确定的事项签订政府采购合同。如果采购人在中标、成交通知书发出后的规定日期内,不与中标、成交供应商签订采购合同,对中标、成交供应商的合法权益是一个极大的损害,应当被法律所禁止。

7. 拒绝有关部门依法实施监督检查

按照《政府采购法》的规定,政府采购监督管理部门、对政府采购负有行政监督职责的政府有关部门、审计机关、监察机关有权对采购人依法实施监督检查,采购人、采购代理机构必须依法接受监督检查。采购人如果拒绝有关部门依法实施监督检查,则属于违法行为,应当追究法律责任。

(二) 应承担的法律责任

根据《政府采购法》第七十一条的规定,采购人有上述情形之一的,责令限期改正,给予警告,可以并处罚款,对直接负责的主管人员和其他直接责任人员,由其行政主管部门或者有关机关给予处分,并予以通报。

三、采购人重大违法行为法律责任

(一) 采购人重大违法行为的界定

采购文件是采购人、采购代理机构从事采购活动的书面凭证,包括采购活动记录、采购预算、招标文件、投标文件、评标标准、评估报告、定标文件、合同文本、验收证明、质疑答复、投诉处理决定及其他有关文件、资料。按照政府采购法的规定,采购人对政府采购项目每项采购活动的采购文件应当妥善保存,不得伪造、变造、隐匿或者销毁。采购文件的保存期限为从采购结束之日起至少保存15年。采购人违反规定,隐匿、销毁应当保存的采购文件或者伪造、变造采购文件,属于重大违法行为。

（二）重大违法行为的法律责任

《政府采购法》关于采购人违反规定隐匿、销毁应当保存的采购文件或者伪造、变造采购文件所应承担法律责任的规定，具体包括：

1．罚款

采购人违反政府采购法规定隐匿、销毁应当保存的采购文件或者伪造、变造采购文件的，由政府采购监督管理部门处以两万元以上十万元以下的罚款。

2．处分

采购人违反政府采购法规定隐匿、销毁应当保存的采购文件或者伪造、变造采购文件，其直接负责的主管人员和其他直接责任人员负有不可推卸的责任，应当依法给予处分。

3．追究刑事责任

采购人违反政府采购法规定隐匿、销毁应当保存的采购文件或者伪造、变造采购文件，构成犯罪的，依法追究刑事责任。

（三）执行中应注意的问题

在实际执行中应注意以下两个问题：

一是只能由政府采购监督管理部门对其处以罚款。采购人违反《政府采购法》规定隐匿、销毁应当保存的采购文件或者伪造、变造采购文件的，只能由政府采购监督管理部门对其处以罚款，其他部门、机关在监督检查中如果发现采购人、采购代理机构有上述违法行为，可以依法予以制止，但是不能对其处以罚款。

二是对直接负责的主管人员和其他直接责任人员依法给予处分，应由有关行政主管机关或者有关监察机关作出。采购人违反《政府采购法》规定隐匿、销毁应当保存的采购文件或者伪造、变造采购文件的，对其直接负责的主管人员和其他直接责任人员依法给予处分，应当由有关行政主管机关或者有关监察机关作出；政府采购监督管理部门在对违法行为进行处理时，只能向有关行政主管机构或者有关监察机关提出处分建议，而不能自行给予处分。

第四节　供应商法律责任

一、供应商违法行为的种类

根据《政府采购法》第七十七条的规定，供应商违法行为分为以下几种：

（1）提供虚假材料谋取中标、成交的；

（2）采取不正当手段诋毁、排挤其他供应商的；

（3）与采购人、其他供应商或者采购代理机构恶意串通的；

（4）向采购人、采购代理机构行贿或者提供其他不正当利益的；

（5）拒绝有关部门监督检查或者提供虚假情况的；

（6）在招标采购过程中与采购人进行协商谈判的。

二、应承担的法律责任

根据《政府采购法》第七十七条的规定，供应商有上述违法行为的，应根据情节轻重分别承担如下法律责任：

（1）处以采购金额千分之五以上千分之十以下的罚款；

（2）列入不良行为记录名单；

（3）在一至三年内禁止参加政府采购活动；

（4）有违法所得的，处没收违法所得；

（5）情节严重的，由工商行政管理部门吊销营业执照；

（6）构成犯罪的，依法追究刑事责任。

第五节　政府采购监督管理部门法律责任

一、政府采购监督管理部门法律责任的形式

（一）滥用职权、玩忽职守、徇私舞弊

根据《政府采购法》第八十条的规定，政府采购监督管理部门滥用职权、玩忽职守、徇私舞弊，依法给予行政处分；构成犯罪的，依法追究刑事责任。

（二）对供应商的投诉逾期未作处理

根据《政府采购法》第八十一条的规定，政府采购监督管理部门对供应商的投诉逾期未作处理的，给予直接负责的主管人员和其他直接责任人员行政处分。

（三）对集中采购机构业绩考核中的相关法律责任

政府采购监督管理部门对集中采购监督机构业绩的考核，有虚假陈述、隐瞒真实情况的，或者不做定期考核和公布考核结果的，应当及时纠正，由其上级机关或监察机关对其负责人进行通报，并对其直接责任人依法给予行政处分。

二、政府采购监督管理部门法律责任的成因及表现形式

政府采购监督管理部门承担法律责任的主要起因是违法行政和不当行政。

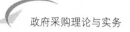

（一）违法行政的主要表现

（1）行政失职。政府采购监管部门不行使应行使的职责，或者行使不力。如玩忽职守、应查不查、监督失察或贻误、监督不到位。

（2）行政越权。超越法律、法规授予的权限实施监督行为。

（3）滥用职权。行使的职权背离法律法规的目的。

（4）程序违法。实施的监督检查行为，包括方式、形式、手段、步骤、时限等，不符合法律法规的规定。如没有实行回避制度、行政处罚未履行听证告知程序、没有依法送达当事人等。

（5）证据不足。做出的政府采购监管结论或决定所依据的事实不清，证据不足。

（6）适法错误。实施政府采购监督的依据和做出的结论或决定在适用法律条款方面发生错误。如本应适用甲依据却用了乙依据，或适用法律条款不正确等。

（二）不当行政的主要表现

与违法行政不同，不当行政是基于自由裁量权行为而存在的。不当行政虽然不违法，但要明确，自由裁量不是任意裁量。不当行政在政府采购监管中的主要表现形式是政府采购监管结论或处理决定显失公正，明显违反了客观、合理、适度的原则，比如：不适当的考虑，如考虑了人际关系等；不适当的处理，如对不同单位类似的违法行为给予畸重畸轻的不同处罚；不适当的方式，如要求被处罚当事人提供不必要的材料，负担调查费用等。

三、在政府采购监管工作中如何避免法律责任

随着政府采购监督管理行为和结果的产生，财政机关或政府采购监管人员就自然成为普遍意义上的责任承担者。通过上面的分析可知，行政失职、行政越权、滥用职权、程序违法、证据不足、适法错误和显失公正的不当行政是政府采购监管可能遭受行政复议或行政诉讼的主要原因，但就某一具体的监管事项来看，财政机关或政府采购监管人员承担法律责任的构成要件有：客观上存在违法行为，主观上存在过错，没有明确的法律依据。否则财政机关或政府采购监管人员就不应该承担责任。针对以上分析，财政部门在实施政府采购监管中避免行政复议或行政诉讼的对策主要有：

（一）坚持权力与责任挂钩、与利益脱钩的原则

要全面实行行政执法公开、持证上岗执法，推行执法责任制、评议考核制和质量控制，通过相关制度约束每个人、每个部门和每项工作事项；要通过培训、学习考核、考试等方法，提高执法人员的政治素质、业务能力和执法水平；对越权、失职、失察、滥用职权、行政不当的执法人员要追究其责任。

（二）严格履行政府采购监管的各项职责，遵循政府采购监管规定、规则和工作要求，保持良好的职业道德

日常监管职责范围内的监管事项，一定要依法履行应该执行的程序和事项，既不能失职不作为，也不能越权乱作为。

（三）增强独立性和原则性

按照公开、公平、公正原则，严格执法。执法不严，滥用权力，都容易带来行政复议或法律诉讼。执法人员要合理使用自由裁量权，切实贯彻执法必严、违法必究的原则，把对违纪违法单位的处罚和追究有关责任人的责任有机结合起来，充分发挥政府采购法律法规的威慑力和强制力。

（四）进一步强化纠错机制

行政诉讼实行"不告不理"的原则。若处理决定下发后，发现事实有待进一步考查或适用法律不当，要通过重新审查及时纠正，用足用好行政机关先行处理的政策。

（五）聘请熟悉政府采购法律法规的法律顾问处理有关问题

第八章
政府购买公共服务

第一节　政府购买公共服务概述

伴随着民营化运动的热潮,政府购买公共服务于20世纪70年代末发端于欧美国家,目前,政府购买公共服务是市场经济国家政府利用市场机制提供公共服务的通行做法,对促进政府职能转变、提高公共服务的效率和质量、降低行政成本、更好地满足人民群众对公共服务的需求,具有重要的意义。

一、政府购买公共服务概述

（一）公共服务的概念

1. 法律上的界定

我国《政府采购法》将服务定义为"除货物和工程以外的其他政府采购对象"。《政府采购法实施条例(征求意见稿)》进一步指出,"服务,是指除货物和工程以外的政府采购对象,包括各类专业类服务、信息网络开发服务、金融保险服务、运输服务,以及维修与维护服务等"。所谓公共服务是政府利用财政性资金为满足社会公共需要而提供的,使社会成员共同受益的各项服务。

2. 理论上的探讨

在研究公共服务的含义时,主要应从以下两个角度进行分析:第一,公共服务属于服务范畴。什么是服务?从经济学的角度看,服务是相对于生产来说的,根据产业结构的划分,有三大产业,分为:第一产业是农业,第二产业是工业和建筑业,这两个产业是物质材料的生产部门,生产出来的产品具有物质形态。第三产业属于服务业,不生产物质产品,只提供劳务服务,因此,服务亦称为劳务服务,即不以实物形式而以提供活劳动的形式满足人们某种特殊需要。在我国,第三产业即服务业又可分为四个层次:第一层次是流通部门,包括交通运输、邮电通讯、商业、饮食、物资供销和仓储业等;第二层次是为生产和生活服务的部门,包括金融、保险、房地产、公用和居民服务业等;第三层次是为提高科学文化水平和居民素质服务的部门,包括教育、文化、广播电视、科学、卫生、体育和社会福利事业等;第四层次是为社会公共需要服务的部门,包括国家机关、政党、社会团体以及军队和警察等。第二,公共服务属于公共物品范畴。公共物品和服务与私人物品和服务相对应。按照萨缪尔森的定义,纯公共物品是指这样的物品,每个人消费这种物品不会导致他人对该物品消费的减少。公共物品具有两个基本特征:消费的非竞争性和受益的非排他性。这里的公共物品,包含着公共服务的内容,区别在于生产领域的公共物品是有形的,而服务领域的公共物品则是无形的。因此,有关公共物品的分析也适用于公共服务。与公共服务相对应的是私人服务。私人服务通过市场来提供,公共服务则主要由政府来提供。有些服务介于公共服务与私人服务之间的准公共服务,既可以由私人通过市场提供,也可以由政府提供,还可以由政府和私人共同提供。这里所讲的提供是指"出钱",由谁出钱就是由谁提供,政府提供,主要是通过财政支出来实现的。通过上述两个方面的分析,可以看出,公共服务的内容既包括第三产业中的第四层次,即国家机关通过直接劳务为社会公共需要服务,也包括政府通过财政支出向居民提供教育、卫生、文化、社会保障、生态环境、公共基础设施等方面的服务。

(二) 政府购买公共服务的内涵

对政府购买公共服务内涵的界定是政府购买公共服务研究的起点。对这一问题的讨论较多,众多研究者倾向于将"政府购买公共服务"与"公共服务合同外包"、"公共服务民营化"、"公共服务社会化"等概念等同使用。最具有代表性的"合同外包"概念来自萨瓦斯,他认为合同外包就是政府通过与私营企业、非营利组织签订关于服务的合同,由私营企业与非营利组织来组织生产公众所需的服务,而政府只是服务的提供者[①]。国内学者贾西津、苏明等认为政府购买公共服务是政府通过契约化的形式,将公共服务外包给非营利组织,以提高公共财政资金的使用效率、增强公共服务的供给能力[②]。

S尽管对政府购买公共服务有不同的意见,但对政府购买公共服务的核心要素仍然是一致的,它包括政府、受托者以及合同外包,其中,政府是购买主体,购买的形式是合同外包,购买者必须是外在于购买主体的受托者。

根据上面的认识,我们将政府购买公共服务理解为:它是政府将原来由政府直接提供与生产的公共服务,以合同外包形式,委托市场主体(机构、企业、个人等)来生产,政府根据市场主体所生产公共服务的数量和质量,按照一定的标准支付费用,是公共服务提供与生产相分离的一种形式。

---

① 萨瓦多.《民营化与公私部门的伙伴关系》.周志忍,等译.北京:中国人民大学出版社,2002:73.
② 苏明,贾西津.《中国政府购买公共服务研究》.《财政研究》,2010(1).

（三）政府购买公共服务的内容

公共服务包含许多内容，各国和地区在实践中，根据需要与可能，均制定政府购买公共服务集中采购指导目录。以下为江苏省政府购买公共服务集中采购指导目录，(如表8-1)。

表8- 2014年度江苏省政府购买公共服务集中采购指导目录(暂行)

一级目录	序号	二级目录
（一）教育服务	1	义务教育阶段教材、作业本印制服务
	2	公共教育设施购置与维护服务
	3	公共教育学生基本保险服务
	4	公共教育规划编制服务
	5	公共教育政策研究和宣传服务
	6	公共教育成果交流展出和推广服务
	7	其他政府委托的教育服务
（二）医疗卫生服务	8	计划生育技术服务
	9	妇幼保健服务
	10	基层医疗卫生机构设备服务
	11	城乡居民健康检查服务
	12	重大疾病防治服务
	13	公共卫生状况评估服务
	14	公共医疗卫生知识普及与推广服务
	15	公共医疗卫生项目的实施与管理服务
	16	公共医疗卫生成果推广应用服务
	17	其他政府委托的医疗卫生服务
（三）社会事务服务	18	社会收养服务
	19	社会救济服务
	20	社会养老服务
	21	助老助残服务
	22	社区管理服务
	23	就业服务
	24	其他社会服务

续表

一级目录	序号	二级目录
（四）文化体育服务	25	新闻服务
	26	广播、电视、电影和音像服务
	27	艺术创作和表演服务
	28	艺术表演场馆服务
	29	图书馆和档案馆服务
	30	文物和文化设施保护服务
	31	博物馆服务
	32	群众文化娱乐活动服务
	33	体育活动与体育场馆服务
	34	居民休闲健身服务
	35	其他文体娱乐服务
（五）环境及公共设施管理服务	36	公共卫生环境服务
	37	水污染治理服务
	38	空气污染治理服务
	39	噪音污染治理服务
	40	危险废物治理服务
	41	城市规划服务
	42	市政公共设施管护服务
	43	园林绿化管护服务
	44	其他环境治理服务
	45	其他无害固体废物处理服务
（六）其他公共服务	46	科学研究和试验开发服务
	47	重大课题研究服务
	48	行业调查与分析服务
	49	资讯收集与统计分析服务
	50	检验、检疫、检测服务
	51	信息技术服务
	52	信息传输服务
	53	租赁服务

续表

一级目录	序号	二级目录
（六）其他公共服务	54	维修和保养服务
	55	会议和展览服务
	56	住宿和餐饮服务
	57	法律服务
	58	会计服务
	59	审计服务
	60	资产及其他评估服务
	61	广告服务
	62	印刷服务
	63	票务代理服务
	64	专业技术服务
	65	咨询管理服务
	66	水利管理服务
	67	工程代建服务
	68	物业管理服务
	69	保障性住房服务
	70	金融服务

（四）政府购买公共服务的形式

1. 合同外包

所谓合同外包，是指将原来由政府直接提供与生产的公共服务，通过公开招标等形式，交给有资质的市场主体来生产，最后根据中标者所生产服务的质量和数量支付服务费用的购买方式。这种方式适用于公共服务中的"硬服务"。

2. 凭证制度

所谓凭证制度是政府向符合规定条件的公共服务接受对象发放凭证，由公共服务消费者选择公共服务的生产方，并向生产方提供凭证，公共服务生产方持凭证向主管部门兑现资金的购买方式，这种方式适用于公共服务中的"软服务"。

（五）政府购买公共服务的模式

政府购买公共服务是通过合同外包形式进行的，根据合同外包的完成过程,国内外学者将政府购买公共服务划分为不同的模式。

西方学者德霍将政府购买公共服务划分为三种模式:一是竞争性购买模式。这种购买模式以可被完全界定的服务、可实施广泛宣传和邀约、可做出客观奖励决定,以及客观的成本和绩效监控过程为前提。二是谈判模式。该模式适用于供应商较少的领域,能包容不确定性和复杂性。三是合作模式。该模式适用于资源缺乏、政府经验不足、高不确定性和复杂性条件下的政府购买模式。这种购买往往只有一个供应商,合作基于相互信任,合同灵活可变,供应商与政府间的关系平等。

我国学者根据生产者和购买者是否有独立性和竞争性将政府购买公共服务的模式划分为"独立关系竞争性购买(又称契约性购买)、独立关系非竞争性购买(委托性购买)、依赖关系竞争性购买、依赖关系非竞争性购买"等四种模式。

独立关系竞争性购买模式是指购买者与生产者之间是独立的关系,不存在人、财、物等方面的依赖关系。作为购买者的政府能通过公开竞争的程序来挑选有资质的企业和社会组织。因此,在这一过程中,购买者可以进行公开招标的方式来选择最合适的生产者,从而以最小成本来获得最大收益,体现物有所值的原则。

独立关系非竞争性模式是指购买双方之间是独立关系。市场主体不是由购买服务的政府部门为了购买事项而成立,而在发生购买公共服务行为之前,该市场主体就已经存在。但是在选择程序上,不是面向社会公开招募,而是采用非竞争性的方式。政府部门为了降低购买的风险,通常偏向于选择有良好社会声誉的市场主体来实施购买行为。这一模式的特点是,虽然在购买公共服务过程中存在潜在的竞争市场,但并没有公开竞争的购买程序,而是政府与市场通过相互选择和协商达成协议。

依赖关系竞争性模式指的是购买者与生产者之间是依赖关系,购买任务由生产者通过竞争得到。这种模式在实践中很少见①。

依赖关系非竞争性模式指的是购买者与生产者之间是依赖关系,购买任务是由购买者委派给承接者。这一模式的特点是,政府处于主导地位,购买行为往往体现政府部门单方面的意志,市场主体通常服从于政府意志,无法自愿、平等地参与到购买公共服务中。这就决定市场主体只是单纯的执行者,而政府是公共服务供给的实际操纵者,其职能不但没有缩减,反而更加扩大。

---

① 赵玉宏.《我国政府购买公共服务模式分析》.《城市管理与科技》.2013(1):13.

二、政府购买公共服务的理论基础

政府购买公共服务的理论基础在于公共品提供与生产的理论。所谓公共品是具有非竞争性和非排他性的物品和劳务。由于其具有非竞争性和非排他性,故其应由政府来提供。为了保证其提供,税收是实现提供的最佳融资手段。

公共品由政府提供,并不一定意味着由政府生产,公共品的提供是谁"出钱"的问题,公共品的生产是由谁"制造"的问题。公共品的提供和生产可由如下搭配方式:公共提供、私人生产;公共提供、公共生产;私人提供、私人生产。如果公共提供、私人生产具有更高的效率、更低的成本、更好的绩效,公共品就应由私人生产。这反过来也说明不是所有的公共服务都可以实行公共提供、私人生产,公共提供、私人生产仅是公共品提供与生产的一种搭配方式。

因此,区分公共品的生产与提供两个概念是公共品私人生产的理论基础,公共品提供与生产的搭配方式是政府购买公共服务的理论基础。

三、政府购买公共服务的必要性

对于可以实现公共服务提供与相分离的公共服务实行政府购买是十分必要的,具体表现在以下几个方面:

(一)有利于加快政府自身转型

随着社会主义市场经济体制改革的不断深入,加快建立与市场经济相适应的行政管理的需要日益迫切,从全能型的大政府向有限和有为的服务型政府的转变成为全社会的共识。正确处理政府与社会、政府与市场的关系,更好地发挥市场在配置资源中的决定性作用,是加快政府自身转型的需要。因此,通过引入市场竞争机制,将公共服务职能转移外包,从公共服务直接生产者和提供者转变为宏观政策的制定者与监管者,为各个公共服务的生产主体提供良好的发展环境和更多的发展空间,既有利于减轻政府特别是基层政府的财政负担,也有利于提高公共服务的供给效率。

(二)有利于改善公共服务质量和效率

如果政府将公共服务的提供与生产集于一身,由于没有竞争对手,从而无竞争压力,则可能导致公共服务提供与生产的劣质和低效。在政府购买公共服务的情况下,由于有多个市场竞争主体参与竞争,这些主体会采取多种措施,从提高员工素质、采用新技术、加强管理等多个方面提高公共服务的质量和效率。

(三)有利于提高资金使用效率

政府购买公共服务是在确保公共服务数量和质量的前提下,选择购买费用较低的市场主体生产公共服务。由于其具有更强的成本意识,其效率会更高。当政府自己组织公共服务的生产时,会增设机构、扩大人员、追加经费,"因事设人",反而导致财政资金使用效率的低下。

(四)有利于建设和谐社会

和谐社会的突出特点是法制健全、人际环境良好、人与自然和谐,管理体制不断创新,各方利益有效协调,社会稳定、有序、公平。通过推进政府购买公共服务,可以吸引社会资金进入公共服务领域,调动社会力量,增强创新活力,更好地满足社会公众不断增长的公共服务需求,从而有利于基本公共服务均等化目标的实现,有利于和谐社会的建设。

第二节 政府购买公共服务实践

一、全国的探索

改革开放以来,我国公共服务体系和制度建设不断推进,公共服务提供主体和提供方式逐步多样化,初步形成了政府主导、社会参与、公办民办并举的公共服务供给模式。同时,与人民群众日益增长的公共服务需求相比,不少领域的公共服务存在质量效率不高、规模不足和发展不平衡等突出问题,迫切需要政府进一步强化公共服务职能,创新公共服务供给模式,有效动员社会力量,构建多层次、多方式的公共服务供给体系,提供更加方便、快捷、优质、高效的公共服务。因此,政府购买公共服务日益被提上议事日程,新一届政府更是明显加快了改革的步伐:

2012年以来,国家先后印发《国家基本公共服务体系"十二五"规划》、《国务院机构改革和职能转变方案》等政策文件,对进一步转变政府职能、推进政府购买公共服务提出了新的要求。

2013年5月,李克强总理在动员部署国务院机构职能转变工作时,强调要处理好政府与市场、政府与社会的关系,将该放的权坚决放开、放到位,把该管的事管住、管好,激发市场主体创造活力。

2013年7月31日,国务院总理李克强主持召开国务院常务会议,专题研究推进政府向社会力量购买公共服务。会议指出,创新方式,提供更好的公共服务,是惠及人民群众、深化社会领域改革的重大措施,又是加快服务业发展、扩大服务业开放、引导有效需求的关键之举,也是推动政府职能转变,推进政事、政社分开,建设服务型政府的必然要求。要放开市场准入,释放改革红利,凡社会能办好的,尽可能交给社会力量承担,加快形成改善公共服务的合力,有效解决一些领域公共服务产品短缺、质量和效率不高等问题,使群众得到更多便利和实惠。会议明确,将适合市场化方式提供的公共服务事项,交由具备条件、信誉良好的社会组织、机构和企业等承担,并对推进政府购买公共服务提出了具体的落实要求。

2013年9月26日,国务院办公厅印发《关于政府向社会力量购买服务的指导意见》,财政部正陆续出台有关推进政府向社会力量购买服务的具体办法。已经出台的配套政策有《财政部关于政府购买服务有关预算管理工作的通知》。

由此可见,在国家层面,政府购买公共服务改革政策已明确,政府采购系统的人员对此要有清晰的认识和判断。

二、江苏省实施情况

作为全国经济相对发达的省份,江苏省近年来立足实际,积极开展向社会力量购买服务的探索和实践,取得了良好效果,并在政策指导、经费保障、工作机制等方面积累了一些好的做法和经验。

(一)市县实施情况

客观地说,江苏政府购买公共服务的实践,首先是从地方开始的,特别是经济发展水平较高的苏南地区,在推行政府购买公共服务改革方面进行了积极创新和探索:

苏州市于2005年将与老百姓日常生活和城市管理密切相关的绿(绿化养护管理)、脏(河道、街道、老新村保洁管理)、臭(公共卫生间的保洁维修管理)、旧(危旧房改造)等项目实施了政府采购。以后结合财政支出重点,逐步将"宜行"(城市公共自行车)、"宜居"(老年人保险、环境治理)、"宜商"(国际精英创业周、服务外包创新发展投资促进年等活动的策划和执行)等服务纳入政府购买公共服务的范围。

无锡市也在2005年,由市委、市政府出台了《关于全力实施改革攻坚七项工作重点的决定》和《关于全面推进社会事业改革的实施意见》,重点选择教育、卫生、文化、体育领域实施社会事业改革,在保障公共服务的前提下,实行监管权、所有权和经营权的分离。2008年,无锡市委、市政府办公室发布了《关于推进政府购买公共服务改革的实施意见》,无锡市政府采购公共服务工作自此进入快速发展的轨道。

此外,江苏省徐州、南通等市和常熟、宜兴、昆山等县(市)也都进行了政府购买公共服务工作的积极探索。

(二)江苏省级实施情况

2013年省财政厅研究制定了《关于推进省级政府购买公共服务改革的暂行办法》,对推进政府购买公共服务工作进行部署,将涉及教育文化、社保民生、医疗卫生、农业、财务审计、课题规划、房屋维修等21项、约15亿元的公共服务项目,列入2013年省级政府购买服务范围,实施政府采购,实现了省级政府购买公共服务工作的突破。2014年省财政厅会同有关部门确定了省级政府购买服务重点项目39个,预算金额16.7亿元。与以往相比,范围明显拓展,项目明显增加,金额明显增长。

(三) 江苏省政府购买公共服务取得的成绩

从江苏全省范围看,随着政府购买公共服务改革的全面启动,取得了如下成绩:

1. 公共服务购买规模初显

2013年,无锡市服务类采购金额达16.09亿人民币,苏州市服务类采购规模超过20.09亿元人民币,省级2014年试点的项目预算达16.7亿元。

2. 购买范围不断拓展

2013年,省级已将涉及教育文化、社保民生、医疗卫生、农业、财务审计、课题规划、房屋维修等21项公共服务项目列入范围;无锡市已涉及城市基础设施维护、市政设施养护、文化教育公共服务、社区服务等多个领域,涵盖市政养护、环卫保洁、绿化管养、信息化服务外包、教育文化卫生体育服务、物业管理、项目代建、设计、监理、审计、培训、会展、保险等16个类别;苏州的实施范围已包括公共卫生间保洁、绿化养护、河道保洁、老年人保险、国际精英周会展、桥梁检测六个方面。

3. 管理制度不断完善

2013年11月14日,江苏省财政厅下发了《关于积极推进政府购买服务工作的通知》,明确了推进政府购买公共服务的财政要求,提出在强化责任意识、完善配套制度、规范服务管理、明确内部职责、做好组织协调等方面的工作要求。2014年江苏省财政厅又出台了《江苏省2014年度政府购买公共服务集中采购指导目录(暂行)》、《关于做好2014年省级政府购买服务重点项目实施工作的通知》等,江苏省有关制度、办法出台后,各市县相继制定了相应的实施意见。

无锡市从2005年开始,先后由市委、市政办公室出台《关于推进政府购买公共服务改革的实施意见》、财政局制定《关于推进政府购买公共服务改革的实施办法》和《无锡市商业保险政府采购管理暂行办法》,分别会同相关行业主管部门制定《关于对政府性资金投资的城市照明项目加强政府采购管理工作的通知》、《政府购买公共文化产品和服务试行办法》和《无锡市环卫作业招标工作指导意见》等,并将物业管理、信息化服务外包等具有通用采购性质的项目纳入集中采购目录统一实施采购,将具有管理个性的绿化养护、市政照明养护、城市照明养护、排水设施大中修、环卫保洁等城市维护项目作为部门集中采购项目,实施部门集中采购;苏州市财政局出台《苏州市市级政府购买公共服务试行办法》等制度性规定;徐州市政府印发了《关于推进市级政府购买公共服务的意见》;连云港市财政局印发了《市级政府购买公共服务暂行办法》等。

三、存在的问题

实践证明,推行政府购买公共服务是创新公共服务提供方式、加快服务业发展、引导有效需求的重要途径,对于深化社会领域改革、推动政府职能转变、整合利用社会资源、增强公众参与意识、激发经济社会活动、增加公共服务供给、提高公共服务水平和效率,都具有十分重要的意义。但从现实情况看,仍然存在一些需要关注的问题:

(一) 实施边界不够清晰

公共服务采购项目与货物、工程采购有区别,与商务服务、技术服务、劳务服务等也有差异。目前理论和实务界对公共服务采购的概念和边界均存在不同看法,各地在改革推进过程中的做法也不相同,有些服务行业的改革还涉及相关主管部门的职能范围,边界不清客观上往往成为阻碍改革推进的借口和理由,影响了政府购买公共服务范围的拓展和顺利实施,需要紧密结合国家基本公共服务体系建设的主要内容和财政支出重点,提出公共服务项目采购的领域和范围。

(二) 新旧理念存在矛盾

公共服务采购意味着政府从财政资金的直接使用者向分配、监管者的间接角色转变,更意味着财政支出的不断透明化和规范化,特别是伴随着政府采购管理的逐步加强,原有公共服务资金投入逐步纳入政府采购预算管理和集中支付,必然引发各行业主管部门、社会各界、财政部门新旧理念的碰撞和冲突,涉及各级、各行业政府职能的转变甚至既有管理职能与权限的调整,各部门和社会各界的思想还不够统一,难免会出现部分不了解、不理解、不支持、不配合的情况。所以加强政府采购服务管理,不仅是政府采购处的工作,也是大财政工作;不仅是财政部工作,也是政府各部门工作。

(三) 规模比例仍然很低

从国外发展经验来看,各种社会组织是政府购买服务的重点选择对象。在美国,社会组织提供了56%的政府出资的社会服务、48%的就业和训练服务、44%的保健服务;在德国,志愿社团或福利协会提供了90%的助残服务、70%的家庭服务、60%的养老服务和40%的医院病床服务。英、法、日等国家都有类似做法。

从国内情况看,服务类政府采购规模普遍偏小。2012年,全国服务类采购 1 214 亿元,占政府采购总体规模 8.7%;2013 年,江苏省服务类采购 91.5 亿元,占政府采购总体规模的 5.4%。具体到公共服务类那就更低:以政府采购公共服务工作做得比较好的无锡市为例,2013 年政府购买公共服务金额占全市政府采购金额的的比重也仅为 7.56%,这既与政府购买服务范围拓展不够有关,也与社会组织发展尚不成熟、市场主体承接公共服务能力不足有关。

（四）制度和标准有待完善

公共服务采购大多涉及民生,特别要强调服务项目的质量标准及后续服务、合同履约、绩效评价等因素,而不能简单地一买了之,如何顺利实施需要进行深入的研究。如在采购文件制定方面,需要准确设置供应商资格条件和准入门槛,科学制定评审标准和方法;采购方式选择方面,考虑公共服务项目本身的复杂性,与货物、工程项目有所区别;采购合同执行,要充分考虑服务项目合同履约周期长、金额不固定、考核验收要求更高等特点,注重服务项目的市场培育和引导等作用,加强绩效管理和评价,引入合同履约验收第三方评价、履约质量与后续采购活动挂钩等措施。所有这些问题的解决,离不开科学的标准和完善的制度体系,但目前我国政府采购领域对相关问题的研究还不够透彻,各种制度、标准或缺,没有统一、权威、合理的评价指标体系,影响了公共服务采购的实施。

（五）地区发展不够平衡

由于推进政府购买公共服务与政府职能转变、事业单位改革等密切相关,因此政府放权到什么程度、事业单位改革进行到哪一步,直接关系到政府购买公共服务的进展速度和实施成效。由于经济发展水平本身存在地区的差异,各级政府施政理财观念需进一步统一。此外,承接公共服务的市场主体发育水平不尽一致,政府采购规模和占财政支出比例高低不同,也导致政府购买公共服务在各地区内的发展不够平衡,这就给政策制定提出了差别化、针对性的要求。

第三节 政府购买公共服务推进

公共服务采购是政府采购的重要内容,推进公共服务政府采购也是政府财政支出管理的必然要求,是推动政府转变职能、降低行政成本、提高资金使用效益的有效途径。因此,尽管存在各种问题,但必须明确政府购买公共服务一定是今后的发展方向。我们要高度重视服务采购工作,立足现有条件,积极开拓,深入探索,把公共服务采购作为深化政府采购制度改革、扩大政府采购规模、拓展政府采购范围的着力点,按照先易后难的原则,选择一批项目先行试点,逐步扩大范围,扎实推进政府购买服务工作,努力将由公共财政资金安排、符合政府购买服务要求、市场主体较为成熟的公益事业项目，纳入政府采购范围，以公共服务采购促进政府管理职能的转变和服务效能的提高。

一、明确目标要求

通过实施政府购买公共服务改革，主要实现以下目标：

（一）深化管理改革

立足转变政府职能，完善财政管理体系，规范财政支付方式，科学确定公共服务购买资金管理流程，强化资金的预算、计划、支付、评估管理，强化公共财政的调控作用。

（二）强化服务管理

采取政府购买服务等方式，调动社会组织参与公共事务和公共管理的积极性，建立健全公共服务市场诚信机制，形成多元参与、公平竞争的格局，提高公务服务领域的政府管理水平。

（三）界定拓展范围

要围绕政府推进基本公共服务建设的中心任务，紧贴保障和改善民生的财政支出重点，合理界定并积极拓宽政府购买公共服务范围，扩大政府购买公共服务的规模。

（四）规范操作行为

加强政策指导，完善配套制度，加大监管力度，建立准入标准，完善购买流程，健全市场监管和退出等机制，促进政府购买公共服务活动依法操作，实现制度化和规范化。

（五）提高采购效益

科学履行政府在公共服务供给中的管理职能，调动社会组织在公共服务市场中的积极作用，提高市场主体承接公共服务的能力，提高财政资金和公共资源使用效益。

二、确立基本原则

（一）积极稳妥推进

适应经济发展需要、政府职能转变和财政管理要求，合理调动社会资源，因地制宜，积极稳妥地推进政府购买公共服务工作。

（二）建立推动机制

健全法规制度，明确各部门职责，完善推进机制，强化监管手段，形成符合实际、协调有力、规范高效的政府购买公共服务制度。

（三）强化预算执行

强化公共服务购买资金源头控制，科学编制政府购买公共服务的资金预算,规范资金审核管理,确保资金使用安全规范、科学有效。

（四）注重绩效管理

加强政府购买公共服务的绩效管理,降低购买成本,提高服务质量,提升政府购买公共服务的社会效益与经济效益。

（五）发挥市场作用

发挥政府购买公共服务的市场导向功能,推动政事分开、事企分开和管办分离,加快建立政府主导、社会参与的公共服务供给模式。

三、把握主要内容

（一）合理划分实施范围

推进政府购买公共服务工作,重点在基本公共教育、劳动就业服务、社会保险、基本社会服务、基本医疗卫生、人口和计划生育、公共文化体育、残疾人基本公共服务等领域。对由公共财政资金安排、政府部门组织实施、市场主体较为成熟的公益性社会公共服务和管理事项,如基本医疗卫生保障、居民医疗和农村合作医疗等社会保险和政府出资的商业保险、劳动就业咨询、职业技能教育和培训、基本养老服务、社会困难人员救助、城市规划设计、宣传会展服务、基础设施管护、环卫保洁、绿化养护、生态环境建设、账务管理和审计评估、公共文化体育、残疾人教育医疗和就业服务等项目,优先列入政府购买范围。对此,代理机构可主动与有关部门、单位对接,提供好服务购买的代理专业服务。

（二）加强政府采购管理

购买公共服务项目凡是符合政府采购条件的,均应纳入政府采购的范畴,严格按照《政府采购法》及相关法律法规组织采购。

1. 依法选择采购方式

政府采购公共服务重在强调通过市场竞争遴选公共服务的承接主体,鼓励探索多种采购方式,特别是对不宜采取公开招标方式的,经财政部门批准可按规定采取邀请招标、竞争性谈判、询价或者单一来源采购方式组织采购,以确保工作效率和服务质量。

2. 科学制定采购文件

充分发挥行业主管部门、行业协会和专家等专业优势,准确设置供应商资格条件和准入门槛,结合项目特点制定科学的评审标准和方法,综合物价水平、工资水平、社会保障规定、费用成本和财政支付能力等因素编制合理的采购预算,既节约财政资金,又保证供应商的合理利润,促进公共服务市场健康发展。

3. 周密组织采购活动

充分考虑公共服务项目服务对象广、影响范围大、履约周期长、标准要求高的特点,制定不同行业购买公共服务的实施办法和操作规程,通过适当划分采购批次或标段、合理确定合同期限等办法化解社会风险,维护公共服务的稳定与效率。

4. 加强合同履约管理

合同应明确购买服务的范围、数量、质量要求、服务期限、资金支付和采购人、供应商的权利义务。认真组织履约验收和动态考核,督促供应商严格履行合同,将履约情况与其后续竞争挂钩。

5. 健全监督管理制度

加强政府采购活动的全程监管,及时发现和查处违法行为,维护政府采购公共服务市场良好的竞争秩序。

四、落实工作措施

为了有效推进政府购买公共服务工作,结合江苏省的情况,我们认为应采取如下措施加以落实。

(一) 认真组织实施

江苏省财政厅为贯彻省政府办公厅《关于推进政府购买公共服务工作的指导意见》精神,已下发了《关于积极推进政府购买公共服务工作的通知》,明确了实施步骤、具体要求和责任。

《江苏省财政厅关于积极推进政府购买公共服务工作的通知》,对监管和集采机构要求做到五点:

(1) 认真学习文件精神,强化责任意识;
(2) 严格落实各项要求,完善配套制度;
(3) 规范政府购买服务管理,注重购买服务绩效;
(4) 发挥职能部门作用,做好组织协调;
(5) 加强组织领导,明确内部工作职责。

(二) 明确工作职责

各有关部门要加强协调配合,建立财政部门统筹协调、有关部门相配合、代理机构操作实施的组织协调机制。

(1) 各级财政部门要履行监管职责,研究制定政府购买公共服务管理制度,加强政府购买公共服务资金和业务的监督管理,结合财政支出重点研究制定购买公共服务的指导目录,提出实行政府购买公共服务的具体项目,指导有关行业主管部门制定公共服务采购行业实施办法,会同主管部门开展公共服务项目绩效的考核评价,监督各方当事人依法参与政府购买公共服活动。

(2) 采购人是公共服务供给的责任主体,要加强调查研究,制定本行业本系统服务采购实施办法,提出具体公共服务项目采购需求、准入条件和评价标准,有条件的经批准可建立专门机构实行部门集中采购,对项目执行情况实施绩效评价,督促供应商按照合同规定提供服务,对供应商提供的服务实施全程跟踪监管、履约检查和考核验收。

(3) 集中采购机构或专业的社会代理机构,根据采购人的委托实施公共服务采购、提供专业服务,会同采购人制定采购文件、组织签订采购合同、协助开展履约验收,做好供应商诚信管理。

(4) 各级审计、监察部门要履行监督职能,将购买公共服务资金使用情况列入审计范围,对政府采购活动依法实施行政监察,及时发现和查处违规违纪问题,推动政府购买公共服务健康发展。

(5) 供应商要主动适应公共服务采购需求,不断增强承接公共服务项目的能力,积极参与公共服务采购项目竞争,依法履行采购合同义务,提高服务质量和效率。

(三) 加强督促检查

省财政要加强对全省推进政府购买公共服务工作的指导,不断完善政策措施,并对各地贯彻落实情况进行考核。各地也要结合自身实际,加强对本地的调研和指导力度,积极拓展政府购买公共服务范围,推动政府购买公共服务工作健康有序发展。

# 第九章
政府采购其他专项政策

第一节 政府批量集中采购政策

一、政府批量集中采购概念

政府批量集中采购,是指对一些通用性强、技术规格统一、便于归集的政府采购品目,由采购人按规定标准归集采购需求后交由集中采购机构统一组织采购的一种采购模式。它能体现出政府采购公平竞争、规模效益的本质要求,更能使公平、公正、公开的原则真正得以落实。

由于物联网、云计算、移动互联网、Web2.0等新一代信息技术飞速发展,电子政务正由电子政府到"智慧政府"转变。在这个转变过程中,每个环节都显得相当重要,当然就包括信息化采购的入门环节。为了确保政府机构能采购到最合适、最专业的信息化产品,而不是成为"天价内存条"的泛滥温床,批量集中采购拉开了政府信息化采购的新篇章。

二、批量集中采购的必要性

(一)批量集中采购可有效解决"天价采购"

批量集中采购较好地实现了政府采购公平竞争、规模效益的本质要求。通过批量集中采购,各个单位上报需求后由财政部统一归集,再委托集中采购机构组织公开招标,"谁中标这批产品就由谁供货",这种方式归集了各地区政府部门的基本需求,避免了一些地区政府出现购买豪华产品、"天价采购"的情况。

在实施批量集中采购以前,各地行政事业单位的计算机和打印机主要通过协议供货方式进行采购,即由采购人在协议供货商、协议产品及相应的最高限价内,与供货商直接谈判进行采购。设计这种方式的初衷主要是为了满足各单位小额、零星采购需要。从几年来的实施效果看,协议供货在方便采购人、提高采购效率、推动政府采购制度改革进程上发挥了重要作用。但也出现了不少问题,如部分品目协议价格高于市场价、采购人在协议供货中任意选择高配置机型、化整为零规避公开招标,采购人员对供货商选择有明显倾向性等。此外,协议供货作为改革进程中的一种过渡制度设计,也没有很好地体现出政府采购公平竞争、规模效益的本质要求。

根据中央国家机关政府采购中心统计,截至 2012 年 10 月,批量集中采购已顺利实施十五期,共采购台式机 7.8 万台,采购金额约 2.77 亿元;打印机 1.7 万台,采购金额约两千万元。批量集中采购价格优惠、资金节约效果明显,平均节约率在 15% 以上。

(二) 批量集中采购是推进行政支出管理、遏制超标采购,推进党风廉政建设的必然选择

行政管理支出问题一直是社会关注的热点,媒体曝光的多起奢侈采购、超标采购事件,产生了不良的社会影响。2011 年 3 月,中共中央办公厅、国务院办公厅印发了《关于进一步做好党政机关厉行节约工作的通知》,明确提出了严禁配备明显超出机关办公基本需求的高档、高配置产品。2014 年两会《政府工作报告》将政府采购列为反腐倡廉的重点领域。在这种背景下,一方面,批量集中采购可以从配置标准和需求等源头环节控制超标行为的发生;另一方面,批量集中采购改变了过去协议供货模式下采购人与供应商一对一的采购,切断了私下交易的可能,有利于规范采购行为。

所以,从大的背景来讲,批量集中采购试点既是推进政府采购制度改革,遏制超标采购的必然要求,又是贯彻落实党中央、国务院厉行节约要求,推进党风廉政建设的一项重要措施。

(三) 有利于国内优秀企业的发展

批量采购的出现,打破了过去几大外资品牌独霸政府信息化采购市场的现象。随着批量采购项目的陆续展开,各厂商开始在统一平台上进行竞争,例如:同方电脑在产品性价比及服务等方面的优势展现,成为几期批量采购的主导力量,一改之前洋货占据政府采购主流市场的局面。

事实上,随着近几年来中国经济的快速发展,国内 IT 品牌产品品质、服务能力也得到了快速提升,甚至研发与创新能力都已具备与国外大品牌分庭抗礼的实力。通过批量采购让更多国内的优秀企业加入其中,有利于国内优秀企业的发展。目前,中央单位实施批量集中采购先期试点的品目仅包括台式计算机和打印机两种,但可以预见的是,随着批量采购项目的陆续实施以及其优势的迅速展现,国家必将出台有关政策,扩大批量集中采购的覆盖范围。

三、批量集中采购的理论依据

(一) 规模效应理论

规模经济是微观经济学中的一个重要命题,也是推进政府批量集中采购

的主要动因,政府批量集中采购规模效应是通过将分散的采购需求集中整合而产生的。采购的规模经济主要是指:随着采购量的提高,采购的平均成本会随着采购量的增加而出现递减的现象。

从管理学角度看,由于需求整合后采购量非常大,为了确保竞争优势与顺利供货,往往都是生产厂商亲自参加投标,在这种情况下,由规模而产生的节支效应还来源于企业定价中的折扣和折让策略。因为只有处于供应链上游的生产厂商才能给出较高的折让,以提升该企业产品在批量采购投标中的优势。

厂商进行折扣和让价策略最常用的方法是数量折扣。在销售市场中,通过数量折扣厂商可以刺激需求的增加,同时也可降低满足该需求水平的成本;而在批量集中采购中,价格的折让会给投标供应商相当大的价格竞争优势。

从生产角度看,厂商乐意加大每份订单的订货数量,来自两方面的考虑:一是减少订单数量以降低签订订单的手续费和企业的存货管理费。二是将节约的这些费用投入生产周转可增加新的盈利。

由此可见,需求集中之后,采购方因规模效益降低了采购成本,同时也给投标供应商实行价格折扣提供了条件,而投标供应商通过这种大宗数量采购,一方面可体现自身价格优势,另一方面可通过这种薄利多销的策略为下一期生产周转备足资金。

(二) 品牌声誉理论

良好的品牌声誉是企业一项不可多得的无形资产。良好的品牌声誉代表了更高的产品质量,顾客在购买过程中往往对品牌声誉好的产品有着更强的购买意向,有利于培养消费者忠诚。从品牌资产角度而言,往往拥有较高品牌声誉的产品,消费者愿意支付较多的溢价购买。与企业品牌定位、广告宣传等提升品牌资产手段相比,中标批量集中采购意味着其产品品质得到了政府使用者的先验和肯定,这种验证性肯定对于消费者的说服力比企业单方面向消费者传递品牌信息要强。同时,在批量集中采购数量庞大、售后服务复杂的情况下中标也说明其供货能力、售后服务和物流配给等综合能力的不俗。这种效果是其他品牌经营手段所不具备的。

四、我国政府批量集中采购的探索

(一) 我国中央单位批量集中采购的探索

2011年5月,财政部印发了《关于进一步推进中央单位批量集中采购试点工作的通知》(财办库〔2011〕87号),决定对中央单位采购的台式计算机和打印机实施批量集中采购。

中央国家机关政府采购中心作为负责具体组织实施这项工作的集中采购机构,高度重视此项工作,多次进行研究,分解任务,周密部署,确保批量集中采购顺利实施。截至2012年6月30日,已组织实施了11期批量集中采购,取得了预期效果:台式计算机中标产品价格较市场价格优惠幅度在10%左右,较协议供货价格优惠幅度在15%左右,打印机中标产品价格较市场价格优惠幅度在10%左右,较协议供货价格优惠幅度在8%左右。从实际成效看,对于解决部分协议供货产品存在的价格虚高问题、切断供应商与采购人之间的"利益通道"、促进预算标准和资产配置标准的生成等方面发挥了一定的作用,体现了政府采购实践对预算管理和资产管理的反哺,符合集中采购的本质要求和政府采购的发展方向。

2013年8月21日,为了深化政府集中采购改革,进一步规范政府采购行为,提高财政资金使用效益,根据党中央、国务院厉行节约反对浪费要求和政府采购有关法律制度规定,财政部制定了《中央预算单位批量集中采购管理暂行办法》。

(二) 各地对于政府批量集中采购的探索

我国各地财政部门结合本地实际情况,积极推行批量集中采购。

1. 江苏的探索

2012年10月,江苏出台了《江苏省财政厅关于开展省级部门单位部分办公设备批量集中采购试点工作的通知》(苏财购〔2012〕20号),根据这一文件的精神,开始试行批量集中采购。江苏的批量集中采购目前实施的品目包括台式计算机、笔记本电脑和打印机,台式计算机和笔记本电脑两个月采购一次,打印机是一个季度采购一次,各个部门单位在采购期的前一个月报出计划,经过审核以后,由采购中心来实施。截至2013年7月10日,省级批量集中采购5次,共采购台式计算机3 630台,便携式计算机1 086台,打印机(包括一体机)884台,资金节约率26.3%。

2. 广西北海市的探索

根据2012年3月发布的《北海市本级预算单位批量政府集中采购试行方案》,北海的批量集中采购涉及台式及便携式计算机、打印机、传真机、复印件、多功能一体机、空调设备多个品目。采购单位在一个季度内准备采购台式及便携式计算机、打印机、传真机、复印件、多功能一体机、空调设备的,应当委托集中采购机构实施批量政府集中采购。集中采购机构对采购单位报送的批量采购实施计划进行汇总归集,并整合打包,统一组织招标,以实现价格最佳,体现集中采购规模优势,提高财政资金使用效益。

北海市规定,因紧急采购任务或特殊需要,经财政部门批准后可进行协议(定点)采购,但每个品目的年度采购金额不能超过5万元。

3. 天津的探索

根据财政部批量集中采购试点改革方案要求,围绕贯彻落实中共中央、国务院《党政机关厉行节约反对浪费条例》(中办发〔2013〕13号),天津市率先试行复印纸批量集中采购,在省市级范围内尚属首次。

天津市财政部门按照复印纸的单位定量和规格进行分类,邀请财政部环境标志产品政府采购清单目录内的复印纸生产厂家直接投标报价,既发挥了政府采购支持节能环保产品发展的政策功能,又从源头上控制了采购成本。

从采购结果看,批量集中采购的价格优势得到充分体现。以办公用量最大的A4复印纸为例,优等品中标品牌晶致牌,批量集中采购中标价格为16.65元/包,低于淘宝网21元/包的最低价,节约率约为20.71%。合格品中标品牌神盾牌,批量集中采购中标价格为15.1元/包,低于淘宝网18.49元/包的最低价,节约率约为18.33%。

五、当前批量集中采购存在的主要问题

我国批量集中采购虽然取得了较大成绩,但也存在如下问题:

(一) 效率问题

与传统协议供货的方便、快捷相比,批量集中采购最突出的是效率问题。实施批量集中采购,采购人首先要向财政部门申报采购计划,财政部门每月汇总后移交集中采购机构进行采购;集中采购机构编制采购文件、发布招标公告、组织评审和发布中标公示,一般需要30天左右;中标结果确定之后,用户与中标供应商谈判、签约、生产、送货又需要一定的时间。因此,批量集中采购的周期需要2个月左右。

(二) 标准问题

实施批量集中采购,关键是各采购单位不能随心所欲地提出个性化需求,要有统一执行的产品配置标准,进而汇总成批量,以规模优势形成价格优势。

所以,批量集中采购推进的关键是需求标准的统一。2009年财政部已确定推行批量集中采购,委托集中采购机构直接试点,但由于缺乏统一的需求标准等原因,批量集中采购始终无法实质性推进。

在中央单位层面,目前存在三个标准:一是财政部行政政法司印发的《中央行政单位通用办公设备家具购置费预算标准(试行)》(财行〔2011〕78号),对13类办公设备规定了明确的购置费预算标准。二是国管局资产司印发的《中央国家机关办公设备和办公家具配置标准(试行)》(国管资〔2009〕221号),明确了办公设备和办公家具共11类产品的配置标准和价格上限。三是财政部国库司印发的《关于进一步推进中央单位批量集中采购试点工作的通知》（财办库〔2011〕87号），提出了推行批量集中采购台式计算机和打印机的基本配置参考（该配置参考已由《关于更新中央单位批量集中采购试点台式计算机和打印机基本配置参考的通知》（财库〔2012〕620号）更新）。前两个标准属于预算和资产配置标准，缺乏具体资产配置技术指标，第一个标准明确了具体技术指标，但属于参考标准，强制约束力不够。

货品指标的复杂性客观存在，以电脑为例，电脑作为工业化产品本应需求较为简单，但其技术指标却高达上百项，包括内存、硬盘、CPU、操作系统、应用软件以及服务标准等，看似简单实际非常复杂，如果指标定低了会形成恶意竞争。

（三）履约问题

按照财政部文件要求，中央各级预算单位均要实施批量集中采购，但是履约率低是批量集中采购的一个重要问题，个别批次的履约率在50%左右，影响了批量集中采购的实施效果。

具体有两个方面表现：

一是采购人不履行批量集中采购结果。采购人习惯了以前协议供货的操作方式，如果中标结果与自己中意的产品品牌或型号有出入，就采取各种借口不执行采购结果。

二是中标供应商由于成本过高不愿履约。以中央政府采购网注册用户为例，中央单位各级采购人数量京内、京外有几千家，单位数量多、分布区域广，而且很多偏远采购单位只采购1~2台计算机或者打印机，中标供应商不一定在全国每个地方都有分销或代理网点，很难在短时间内完成履约送货，且供货成本偏高，导致履约质量难以保证。而且目前中央试行的批量集中采购仅仅只是集中招标，后续的签订合同、履约支付都还是需要供应商跟采购人一家一家谈，这更使得供应商参与集中采购的履约成本上升。

（四）售后服务问题

由于厂家报价、投标策略等原因，每期的中标品牌均有较大变化，批量集中采购前，台式机和打印机主要通过协议供货模式实施，协议供货模式下品牌集中度比较高，排名前3位的品牌占总销量的80%以上，实施批量集中采购后，协议供货销量排名未进入前3位的品牌已有多次中标记录，竞争激烈的态势将延续。这导致不少单位同样配置的货物由多个品牌中标，每个品牌量都不大，无法享受到原来大客户级别的售后服务，影响了货物的售后服务质量和采购人对批量集中采购的满意度。

（五）政策功能问题

实行批量集中采购后，由于采购单位遍布全国和采购需求量大，只有大型企业才能具备供货和服务资格。随着批量集中采购实施范围的扩大，将导致越来越多的中小企业游离于政府采购范畴之外,无法实现政府采购政策功能。

(六)批量采购执行比例偏低

2011年,批量集中采购工作取得了重大成绩和进步,但是实行批量集中采购的比例仍然偏低。协议供货销量远超批量采购,销量倒挂情况依然突出。按照财政部文件要求,各单位要将协议供货渠道采购的台式计算机和打印机数量控制在本部门上年同类采购品目总数的10%以内,但是实施执行中批量集中采购比例远没有达到要求。据统计,台式计算机、打印机的批量集中采购数量只占总体采购数的30%左右,采购金额为1/5。仍然有70%的货物采用协议供货渠道采购,这离当初设想的协议供货占10%、批量集中采购占90%的目标还有着很大差距,影响了批量集中采购政策执行的严肃性。

除此以外,批量集中采购在现实中还面临政策执行打折的问题。经跟踪批量集采配送结果后发现,供应商中标后联系采购人的过程中,经常遇有用户联系不畅、联系人借故出差、出国甚至明确表示未安排预算不予购买等情形,一定程度上造成政策执行困难。

六、进一步完善和改进批量集中采购的措施

批量集中采购符合政府集中采购的发展方向,但这是一个长期的过程,不能一蹴而就,特别是在实施过程中,首先要统一思想,同时要切实解决好批量集中采购的标准、效率、履约和政策功能问题,切实增强方案的可操作性,不断提升批量集中采购的实施效果和采购人满意度。

(一)统一思想

批量集中采购是改革方向,要回归到对集中采购基本的认识,集中采购就是相对分散采购而言设置的机构,把各个单位需要采购的东西委托一个单位统一办理,变原来各单位的自由采购为集中采购。批量集中采购是政府集中采购的方向。

诚然,任何一次打破过往习惯的变革在初期都存在一个需要不断理解、适应和调整的过程,但是,将批量集中采购试点视为"过堂风",或者忌惮、抱怨甚至消极抵触试点,显然是基于个人视角或局部利益,对批量集中采购本身以及此次试点工作的错误判断。只有从政府采购制度改革发展和国家公共利益角度通盘考量,才能全面、客观、深刻认识批量集中采购。

这项制度在地方推行可能会遇到一些阻力,因为这要取代原来的协议供货方式,打破采购人、采购中心以及供货商之间既有的利益和权力分配。所以应进一步统一思想,充分认识推广批量集中采购的重要性和必要性。

(二)进一步加强批量集中采购标准的制定工作

目前财政部从两方面入手来解决需求标准问题:

一是从产品角度研究确定配置参考。确定配置参考既要有利于需求标准统一,又不能有品牌选择倾向性,破坏公平竞争的市场环境。为此,需要研究、分析市场主流机型配置和中央单位需求特点,按照"满足基本办公需要"和"市场成熟度高"的原则,确定需批量采购产品的配置标准。以台式计算机和打印机基本配置参考为例,该配置参考主要包括8种台式计算机配置和2种打印机配置,基本涵盖了常用台式计算机类型和打印机类型。

二是从采购人需求特点角度划分不同配置的确定规则。试点通知实际上划分了三类配置确定原则:第一类是财政部制定的配置标准,作为各部门通用办公设备基本配置,推荐各部门统一采用。第二类是部门特殊配置。各部门可根据业务特点或者本部门信息化的特殊需求,在财政部参考配置基础上确定有自身特点的部门配置,但要求部门内标准统一。第三类是特殊项目配置。主要针对个别单位有特定用途并且台式计算机总金额超过50万元或打印机总金额超过30万元的项目,单位可以制定本采购项目的特殊配置。

具体应做好以下三项工作:

一是参考历年数据。在目前相关资产配置具体技术标准不够完善的情况下,可由集中采购机构根据历年的采购合同提出初步标准,向采购人、专家、供应商征求意见后,提出初步标准,由财政部门进一步修改后印发实施。

二是逐步建立参考配置的更新机制。有中央单位已经反映参考配置中没有涵盖他们需要的机型,比如打印机只有A4纸黑白打印机,缺少A3纸及彩色打印机等。而部分供应商也提出,参考配置涉及供应商的切身利益,具有行业发展导向作用,供应商对市场、技术也更熟悉,制定参考配置应当吸纳他们参与。为此,财政部需成立包括集中采购机构、中央单位和供应商代表在内的专家小组,及时了解产品信息,研究中央单位的市场需求,定期更新参考配置。

三是要与节能产品清单和环境标志产品清单做好衔接。

(三)采取"预采购"

将招标程序前置,采购监管部门和操作部门在采购人申报采购计划的过程中,通过预测需求数量和参数配置,先行招标。

"预采购"制度可以解决批量集中采购周期长效率低的问题,探索另外一种批量采购组织实施方式。"预采购"制度即将批量集中采购的招标程序前置,在采购人申报采购计划过程中,甚至上报之前,采购中心和监管机构通过根据历史数据来预测需求的数量和参数配置先行进行招标。这样,采购人从申报采购计划到与中标供应商签约、供货也就10天左右,采购周期大大缩短,采购人的满意度会得到显著改善。这种方式的特点是不确定采购数量,但确定采购周期(2个月为宜),适用于采购人品牌偏好较强的计算机、服务器、照相机等产品。

(四)处理好规范与效率的关系

处理好规范与效率的关系是政府采购制度改革中始终面对的一个现实问题。

首先,在操作程序上予以规范,明确责任。各采购单位每月编制政府采购计划,集中采购机构每月按时组织采购活动,通过这种"滚动式"的操作程序,能够及时满足大多数采购单位的需要。

其次,在采购活动的组织方面,要进一步确定规范灵活的采购方式组合。由于各部门月度采购需求量具有明显的上下浮动的特点,对于一些特殊机型,部分月份采购需求量达不到公开招标限额标准。对于这一情况,应在坚持公开、公平、公正采购原则的基础上,与集中采购机构共同研究多种采购方式相结合的操作办法,以保障每个月的集中采购活动及时完成。

最后,针对各单位可能发生的紧急采购任务,提供紧急采购通道,即对于因临时任务、突发事件产生的紧急采购需求,经主管部门审核同意后,允许通过协议供货渠道进行采购。

(五)进一步扩大批量集中采购适用范围

批量采购是政府集中采购的应有之意,也是政府采购今后的发展方向。应进一步规范批量采购范围,逐渐改变协议供货占主导地位的供货模式。

集中与分散的关系始终是政府采购制度中的重要内容,今后应进一步规范集中采购管理范围,坚持把通用性强、便于归集统一招标的采购项目纳入集中采购范围,进一步发挥集中采购的规模优势,建立采购代理市场的良性竞争机制。

对于批量集中采购工作,要在总结、完善现有批量品目的基础上,按照积极稳妥、先易后难的原则逐步扩大品目范围。

对于具体扩大实施批量集中采购的品目范围,要认真研究实施批量集中采购的有利条件和不利因素,深入分析可能存在的困难和问题,对采购人的不同需求考虑周全,对实施方案充分论证后组织实施,避免仓促上马、欲速不达。

(六)强化政策功能

预留专门品目面向中小企业。根据国家扶持中小企业的相关文件精神,设定适合中小企业投标的批量集中采购品目,如复印纸、文件柜等产品,汇总各单位采购需求后,专门面向中小企业进行采购。

(七)进一步精细预算编制

批量集中采购无法解决各部门需求过多的问题,各个单位年初的预算和年底的决算出入较大,导致年初预算和年底实际的采购额相差很大。所以应进一步精细预算编制。我国香港地区的预算很细致,例如,警察局预算已编制到警犬的狗粮类别,其经验可供我们参考。

（八）进一步加强履约监管

在合同履约方面,要研究对供应商和采购人的考核机制。批量集中采购的实施效果要通过履约来实现,针对目前履约率偏低、履约不到位等问题,要进一步加强履约监管。

对中标供应商,应建立供应商履约情况记录制度,对个别严重违背供货承诺拒不改正的,将列入"政府采购供应商黑名单"。集中采购机构要加强对供应商的履约考核,对不按照投标文件规定履约的,及时给予处理。

对采购人执行批量集中采购情况进行不定期抽查,对无故不执行采购结果的给予相应处罚,必要时可与下一年度预算进行联动;各部门应加大履约监督力度,对一些拒不改正的单位,财政部将通报主管部门予以处理。

对不严格履约的中央单位,除应建立相关通报及处罚制度外,财政部还应加大培训宣传力度,提高中央单位对此项工作的重视程度及业务熟悉程度,确保批量集中采购有序、有效展开。

采购行为和采购结果具备法律效力,如果中央单位不履约势必带来后续的民事赔偿等一系列问题。为此,主管部门要组织好采购单位的合同签订、履约等相关工作,进一步加强履约监管。

（九）建立健全考核评价机制

有关部门应对供应商加大约束力度。尽管国家规定批量集中采购产品必须为成熟的社会通用产品,但是包括很多大型供应商在内有时都做不到这一点。例如某款办公电脑,供应商可以通过改动CPU、主板或其他器件等很小的改动,使其变成一个全新的、实际市场不存在的型号,形成政府专供,使之无法同市场同类产品进行对比。因此,有关部门应加快研究建立针对采购人、供应商、评审专家和采购代理机构的分类监管机制,建立健全考核评价机制、不良行为公告制度和政府采购市场禁入制度。

第二节　政府采购信用担保

一、政府采购信用担保概念

《财政部关于开展政府采购信用担保试点工作方案》(以下简称"试点方案")中对政府采购信用担保的定义:政府采购信用担保是将信用担保作为政策工具引入政府采购领域,由专业担保机构为供应商向采购人、代理机构、金融机构提供的保证。

作为一种有效分散风险、信用增级的市场化运作手段,政府采购信用担保有利于降低中小企业参与政府采购的成本,增加参与政府采购的机会和扩大融资渠道,优化中小企业发展环境。通过引入信用担保手段,能够在政府采购活动中形成一种市场化的利益、责任和制约机制,有助于完善政府采购的程序控制,丰富监管手段,防范政府采购风险、提高政府采购质量,是一种双赢的政策。

二、政府采购信用担保的业务品种

政府采购信用融资担保的业务品种主要包括投标担保、履约担保、融资担保三种形式。

(一)投标担保

投标担保,是指由专业担保机构为供应商履行支付投标保证金的义务向采购人或者采购代理机构提供的保证担保。供应商在投标有效期内发生撤回投标文件,或中标后因自身原因不签署政府采购合同等行为而应实际支付保证金的,由专业担保机构按照担保函的约定履行担保责任。

采购人或者采购代理机构应当在招标文件中明确规定供应商可以以投标担保函的形式交纳投标保证金,并将政府采购投标担保函样本(见本章附件一)作为招标文件的附件。供应商可以自愿选择是否采取投标担保函的形式交纳投标保证金。

(二)履约担保

履约担保,是指由专业担保机构为供应商支付履约保证金的义务向采购人提供的保证担保。供应商未按政府采购合同履行约定义务而应实际支付保证金的,由专业担保机构按照担保函约定履行担保责任。

采购人或者采购代理机构应当在采购文件中明确规定供应商可以以履约担保函的形式交纳履约保证金,并将政府采购履约担保函的样本(见本章附件二)作为采购文件的附件。供应商可以自愿选择是否采取履约担保函的形式交纳履约保证金。

(三)融资担保

融资担保,是指专业担保机构为供应商向银行融资提供的保证担保。

供应商可以自愿选择是否采取融资担保的形式为政府采购项目履约进行融资。采购代理机构应当在招标文件中告知供应商可以选择是否采取融资担保的形式为政府采购项目履约进行融资,并附上试点专业担保机构的联系方式。

三、政府采购信用担保的必要性

政府采购信用担保是深入贯彻落实国务院支持和促进中小企业发展有关文件和会议精神的实质举措,是政府采购服务中小企业的必要保证。

利用政府采购扶持中小企业发展,其最终的落脚点就是政府通过政府采购市场来购买中小企业的产品和服务,而要实现这一目标,则必须赋予中小企业参与政府采购市场的平等权和有限的优先权。中小企业因其规模较小而在投标能力、履约能力以及融资能力上均处于劣势。因此,在政府采购市场竞争中,竞争的规则公平并不能改变中小企业在竞争中的不利地位,参与政府采购市场的平等权也就只能停留在制度层面。同时,有限的优先权也会因采购人和采购代理机构对风险的权衡而难以保障。

在政府采购制度中引入信用担保这一做法,其针对的正是提升中小企业的投标能力、履约能力和融资能力,这将有利于通过保障中小企业参与政府采购市场的平等权和有限的优先权,最终提升中小企业获得政府采购市场份额的能力。

四、政府采购信用担保的基本原则和总体要求

(一)基本原则

1. 市场主导,财政引导

各地区财政部门应当充分发挥市场在配置资源中的主导作用,积极做好引导和监管工作,不得参与政府采购信用担保市场交易的具体操作活动。

2. 自愿选择,因地制宜

各地区可以结合自身政府采购工作实际,自主选择投标、履约和融资三种担保形式的任何一种或几种;供应商可以根据自身情况,自行决定是否选择使用信用担保以及使用哪种形式的信用担保。

(二)总体要求

1. 多方参与,加强配合

采购人应当允许并接受供应商以专业担保机构出具的担保函的形式交纳保证金;采购代理机构应当在采购文件中列示可以以投标担保函形式缴纳保证金的相关内容,对于履约和融资担保项目,在现有条件下为专业担保机构提供有关供应商情况等信息便利。财政部门支持和鼓励供应商使用信用担保手段,专业担保机构对供应商进行资信审查后出具投标担保函的,采购人和采购代理机构不得再要求供应商提供银行资信证明等类似文件。

2. 先予偿付,再行追偿

除不可抗力外,无论基于何种原因,供应商一旦出现违约情形,承担保证

责任的专业担保机构应当先行按照政府采购担保函及时进行偿付,偿付完成后,再按与供应商签订的协议约定内容进行追偿。

五、专业担保机构的选择及要求

为保障质量,应本着严格把握的原则,选择规模较大、资信优质、组织机构健全、行业经验丰富、具有融资性担保机构经营许可证的专业担保机构。试点期间,经财政部与中国投资担保有限公司协商,由中国投资担保有限公司作为中央本级和各试点地区的试点专业担保机构,各试点地区可以再择优选择一家满足本方案要求的当地专业担保机构进行协商,增列为本地区的试点专业担保机构。

试点专业担保机构应当建立满足政府采购工作需要的快捷通道,平等对待所有参与供应商,对符合申请条件的供应商,不得以任何理由设置障碍,试点期间担保费率由双方自行商定,但融资担保综合年费率最高不得超过中国人民银行公布的同期金融机构人民币贷款基准利率的50%;对政府采购中小企业供应商融资需求给予费率优惠,对于同时采用投标、履约和融资担保的中小企业供应商,要免收投标担保费或进一步给予费率优惠。对于中央统一制定政策,涉及农业、教育、文化、社会保障、医疗卫生、科学技术、计划生育、环境保护、保障性住房和村级组织运转经费等民生项目,以及小型和微型企业的政府采购项目,担保费率应当适度下调;建立相应网络跟踪服务平台,切实做好政府采购项目履约情况的跟踪服务,将有关情况及时向政府采购监督管理部门报告;要遵守《融资性担保公司管理暂行办法》,规范经营,符合行业监管要求。

试点结束后,在担保机构的选取上应完全引入市场竞争机制,通过市场化手段引导担保机构降低费用。

六、政府采购信用担保发展之路

2006年,黑龙江省政府采购担保业务举行签约仪式,标志该省政府采购支持中小企业融资工作启动。2009年7月,重庆市推出了政府采购中标供应商链式融资贷款业务,利用政府采购的支付信誉,为中标企业提供信贷支持。2009年9月,《国务院关于进一步促进中小企业发展的若干意见》(国发〔2009〕36号)出台,明确指出完善政府采购支持中小企业的有关制度。2009年10月,江苏省政府采购信用担保贷款合作项目出台,民生银行南京分行的"融易贷"项目正式面世,标志着江苏启动政府采购支持中小企业融资工作。2010年5月,湖南省政府采购支持中小企业融资签约仪式在长沙举行,标志着湖南省正式启动政府采购支持中小企业融资工作。2010年7月,苏州市举行了"采购通"产品新闻发布会暨首批银、保、企三方合作签约仪式,标志着江苏省政府采购支持中小企业融资工作向市、县一级纵深发展。2010年10月,山西省省级政府采购中心与民生银行合作,推出了旨在支持中小企业融资的"政府采购融易贷"项目。2010年12月,云南省财政厅与中国光大银行昆明分行签署了《云南省政府采购中标企业模式化融资授信业务合作框架协议》。根据协议,政府采购中标中小企业凭政府采购合同即可获得银行贷款。2010年下半年,河南省郑州市采购办与兴业银行郑州分行签订了《郑州市政府采购支持中小企业融资合作协议》,开始通过政府采购支持中小企业融资。2011年9月,财政部下发《财政部关于开展政府采购信用担保工作的通知》,明确了政府采购信用担保的定义、政府采购信用担保的试点区域范围、试点时间、试点品种等。

七、各地政府采购信用融资担保实践

(一)江苏

江苏以融资担保为主,履约担保和投标担保暂未开展。2009年,经江苏省财政厅政府采购管理处同意和协调,中国民生银行南京分行携手江苏省信用担保公司等在江苏率先向参与政府采购的中小企业推出"政府采购融易贷"业务。

截止到2013年一季度,全省共实现中小企业政府采购信用担保融资金额2.8亿元。其中,苏州市推出的"采购通"项目共授信贷款额度为8 225万元;扬州市与常州市的授信贷款额度分别为900万元和340万元;省政府采购中心通过搭建平台,为中标企业实现融资3 481万元。省信用再担保公司已受理项目金额4 000万,审批通过2 000万,待放款1 000万元。

目前,江苏各地在推进信用担保融资工作时采取银行直接融资,还是信用担保融资,模式不求统一,关键在于工作实效。重点是能降低中小企业参与政府采购的成本,建立标准体系。

但实践中还是存在叫好不叫座、规模难以提升等问题。为此,江苏采取了以下的政策与措施。

1. 建章立制

财政部门要搭建好平台,完善各项政策和措施。

一是健全各项制度。(1)统计分析制度,省厅每季度统计一次融资数据,了解工作进展,促进动态管理。(2)定期座谈制度,省厅每季度召开一次座谈会,研究推进措施。(3)主动告知制度,集中采购机构要在融资业务介绍、融资信息告知方面提供有效服务。

二是出台各种政策。(1)2010年,省财政厅会同省政府金融办联合印发

了《关于做好中小企业政府采购信用担保融资工作的通知》(苏财购〔2010〕15号)。(2) 2011年10月,《江苏省政府采购信用担保试点工作实施方案(初稿)》(苏财购〔2011〕22号)。(3) 2012年12月3日,省财政厅印发《关于全面推进江苏省政府采购信用担保融资工作的实施意见》(苏财购〔2012〕25号)。

2. 宣传发动

2010年11月5日,与省政府金融办联合举办中小企业政府采购信用担保融资政策发布会。2012年12月21日,召开"江苏省政府采购信用担保融资合作签约与推介会"。

集中采购机构要明确责任部门和人员,帮助金融机构开设宣传窗口,搭建银企沟通平台,实现有效对接和沟通。

3. 工作考核

各级财政部门有明确专人负责,加强工作指导、考核。省厅年底对各市财政部门、集中采购机构、担保机构和银行开展工作考核并通报。

对省辖市财政部门和省级集中采购机构的考核列入年度考核,在年度各单位指标和总结报告中单独反映。

(二) 广东

2013年7月18日,广东省财政厅印发《关于进一步推进政府采购信用担保试点工作的通知》(以下简称《通知》),就政府采购信用担保试点工作推进过程中存在的推进力度不强、业务范围单一、规模偏小等问题,提出进一步推进该项工作的4点意见。

这4点意见包括:① 高度重视,加强领导,充分认识政府采购信用担保试点工作的重要意义;② 明确目标,统筹推进,加大政府采购信用担保试点工作的实施力度;③ 加强宣传,扩大影响,营造政府采购信用担保试点工作良好舆论氛围;④ 加强管理,落实责任,认真做好政府采购信用担保试点工作的引导和监管等。

在加大政府采购信用担保试点工作的实施力度方面,《通知》要求,各试点地区要针对投标担保、履约担保和融资担保业务分别制定切实有效的推进方案,力争实现业务范围的全面突破。试点地区财政部门要因地制宜地制定具体的操作流程和担保费用标准,统筹安排宣传推动和监督检查。

在建立健全政府采购信用担保协作机制方面,《通知》要求各试点地区财政部门促进金融机构与中标供应商的信息对接,积极为金融机构提供政府采购项目相关信息的查询、核对服务;为信用等级较高的中小企业提供政策保障,方便金融机构为其提供便捷、高效的融资渠道,并给予优惠和支持。《通知》明确,各试点地区可结合本地实际,择优选择金融机构作为融资担保业务的合作机构,共同推进政府采购信用担保工作。

《通知》明确,各试点地区财政部门要加快本地区政府采购诚信体系建设,完善中小企业政府采购信用档案,加强对政府采购信用担保项目的跟踪管理,防范和降低信用担保风险。同时,要为企业创造公平的试点工作环境,不得以不正当理由设置障碍,阻扰企业尤其是中小企业参与政府采购信用担保业务。广东省财政厅将择时对该项工作进行评估。

七、目前政府采购信用融资担保存在的问题及解决的对策

(一)实际运行中存在的主要问题

一方面,不论贷款时间长短,担保公司都要求按半年或是按季度收取担保费,不合理地提高了中小企业贷款的成本;另一方面,担保的审核流程耗时过长,影响中小企业获取贷款的时效性。

以江苏省为例,作为江苏省内首个和实际效果相对最好的政府采购信用担保融资项目,民生银行"融易贷"产品宣传的特点主要有准入方便、无需抵押、预先授信、中标即贷、借贷自如等。但经过对江苏省政府采购信用融资有关实际工作的了解和分析,发现其运行效果和一般的中小企业贷款难的状况相比并没有太大的差异,而且存在以下两个比较突出问题:

1. 担保机制不尽合理

政府采购"融易贷"业务由江苏省信用担保公司为通过民生银行授信审批的中小企业统一提供担保。但是这也带来了负面影响,一方面,不论贷款时间长短,担保公司都要求按半年或是按季度收取担保费,客观上合法,却不合理地提高了担保费率,提高了中小企业贷款的成本;另一方面担保的审核流程耗时过长,如超过500万元的项目需要担保公司董事会讨论决定,不可避免地影响中小企业获取贷款的时效性。

《商业银行法》第36条规定,商业银行贷款,借款人应当提供担保。商业银行应当对保证人的偿还能力,抵押物、质物的权属和价值以及实现抵押权、质权的可行性进行严格审查。经商业银行审查、评估,确认借款人资信良好,确能偿还贷款的,可以不提供担保。虽然政府采购合同具有很高的政府信用,根据上条规定,可以不提供担保。但是由于银行对于贷款的中小企业仍存在信用上的疑虑,所以仍然要求引入担保公司,而且对担保公司的准入也设置了较高的门槛。

2. 中小企业贷款额度无法真正循环使用

目前银行实施应收账款质押融资,都要求借款的中小企业的回款账户要锁定在放款银行。这是银行规避风险的合理要求,但是同时带来另一个不合理现象,即在目前银行对存款极度饥渴现状下,不全额回款往往不被允许部分冲抵贷款额度,而被锁定在放款银行作为存款。如某企业贷款100万元,部

分回款 50 万元后,银行仍要求按 100 万余额计算贷款,而 50 万元的回款也被银行锁定不能使用,成为"被存款",一直到该项目的 100 万元全部到账后才可以全额还清相应贷款。虽然中小企业理论上事前可以和放款银行进行协商,但是在目前银行对中小企业贷款的卖方市场条件下,中小企业和强势的银行间很难形成平等的协商地位。

上述两点,一方面推高了中小企业的政府采购信用融资的成本,另一方面不利于提高中小企业的资金周转率。鉴于此,政府采购信用融资这一金融创新产品本身应具有的政府信用等优势完全没有显示出来,叫好不叫座的情况就成为一种必然。

(二) 解决问题的建议

1. 政府提供支持

虽然目前对于中小企业融资的宣传和政策是应有尽有,但是大部分还是浮于表面,没有和实际的金融措施以及考核机制相结合,易流于形式,难以产生实际效果。

政府(包括政府金融监管主管部门)可以在顶层明确设置并且必须能切实执行相对略高的中小企业贷款不良率容忍度指标,政府以此引导而非强制银行向中小企业放贷,以示对中小企业这一市场竞争弱势群体的人性化关爱和理性化扶持。

地方政府可以因地制宜地建立具有一定规模并且规范运作、覆盖所在地区所有中小企业信贷融资的风险资金池。其功能在于为所有中小企业融资增信,各类金融机构可以较好地对冲其向中小企业融资的风险。

建议央行对符合政府导向的金融创新产品提供政策优惠和保障,并对中小企业和大企业采取有区别的评价机制,提高对中小企业的风险包容度。通过切实量化的手段,激励银行大力开展中小企业融资方面的金融创新,进而推动政府采购信用融资这一优质的应收账款质押融资产品的有效应用。

同时充分组合各项财政政策,形成合力。目前国家对中小企业有多种政策和规定,如财政部《中小企业信用担保资金管理暂行办法》、工信部《关于做好 2011 年中小企业发展专项资金项目申报工作的通知》等。但是这些政策相互之间还缺乏有效地衔接和配合,如果能够进行有效的整合,把对中小企业融资和担保的扶持和补助真正落到实处,必然可以有效降低中小企业融资的成本,也可以提高有关银行和担保机构的积极性。

2. 银行积极配合

银行可以参考对个人信贷的"随借随还"形式,以多样灵活的借款还款结算方式降低中小企业的资金成本,提高其资金周转速度。同时,在银行内部对中小企业贷款部门和业务人员设置单独的考核体系,以合理的激励机制提升部门和业务人员对中小企业放贷的积极性。

合理设置担保要求,降低担保成本。对于符合《商业银行法》规定,在政府采购领域有较好的成交履约纪录的中小企业,银行通过合理合法途径认定为优质客户,减少担保或实行无担保。同时,降低担保公司进入政府采购信用担保领域的门槛,引入更多的担保公司进行合理竞争,既可以为中小企业提供更好的服务,又可以降低担保费用。

3. 完善信息共享

2010 年 9 月,江苏省企业信用基础数据库和服务平台第一阶段项目通过初步评审验收,为实现政府部门企业信用信息资源共享提供了支撑。在该信息库的基础上,还应进一步完善政府采购供应商成交及履约的各项信息,解决银行和中小企业信息不对称的问题,更可以提前规划考量今后长三角地区甚至于全国政府采购市场的通用性,实现各级政府采购当事人共享供应商信息。

结合"金财工程",建设政府采购应收账款情况查询系统,便于银行及时确认政府采购资金的实际支付情况,为银行核实中小企业政府采购中标、履约和资金流向情况提供权威数据。

附　件

附件一　政府采购投标担保函(项目用)

编号：

_____(采购人或采购代理机构)：

鉴于_____(以下简称"投标人")拟参加编号为_____的项目(以下简称"本项目")投标,根据本项目招标文件,供应商参加投标时应向你方交纳投标保证金,且可以投标担保函的形式交纳投标保证金。应供应商的申请,我方以保证的方式向你方提供如下投标保证金担保：

一、保证责任的情形及保证金额

(一)在投标人出现下列情形之一时,我方承担保证责任：

1. 中标后投标人无正当理由不与采购人或者采购代理机构签订《政府采购合同》；

2. 招标文件规定的投标人应当缴纳保证金的其他情形。

(二)我方承担保证责任的最高金额为人民币_____元(大写

_____),即本项目的投标保证金金额。

二、保证的方式及保证期间

我方保证的方式为：连带责任保证。

我方的保证期间为：自本保函生效之日起_____个月止。

三、承担保证责任的程序

1. 你方要求我方承担保证责任的，应在本保函保证期间内向我方发出书面索赔通知。索赔通知应写明要求索赔的金额，支付款项应到达的账号，并附有证明投标人发生我方应承担保证责任情形的事实材料。

2. 我方在收到索赔通知及相关证明材料后，在_____个工作日内进行审查，符合应承担保证责任情形的，我方应按照你方的要求代投标人向你方支付投标保证金。

四、保证责任的终止

1. 保证期间届满你方未向我方书面主张保证责任的，自保证期间届满次日起，我方保证责任自动终止。

2. 我方按照本保函向你方履行了保证责任后，自我方向你方支付款项（支付款项从我方账户划出）之日起，保证责任终止。

3. 按照法律法规的规定或出现我方保证责任终止的其他情形的，我方在本保函项下的保证责任亦终止。

五、免责条款

1. 依照法律规定或你方与投标人的另行约定，全部或者部分免除投标人投标保证金义务时，我方亦免除相应的保证责任。

2. 因你方原因致使投标人发生本保函第一条第（一）款约定情形的，我方不承担保证责任。

3. 因不可抗力造成投标人发生本保函第一条约定情形的，我方不承担保证责任。

4. 你方或其他有权机关对招标文件进行任何澄清或修改，加重我方保证责任的，我方对加重部分不承担保证责任，但该澄清或修改经我方事先书面同意的除外。

六、争议的解决

因本保函发生的纠纷，由你我双方协商解决，协商不成的，通过诉讼程序解决,诉讼管辖地法院为_____法院。

七、保函的生效

本保函自我方加盖公章之日起生效。

保证人：　　　　（公章）
年　月　日

附件二　政府采购履约担保函(项目用)

编号：

_____（采购人）：

鉴于你方与_____（以下简称供应商）于____年____月____日签定编号为____的《_____政府采购合同》(以下简称主合同)，且依据该合同的约定,供应商应在____年____月____日前向你方交纳履约保证金,且可以履约担保函的形式交纳履约保证金。应供应商的申请,我方以保证的方式向你方提供如下履约保证金担保：

一、保证责任的情形及保证金额

（一）在供应商出现下列情形之一时,我方承担保证责任：

1. 将中标项目转让给他人,或者在投标文件中未说明,且未经采购人同意,将中标项目分包给他人的；

2. 主合同约定的应当缴纳履约保证金的情形：

（1）未按主合同约定的质量、数量和期限供应货物/提供服务/完成工程的；

（2）_____。

（二）我方的保证范围是主合同约定的合同价款总额的_____%,数额为_____元(大写_____),币种为_____。(即主合同履约保证金金额)

二、保证的方式及保证期间

我方保证的方式为：连带责任保证。

我方保证的期间为：自本合同生效之日起至供应商按照主合同约定的供货/完工期限届满后_____日内。

如果供应商未按主合同约定向贵方供应货物/提供服务/完成工程的,由我方在保证金额内向你方支付上述款项。

三、承担保证责任的程序

1. 你方要求我方承担保证责任的,应在本保函保证期间内向我方发出书面索赔通知。索赔通知应写明要求索赔的金额,支付款项应到达的帐号,并附有证明供应商违约事实的证明材料。

如果你方与供应商因货物质量问题产生争议,你方还需同时提供_____部门出具的质量检测报告,或经诉讼(仲裁)程序裁决后的裁决书、调解书,本保证人即按照检测结果或裁决书、调解书决定是否承担保证责任。

2. 我方收到你方的书面索赔通知及相应证明材料,在_____工作日内进行核定后按照本保函的承诺承担保证责任。

四、保证责任的终止

1. 保证期间届满你方未向我方书面主张保证责任的,自保证期间届满次日起,我方保证责任自动终止。保证期间届满前,主合同约定的货物/工程/服务全部验收合格的,自验收合格日起,我方保证责任自动终止。

2. 我方按照本保函向你方履行了保证责任后,自我方向你方支付款项(支付款项从我方账户划出)之日起,保证责任即终止。

3. 按照法律法规的规定或出现应终止我方保证责任的其他情形的,我方在本保函项下的保证责任亦终止。

4. 你方与供应商修改主合同,加重我方保证责任的,我方对加重部分不承担保证责任,但该等修改事先经我方书面同意的除外;你方与供应商修改主合同履行期限,我方保证期间仍依修改前的履行期限计算,但该等修改事先经我方书面同意的除外。

五、免责条款

1. 因你方违反主合同约定致使供应商不能履行义务的,我方不承担保证责任。

2. 依照法律法规的规定或你方与供应商的另行约定,全部或者部分免除供应商应缴纳的保证金义务的,我方亦免除相应的保证责任。

3. 因不可抗力造成供应商不能履行供货义务的,我方不承担保证责任。

六、争议的解决

因本保函发生的纠纷,由你我双方协商解决,协商不成的,通过诉讼程序解决,诉讼管辖地法院为_____法院。

七、保函的生效

本保函自我方加盖公章之日起生效。

保证人： （公章）
年 月 日

附件三　江苏省政府采购信用担保融资工作合作协议

甲方：江苏省财政厅
地址：南京市北京西路63号天目大厦
电话：02583633051　传真：02583633054
乙方：
住所：
电话：　　　　　　　传真：

为贯彻落实《财政部关于开展政府采购信用担保试点工作的通知》（财库〔2011〕124号）（以下简称"124号文件"）和《江苏省财政厅关于印发〈江苏省政府采购信用担保试点工作实施方案（试行）的通知〉》（苏财购〔2011〕22号），进一步发挥政府采购政策功能作用，增加中小企业参与政府采购的机会和扩大融资渠道，支持政府采购监管体系进一步完善，促进政府采购诚信体系建设，经友好协商，甲乙双方根据124号文件建立战略合作关系，共同促进江苏省政府采购担保业务发展，并对以下合作事项达成一致意见：

第一条　合作原则

合作双方按照真诚合作，讲求实效，互惠互利，共同发展的原则建立合作关系，以诚实守信的原则履行本协议。

第二条　合作目标

2.1 根据政府采购的工作要求，充分发挥双方的职能、技术、区位优势，构建政府采购信用担保业务合作平台，实现优势互补、共同发展，为江苏省建立公开、公平、公正的政府采购秩序提供服务。

2.2 充分发挥政府采购的政策功能，探索以信用担保手段充实和完善政府采购监管、规范政府采购行为的操作模式，形成以完善政府采购制度为目标，以企业为主体、市场为导向、政府采购管理部门扶持促进的合作架构。

2.3 降低中小企业参与政府采购的成本，增加参与政府采购的机会和扩大融资渠道，优化中小企业发展环境。促进符合国家经济和社会发展政策目标，产品、服务、信誉较好的中小企业发展。

2.4 充分利用双方现有信息网络和资源,建立直接信息渠道、业务操作平台,努力建立符合当地政府采购实际操作流程及特点的业务合作模式。

第三条 合作内容及方式

3.1 甲方充分发挥市场在配置资源中的主导作用,按照124号文件的要求,积极做好引导和监管工作。指导协调参与政府采购信用担保试点的乙方与采购人、采购代理机构、供应商,建立一个各方密切配合、沟通畅通、有利于推进政府采购信用担保试点工作的业务运转秩序。

3.2 乙方积极推进合作业务工作,充分发挥行业带头人的示范作用,满足政府采购供应商需求,提供优质快捷的专业化服务,全力配合江苏省政府采购信用担保工作。

3.3 双方合作项下乙方开展的政府采购业务项目为:以融资担保为工作重点,适时拓展投标担保、履约担保等担保品种,业务范围为江苏省内的政府采购业务。

3.3.1 投标担保的业务形式为乙方为政府采购供应商履行支付投标保证金的义务而向江苏省内采购人或招标代理机构出具投标保函。

3.3.2 履约担保的业务形式为乙方为政府采购供应商履行支付履约保证金等的义务而向江苏省内采购人或采购代理机构出具履约保函。

3.3.3 融资担保的业务形式为乙方为参与江苏省内政府采购活动的供应商的融资行为向银行提供担保。

3.4 甲方协调管辖区域内采购人、采购代理机构认可乙方出具的政府采购投标保函和履约保函的保函效力,认可乙方出具的电子保函与纸质保函具有相同效力。

3.6 如供应商因履行政府采购合同需要而向乙方申请融资担保的,政府采购资金支付时,采购单位严格按政府采购合同中的供应商开户银行及账号支付货款。在《政府采购合同》履行期间内,该政府采购结算收款账户信息非经乙方和贷款银行书面同意不得变更,以保障贷款资金的安全回收。各级财政国库支付执行机构应加强支付的审核和监督。集中采购机构配合做好核实政府采购合同、供应商账户等工作。

3.7 乙方每季最后一个工作日前以简表方式向甲方通报本合作项下使用信用担保的供应商及政府采购项目履行情况。甲方协助乙方建立对采用乙方信用担保服务项目履约情况的信息反馈和沟通渠道。

3.8 为促进业务开展,甲方通过在各级政府采购网站上做相应的网页宣传,在采购信息发布、标书制定、中标通知书发放和合同签订等各项环节开展政府采购信用担保融资政策信息的宣传工作,召开供应商政策宣讲会等方式开展试点的宣传和引导工作。在现有条件下尽可能为乙方提供信息便利,配合查询供应商、采购项目等信息,配合核实供应商账户、合同信息等。

3.9 为促进江苏省政府采购诚信体系建设,在以双方合作构建的政府采购信用担保业务合作平台项下,如供应商出现弄虚作假或以伪造政府采购合同等方式违规获取乙方提供的政府采购担保,或不按时归还乙方担保贷款的,或出现其他违反相关规定情形的,甲方应当将其行为按"不良行为"记入供应商诚信档案;情节严重的,应记入供应商"黑名单"并予以公示;涉嫌犯罪的,移送司法机关处理。

第四条 合作期限

本协议自双方法定代表人/负责人或授权代理人签字或盖章并加盖公章后自签署之日生效至____年____月____日终止。如在协议有效期内任何一方欲提前终止本协议,应提前2个月书面通知对方,在获得对方书面同意后,本协议终止。

第五条 保密条款

甲、乙任何一方对对方提供的信息的任何内容都应当恪守保管和保密义务。未经对方许可,任何一方不得以任何形式或理由将这些信息用于非政府采购项目之目的,或以任何形式泄露给与政府采购业务无关的任何第三方人员。双方同意,自本协议终止之日起2年内,本条款将持续有效。

第六条 协议生效及其他

6.1 本协议自双方法定代表人/负责人(或其授权代表)签字并加盖公章之日起生效。

6.2 对本协议的理解与解释应依据本协议目的和文本原意及业界通行的理解和惯例进行,本协议内的标题不应影响本协议的解释。

6.3 本协议一式肆份,双方各执贰份。本协议未尽事宜,由双方协商解决,协商所形成的书面文件作为本协议的附件,与本协议具有同等法律效力。

甲方:江苏省财政厅(公章)

负责人(或授权代表)

签字:

年　　月　　日

乙方:　　　　　(公章)

法定代表人(或授权代表)

签字:

年　　月　　日

第十章
政府采购案例

案例一　发生在招标环节的投诉案

一个事关新生儿安全的疫苗采购项目,采购人固执地坚持自己的采购需求,供应商执着地状告其需求存在排他性,监管部门该如何处理?

合情与合法

基本案情

某疾病控制中心采购一批用于新生儿接种的乙肝疫苗。根据生产工艺不同,乙肝疫苗分为"酵母型"和"细胞型"两种。采购人提出要"酵母型"乙肝疫苗不要"细胞型"的,理由是"酵母型"安全、无毒副反应,以保证新生儿安全。

招标公告正式发布前,根据采购人的委托,采购代理机构在网站上发布信息,公开征集具备供货能力的供应商,希望所有潜在的供应商都能参与该项目竞标。某生产"细胞型"乙肝疫苗的供应商看到后提出质疑,认为招标文件指定只采购"酵母型"乙肝疫苗属于限制性条款,违反了《政府采购法》相关规定,对其他供应商有失公平。但采购人单位坚持要"酵母型"不要"细胞型",提出乙肝疫苗是用于新生儿接种的,疫苗的安全关系千秋万代,省委省政府高度关注,如果有一例有毒副反应有关部门都不好交代。经组织专家论证,专家出具了书面意见,认为"酵母型"乙肝疫苗安全、无毒副反应,同意采购人的要求。但供应商依然不同意。

为依法妥善处理,经研究,政府采购监管部门决定向卫生部、财政部请示。卫生部答复:只要进入《中华人民共和国药典》的,都是经过长期实验论证的,是安全有效的;财政部意见:除使用国际组织和外国政府贷款的项目,均适用《政府采购法》相关规定。

经查,"酵母型"和"细胞型"乙肝疫苗均是《中华人民共和国药典》中常规收录的品种,适用人群均为新生儿。

点评分析

该案存在几个可供讨论的话题：采购人提出的采购需求是否合法？安全、无毒副作用的标准是什么？采购活动尚未开始，在征集供应商的过程中，潜在供应商是否可以提起质疑和投诉？采购文件包括哪些内容？对《政府采购供应商投诉处理办法》（财政部第20号部长令）第十条第一款的规定，即投诉人是参与所投诉政府采购活动的供应商应如何理解？

该案涉及的法律依据有以下几条：（1）《政府采购法》第五条规定，任何单位和个人不得采用任何方式，阻挠和限制供应商自由进入本地区和本行业的政府采购市场；（2）第五十二条规定，供应商认为采购文件、采购过程和中标成交结果使自己的权益受到损害的，可以在知道或者应知其权益受到损害之日起7个工作日内，以书面形式向采购人提出质疑；（3）第四十二条规定，采购文件包括采购活动记录、采购预算、招标文件、投标文件、评标标准、评估报告、定标文件、合同文本、验收证明、质疑答复、投诉处理决定及其他有关文件资料；（4）《中华人民共和国药典》以及国家有关部门的答复。

最终，该案的处理结果是：根据《政府采购法》、《中华人民共和国药典》及国家有关部门的意见，监管部门及时向相关当事人反馈情况，协调沟通，同意招标文件中取消限制性条款，允许所有生产乙肝疫苗的供应商参与投标。最终该采购项目取得良好效果，每支疫苗比以往采购价便宜20%，各方都比较满意。

本案带来的启示

政府采购实务操作过程中必须坚持依法采购。一是采购人提出的要求，要有法律依据；二是遇到疑难问题要多请示、多论证，寻找法律依据；三是要加强协调与沟通，尽可能依法妥善处理。

案例二　发生在投标环节的投诉案

标书内容粘贴错误该如何处理
——由一起视频系统投标案例引发的思考

基本案情

某采购代理机构受采购人委托采购会议视频系统。采购结果公布后，采购人提出，第一中标人的产品技术参数上存在偏差，不能满足招标文件要求，要求取消其中标结果，由第二中标人中标。

监管部门受理后，根据采购人的强烈要求，组织由采购人、代理机构等方面代表参加的调查组制定调查方案,通过多种方法认真进行调查,包括查阅现场记录,调看现场录像,向原厂商发函要求提供技术参数证明,向评审专家调查取证等。

经调查,该供应商的投标产品在个别技术参数上确实有偏差,不完全响应招标文件要求。但评标委员会在评标过程中已经发现这个问题,并经现场研究,认为不是主要技术参数,不影响使用,可不作为负偏离。在评审时,专家均给予扣分处理。中标供应商承认,具体经办人在制作投标文件时发生粘贴错误,有个别指标出现负偏离,也有一些指标是正偏离。供应商及时承认错误,表示愿意积极改正错误,并承担相应的责任,采取补救措施,在原报价不变的情况下,完全满足招标文件的要求并履行合同。如果决定取消中标结果,将认真吸取教训。代理机构多次与采购人沟通,提出两个解决方案——给予补偿或取消中标结果,但采购人均不同意。采购人提出,供应商的行为严重违法,监管部门应认真调查,严肃处理。采购人要求废标,并直接给得分排名第二的供应商中标。

点评分析

该案例中存在以下几个需要分析和厘清的问题:一是根据现有证据,能否认定供应商违法?二是这种情形是否可以作废标处理?三是能否认定中标结果无效?四是可否取消供应商中标资格?五是取消第一中标人资格后,是否可以直接由得分排名第二的供应商中标?

第一,根据现有证据,违法性质不能认定

此案中,如果不是对招标文件中打＊号、下划线等重要技术参数不响应,只能认定其部分技术指标有偏离、有失误。供应商没有如实说明情况,不能认定其"提供虚假材料",其性质属于有轻微错误或不诚信,但认定其违法依据不足。例如:一个人是大专学历,但在填写履历表时填了大学,是提供情况不实,属于不诚实;如果伪造学历,就属于造假,其性质不同。

第二,不符合法律规定的废标情形,废标理由不充分

《政府采购法》第三十六条规定,在四种情况下应予废标:一是符合专业条件的供应商或者对招标文件作实质性响应的供应商不足3家的。二是出现影响采购公正的违法、违规行为的。三是投标人的报价均超过了采购预算,采购人不能支付的。四是因重大变故,采购任务取消的。

《政府采购货物和服务招标投标管理办法》第五十七条规定:"废标后,除采购任务取消情形外,招标采购单位应当重新组织招标。需要采取其他采购方式的,应当在采购活动开始前获得设区的市自治县以上人民政府财政部门的批准。"

如果要废标,须由财政部门认定其违法,中标结果无效,取消中标资格。本案中,不能认定其违法,也不符合法律规定的废标情形,因此,不能做废标处理。

第三,不能认定中标结果无效

根据《政府采购货物和服务招标投标管理办法》第七十七条规定:"……上述行为影响中标结果的,中标结果无效。"认定中标结果无效的关键是供应商的行为有无影响中标结果。从调查情况看,在评审过程中,评标委员会已经发现投标文件技术响应上存在偏差,但不影响用户使用。经研究,"一致认为属轻微负偏离,应重点考虑性价比"。7位评审专家在技术响应指标评审打分时均作了扣分处理,没有影响中标结果。

第四,取消中标人资格依据也不充分

根据《政府采购货物和服务招标投标管理办法》第五十四条之(四)规定,评标委员会在评标过程中,认为排在前面的中标候选供应商的最低投标价或者某些分项报价明显不合理或者低于成本,有可能影响商品质量和不能诚信履约的,应当要求其在规定的期限内提供书面文件予以解释说明,并提交相关证明材料;否则,评标委员会可以取消该投标人的中标候选资格。本案已经评审结束,如果要取消中标候选资格,需要组织评标委员会重新进行评审,如属于重大失误,才可以取消。

第五,根据本案的特定情形,取消第一中标候选人资格后不能直接由得分排名第二的供应商中标

根据《政府采购货物和服务招标投标管理办法》第八十二条规定:"有本办法规定的中标无效情形的,由同级或者上级财政部门认定中标结果无效。中标无效的,应当依照本办法规定从其他中标人或者中标候选人中重新确定,或者依照本办法重新进行招标。"经查阅招标文件,评标委员会按招标文件规定只推荐了1名中标候选人。因此,如果本案废标,取消第一中标候选人资格,应当重新进行招标,不能直接由得分排名第二的供应商中标。

本案带来的启示

政府采购监管部门要积极宣传政府采购法及相关法律法规,不断提高采购人依法采购意识;对采购人提出的要求,要依照法律,合理合法的可以满足,不合理不合法的不能迁就;在投诉处理过程中,要注意方法,做到有理有据,耐心做好解释工作,同时还要注意保护自己。

案例三 发生在评标环节的投诉案

是采纳专家两次复审得出的意见,还是采信投诉人提供的专业书籍?

技术指标是否实质性响应谁说了算

基本案情

某代理机构组织对环境监测仪器采购项目进行公开招标。经依法组建的评标委员会评标,M 公司被推荐为第一中标候选人。中标结果公布后,第二中标候选人 R 公司对第一中标候选人的产品提出质疑,代理机构依法进行了答复。R 公司对代理机构质疑答复不满意,向财政部门投诉。

投诉人认为,第一中标候选人 M 公司的产品属于非抑制型离子色谱,没有任何抑制器,不符合招标文件中"3.6 抑制器:具有高容量,免维护,低噪声和稳定的基线"的要求,认为中标人是以虚假或混淆是非的方式来应付或蒙蔽专家,并提供了相关专业书籍和色谱技术丛书作为证明材料。

点评分析

本案所涉及的采购项目是一个专业性很强的项目。投诉的焦点在于,中标产品是否有抑制器、其技术指标是否符合招标文件要求实质性响应。那么财政部门该如何认定投标文件的技术指标是否响应招标文件要求?投诉人提供的专业书籍能否作为有效证据采信?

关于技术指标是否响应招标文件要求,应当由依法组建的评标委员会认定。如果有争议,可以组织评标委员会专家进行复审,听取专家的意见。必要时,也可请权威专业机构进行论证。

根据《政府采购货物和服务招标投标管理办法》(财政部第 18 号部长令)第四十四条规定,评标工作由招标采购单位负责组织,具体评标事务由招标采购单位依法组建的评标委员会负责,并独立履行下列职责:审查投标文件是否符合招标文件要求并作出评价。

此外,国家七部委制定的《评标委员会和评标方法暂行规定》对招标文件是否实质性响应、哪些情况属于重大偏差及细微偏差有比较明确的规定,可以作为参考。

《评标委员会和评标方法暂行规定》第二十五条明确下列情况属于重大偏差:(1)没有按照招标文件要求提供投标担保或者所提供的投标担保有瑕疵;(2)投标文件没有投标人授权代表签字和加盖公章;(3)投标文件载明的招标项目完成期限超过招标文件规定的期限;(4)明显不符合技术规格、技术标准的要求;(5)投标文件载明的货物包装方式、检验标准和方法等不符合招标文件的要求;(6)投标文件附有招标人不能接受的条件;(7)不符合招标文件中规定的其他实质性要求。

投标文件有上述情形之一的,为未能对招标文件作出实质性响应,并按本规定第二十三条规定作废标处理。招标文件对重大偏差另有规定的,从其规定。

《评标委员会和评标方法暂行规定》第二十六条明确:细微偏差是指投标文件在实质上响应招标文件要求,但在个别地方存在漏项或者提供了不完整的技术信息和数据等情况,并且补正这些遗漏或者不完整不会对其他投标人造成不公平的结果。细微偏差不影响投标文件的有效性。

评标委员会应当书面要求存在细微偏差的投标人在评标结束前予以补正。拒不补正的,在详细评审时可以对细微偏差作不利于该投标人的量化,量化标准应当在招标文件中规定。

本案中,采购代理机构收到质疑后,组织相关评委及采购人代表复核。复核意见是,根据质疑人提供的材料,无法得出中标公司虚假投标的结论,建议维持原中标结果。

财政部门接到投诉后,再次组织原评标委员会专家进行复核。复核意见是,M公司投标文件中关于"3.6抑制器"项是有明确响应的:阳离子采用电子抑制器一套,无化学损耗,并在备注项有详细说明;未发现投诉人所说的"以虚假或混淆是非的方式来应付或蒙蔽专家"的行为。

经查阅项目评分表和汇总表,本项目公布的中标候选人是评标委员会根据招标文件要求和评标办法对各投标人进行打分,根据总分排名提出推荐名单,合法有效。

经财政部门审查,认为根据现有证据不能证明M公司所投产品离子色谱仪不能满足招标文件的要求。投诉人提供的相关专业书籍和色谱技术丛书,仅代表学术观点,不能作为认定的标准,因此不能作为有效证据采信。

综上所述,投诉人的投诉缺乏依据,根据《政府采购法》第五十六条、《政府采购供应商投诉处理办法》第十七条之规定,财政部门作出了驳回的投诉处理决定。

案例四 供应商违法违规投诉案

真假合同之争

投标人18万元的业绩合同变身218万元;
同一供应商提交了两份质疑书;

代理机构对合同真实性的认定反成供应商之矛；
投诉人撤回投诉后财政部门继续查处违法行为；
法官释法后原本理直气壮的原告打起了退堂鼓。

基本案情

2011年3月10日，某代理机构实施某校食堂厨房设备政府采购项目。中标候选人公布后，未中标供应商FY厨具酒店用品制造有限公司（以下简称FY公司）于3月11日向代理机构提出书面质疑，其中包括中标候选人SX厨房设备有限公司（以下简称SX公司）在投标文件中提供虚假业绩证明材料的内容。3月15日，FY公司又递交书面质疑，内容不包括上述内容。3月21日，代理机构经调查后回复称，质疑供应商质疑来函3月13日收悉，就有关质疑内容作了答复，但未涉及中标候选人提供虚假业绩证明材料的情况。4月8日，供应商向财政部门提出投诉称，中标候选人提供虚假材料谋取中标，应取消其中标候选人资格，并依法作出处罚。

财政部门受理投诉后，分别向项目代理机构、中标候选人及其他有关方面进行了调查取证。代理机构书面说明称：投诉人质疑时并未提出中标候选人提供虚假业绩证明材料的问题，同时经专门调查中标候选人投标文件中提供的合同系真实的，已履约验收完毕。中标候选人亦书面保证，其提供的合同是真实的。但财政部门经进一步调查：SX提供的业绩证明合同的采购人某教育基地证实，该合同系应SX公司的要求而签订的；从该业绩项目所在地政府集中采购机构调取的合同原件表明，SX公司与某教育基地的实际采购金额为18万元。至此，SX公司为谋取中标与其他当事人合谋签订虚假业绩合同的真相得以还原。财政部门于是决定暂停政府采购活动，并拟依法作出处理。

但是，投诉人却于5月17日书面提出撤回其投诉，采购人提出如果该项目重新组织采购活动，时间上将无法满足学校开学后人员就餐需要。考虑到项目的特殊情况，财政部门决定终止投诉处理，并继续对SX公司的违法行为进行调查处理。

12月31日，财政部门作出处罚决定：SX公司在投标文件中提供的合同，系当事人为提高经营业绩，在没有买卖关系的情况下签订的虚假合同，其行为违反了《政府采购法》第三条和第二十五条的规定，扰乱了政府采购市场秩序，造成了不良影响。根据《政府采购法》第七十七条的规定，将SX公司列入不良行为记录名单，两年内禁止参加政府采购活动。

SX公司不服，向法院提起行政诉讼，坚持称：其提供的业绩合同是真实有效的，代理机构已予确认，财政部门认定其虚假并作出处罚决定没有法律依据；财政部门在投诉人撤回投诉的情况下，仍然对其实施处罚存在程序违法,请求法院撤销处罚。后经办案法官向SX公司法律释明,SX公司在审理过程中提出自愿撤回起诉申请,法院于2012年3月23日裁定予以准予,该案最终结束。

点评分析

本案当事人提出质疑到法院作出裁定,期间整整一年,经历了供应商质疑、供应商投诉、财政部门终止投诉处理、作出处罚决定、法院诉讼等环节,耗费大量精力。虽最终得到依法妥善处理,但其中反映的一些问题却值得我们进一步思考和借鉴:供应商业绩合同真假的认定标准应如何把握?对质疑的回复可否有选择地进行?投诉人撤回投诉后财政部门能否继续对违法行为进行调查处理?作出行政处罚决定时应如何准确适用法律?

第一 真假合同的认定标准

本案中,SX公司为提高经营业绩,与他人合谋签订虚假合同。在其他供应商提出质疑投诉后,代理机构只是程序性地向SX公司及虚假合同的相对方进行了解,并仅仅根据虚假合同双方当事人的说明就作出认定:该合同真实有效且履约验收完毕。甚至该结论在后续的行政诉讼中,也成为支持SX公司主张对抗财政部门投诉处理决定的直接依据,给财政部门的投诉处理工作造成了被动。工作实践中,对合同真假的认定可以这么简单地下结论么?试想,既然虚假合同的相对人可以答应与SX公司签订虚假合同,完全就可以再一次按SX公司的要求作合同系真实的虚假说明,代理机构的调查工作和结论明显失于严谨。相反,财政部门在收到投诉后,并没有简单地听取SX公司、虚假合同相对人甚至代理机构的意见,而是深入合同所涉项目的实地进行察看,并调取了项目实施情况的原始资料,在此基础上向有关当事人进一步调查,最终使得虚假合同无处遁形。在充分调查的基础上,财政部门才认定SX公司提供了虚假材料谋取成交,并依法作出处罚。

代理机构和财政部门对合同真假认定结论的截然相反,反映了政府采购实践中的一个突出问题:对一些存疑的问题,往往对深入调查存在畏难情绪,疏于全面收集证据,习惯于程序性地要个材料、问个情况,在调查不充分的情况下可能导致错误的事实认定。当然,代理机构作为操作机构,在调查取证权限方面受到客观限制,难以作深入调查。但在结论上,就更应当稳妥慎重,不宜作绝对化的认定,如可以表述为"未发现"虚假的情况,避免给后续工作造成被动。

第二 供应商质疑内容的把握

本案中,代理机构在答复供应商质疑时,选择性地答复了一些问题,但对于供应商前一份质疑中提到的虚假合同问题避而不谈,反而在向财政部门出具的说明中称:投诉人在质疑阶段并未提出该问题。这里涉及一个问题:供应商提出多份质疑的,应如何确定其质疑的内容?

《政府采购法》第五十二条规定:供应商认为自己的权益受到损害的,可以在知道或者应知其权益受到损害之日起 7 个工作日内,以书面形式向采购人提出质疑。据此,供应商提出质疑有三个条件:一是属于参加政府采购活动的供应商;二是在知道权益受损之日起 7 个工作日内提出;三是以书面形式提出质疑。其他方面如提出质疑的次数、质疑文件的具体名称等,法律并未作出限制性规定,同样作为政府采购当事人的采购人或者采购代理机构,与供应商在法律上属于平等的当事人,在无其他进一步规定的情况下,自然无权突破法律的规定对供应商质疑的权限作出限制。也就是说,如果供应商在法定质疑期限内提出多份书面质疑,均符合法律规定,涉及不同内容的,采购人或者代理机构均应依法作出答复。当然,实践中如果供应商之后提供的质疑书明确表示撤销之前提供的质疑书全部或分部内容或者以之后提前的质疑为准,法律亦应尊重其意思自治,采购人或代理机构在答复时应加以区别。供应商如果之后提交的质疑超过法定期限,采购人或者代理机构应以不符合法律规定为由不予受理,对符合法律规定的质疑作出答复。

第三 终止投诉后的违法行为处理

投诉处理实践中,供应商提起投诉后,由于种种原因会申请撤回投诉,这是法律法规赋予供应商的权利,应当予以尊重。根据《政府采购供应商投诉处理办法》第十七条的规定:投诉人撤回投诉的,财政部门应终止投诉处理。本案中,投诉人在投诉处理期间,书面申请撤回投诉,财政部门依法作出终止投诉处理的决定并不无妥。问题在于,财政部门在前期投诉处理过程中,已发现 SX 公司存在提供虚假材料谋取中标的违法行为,对该违法行为的调查处理是否因终止投诉处理决定而随之停止呢?

从法律制度的本意层面,投诉处理程序与供应商违法行为调查处理是两个独立的程序。两者的价值取向不同:投诉处理程序意在维护供应商的合法权益;违法行为调查处理意在维护政府采购法律的正确执行,纠正违法行为。两者的启动原因不同:投诉处理程序只有供应商认为自身权益受到损害且经合法质疑程序,向财政部门提出投诉后才能启动,财政部门不能自行启动投诉处理程序;违法行为调查处理则不同,其启动来源可能是采购人、代理机构的情况反映,可能是其他供应商甚至其他单位或个人的举报,也可能是财政部门的日常监管中自行发现,财政部门不需要其他外力申请就可自行启动违法行为调查处理。尽管在实践中,由于供应商权益受到损害往往伴随着其他采购当事人的违法行为,因此在投诉处理程序中常常涉及违法行为的处理,对两个问题的合并处理体现了行政效率原则,但二者的相互独立性并不因此丧失或混同。

本案中,投诉人撤回投诉申请经财政部门审查,决定终止投诉处理,终结的仅仅是投诉处理程序。但财政部门在工作发现了供应商的违法行为,依职权可以进行调查处理,并对其作出处罚,程序上并不违法,反而是行使政府采购监督管理权、严格执行政府采购法律、维护政府采购市场秩序的需要。

第四　法律的准确适用

《政府采购法》第七十七条明确规定,供应商提供虚假材料谋取中标、成交的,应处以采购金额千分之五以上千分之十以下的罚款,列入不良行为记录名单,在一至三年内禁止参加政府采购活动,有违法所得的,并处没收违法所得,情节严重的,由工商行政管理机关吊销营业执照;构成犯罪的,依法追究刑事责任。

经财政部门依法全面调查,本案中标候选人SX公司提供虚假材料谋取中标的事实清楚、证据确实充分,应当依照上述法律规定作出处罚:列入不良行为记录名单,两年内禁止参加政府采购活动。问题在于,该处罚后果仅涉及行政相对人参加政府采购活动资格,而未涉及经济处罚方面的后果。严格地对照法律规定,是不够严谨和规范的。该案进入行政诉讼程序后,案件审理法官在向SX公司进行释明法律时也强调:如果SX公司坚持要起诉,那么法院将依据法律规定以财政部门适用法律不当为由,撤销原处罚决定并要求财政部门重新作出处罚决定,SX公司除了面临禁止参加政府采购活动外,而将承担处以采购金额千分之五以上千分之十以下的罚款、没收违法所得的经济惩罚后果。尽管法官释法令SX公司知晓利害后自动撤诉,客观上使得案件得以妥善解决。但同时也说明财政部门在执法过程中,存在法律适用不够严谨规范的问题。如果本案原告坚持不撤诉,法院审理后极有可能判决撤销原处罚决定,要求财政部门重新作出处罚。因此,法律规定某种行为既要予以行为罚(禁止参加政府采购活动)又要给予经济罚(罚款、没收违法所得)时,财政部门应当严格执行法律规定,不得随意取舍,否则就是裁量权的滥用,有可能引发不必要的法律后果。

案例五　投诉处理技巧

举报信直指潜在投标人"涉嫌"商业贿赂,监管部门该如何作为?

依法行政

基本案情

某医疗设备项目招标前,采购人接到举报,反映购买标书者M公司涉嫌商业贿赂。当时全国正在开展治理商业贿赂活动,医疗卫生、政府采购都是重点治理领域。采购人单位高度重视,连夜召开党组会研究,决定取消 M 公司的投标资格。M 公司向财政部门反映,财政部门随后进行了调查,并要求举报人出具 M 公司涉嫌商业贿赂的有效证据。举报人向财政部门提供了某晚报、某网站报道的关于 M 公司涉嫌商业贿赂的报道。

点评分析

该案涉及三个问题,一是供应商"涉嫌"商业贿赂可否取消投标资格?二是网上下载的资料可否作为证据采信?三是采购人单位党组会可否决定取消供应商投标资格?

这三个问题的答案都是否定的。《政府采购法》第五条规定:"任何单位和个人不得采用任何方式,阻挠和限制供应商自由进入本地区和本行业的政府采购市场。"第二十二条规定:"供应商参加政府采购活动应当具备下列条件:(1)具有独立承担民事责任能力;(2)具有良好的商业信誉和健全的财务会计制度;(3)具有履行合同所必需的设备和专业技术能力;(4)参加政府采购活动前三年内,在经营活动中没有重大违法记录;(5)法律、行政法规规定的其他条件。"第八十三条规定:"任何单位或者个人阻挠和限制供应商进入本地区或者本行业政府采购市场的,责令限期改正;拒不改正的,由该单位、个人的上级行政主管部门或者有关机关给予单位责任人或者个人处分。"

第一 "涉嫌"不行,必须"查实"

供应商是否有资格参加投标,一要根据法律规定,二要根据招标文件约定,三要看提供的证据有无法律效力。如果接到举报,反映供应商只是"涉嫌"商业贿赂,而并没有"查实",也没有提供有效的证据,仅凭"涉嫌"是不能取消供应商的投标资格的。

第二 网上资料不能作为证据采信

认定供应商是否存在商业贿赂行为,必须证据确凿,从网上下载的材料及晚报报道等不能作为有效证据采信。

第三 单位党组会不能决定取消供应商投标资格

取消供应商投标资格必须依据政府采购法相关规定。

对于该案的处理,财政部门首先要求举报人提供有效证据;同时请纪检监察部门共同研究,并向评标委员会如实通报情况。

本案带来的启示

借助外力,依法妥善处理。

案例六 采购人能否自请专家重新审核中标方案

发出的中标通知书石沉大海,采购人为何迟迟不签合同?

采购人中标后不签合同该如何处理

基本案情

2008年3月,监管部门收到供应商来信,反映某单位消防设施改造项目,中标通知书发出一年多,采购人至今不与中标、成交供应商签订合同。经调查,来信反映情况属实。该项采购活动程序合法,采购结果有效,且整个采购活动采购人均参与并认可。如标书制定经过采购人同意,评审专家抽取采购人参加并签字确认,评审严格按照招标文件要求进行并有两名采购人代表参加,评标结果经过采购人代表签字确认,招标全过程经公证处公证,已向中标人发放了中标通知书,并在政府采购指定媒体上发布了中标成交公告。

经进一步调查,中标通知书发出后,采购人曾向中标人提出变更地点、修改实施方案等要求,中标单位立即根据采购人要求上门重新测量、修改方案、做概算。后因采购人单位领导班子调整,一直没有与中标人签订采购合同。在中标人的一再催促下,采购人自行找消防部门进行审核,拿到了一份在原地做消防设施改造采购项目不安全的意见,并据此拒绝与中标人签订合同。

点评分析

本案涉及了三个问题,一是中标通知书发出后,采购人是否可以不签合同?二是采购人自行请人进行审核是否具有法律效力?三是如果采购人拒签合同应当如何处理?

第一 采购人拒签合同当受罚

根据《政府采购法》第四十六条规定,采购人与中标、成交供应商应当在中标、成交通知书发出之日起30日内,按照采购文件确定的事项签订政府采购合同;中标、成交通知书对采购人和中标、成交供应商均具有法律效力。中标、成交通知书发出后,采购人改变中标、成交结果的,或者中标、成交供应商放弃中标、成交项目的,应当依法承担法律责任。本案中,采购人在中标通知书发出后,不与中标人签订合同,违反了《政府采购法》上述规定,中标人可以要求其承担法律责任。

关于此类行为的处罚,《政府采购法》第七十一条规定,采购人、代理机构在中标、成交通知书发出后不与中标、成交供应商签订采购合同的,责令限期改正,给予警告,可以并处罚款,对直接负责的主管人员和其他直接责任人员,由其行政主管部门或者有关机关给予处分,并予通报。因此,本案中,监管部门依法可责令采购人限期改正,给予警告,并处罚款、通报等。

第二 采购人自行请人进行审核不具有法律效力

采购人自行请人进行审核不具法律效力。请有关单位进行消防审核,应当在采购项目实施前进行,并将有关要求在标书中明确。中标结果出来后再自行请人进行审核,并以此作为不签合同的理由,不具法律效力。

第三 行政处罚不是目的

本案中,财政部门虽然依法可以做出行政处罚,但考虑到采购人单位的特殊性、人事变动等实际原因,另外也考虑到继续实施该项目确实存在一些不安全因素,或中标供应商愿意调解以及对政府采购的影响等,财政部门参照外交照会的方式,先通过函告的形式,宣传《政府采购法》,告知采购人的做法不符合相关规定,依法应当受到何种处罚,要求正确妥善处理。函告内容如下:

(1)监管部门接到来信,反映你单位消防设施改造项目,中标通知书发出一年多至今,仍不与中标、成交供应商签订采购合同。经调查,情况属实。

(2)经向你单位、中标供应商、采购代理机构调查,并查阅采购项目档案,此次政府采购招标评标过程未发现违反《政府采购法》的行为。采购活动按照《政府采购法》程序操作,谈判过程经公证处现场公证,评标意见已经你单位用户代表和监管部门代表签字确认。

(3)现该项目中标通知书已发出一年,你单位至今未与中标人签订合同,违反了《政府采购法》第四十六条规定。

(4)中标通知书发出以后,你单位提出不能签订政府采购合同的理由如工程地点改变等,以及自行找第三方单位进行审核等做法,没有法律方面的依据。

(5)根据《政府采购法》第七十一条的有关规定,如不履行将会受到何种处罚。要求采购人按照《政府采购法》规定办理,维护政府采购当事人在政府采购活动中的合法权利,并履行应当承担的义务。

(6)该案由财政、监察、审计3家联合发整改通知书,要求限期整改并报结果。采购人很快给专项检查办公室专题报告,经与供应商协商,双方达成一致意见,问题得到妥善解决。

主要参考文献

1. 马海涛,等.政府采购管理.北京:北京大学出版社,2011.
2. 肖建华,等.政府采购.大连:东北财经大学出版社,2011.
3. 熊小刚,等.政府采购.北京:对外经济贸易大学出版社,2013.
4. 于安,等.政府采购方法与实务.北京:中国人事出版社,2012.
5. 张通.中华人民共和国政府采购法讲座.北京:经济科学出版社,2003.
6. 中国政府采购十年编委会.中国政府采购十年.北京:中国财政经济出版社,2011.
7. 张传.政府采购法比较研究.北京:中国方正出版社,2007.

后 记

政府采购作为公共财政框架不可或缺的组成部分，起源于西方市场经济国家，经过200多年的发展已日益完善。在借鉴国际经验的基础上，我国政府采购于1996年开始试点，经过多年的发展，政府采购范围不断拓展、规模不断扩大、宏观调控作用不断增强，政府采购制度框架基本建立，政府采购管理方式和程序逐步完善，国家、地方出台了一系列政府采购制度政策。特别是近年来，国家在政府采购规范管理、政府购买服务、政府批量集中采购等方面出台了一系列新的政策。为了适应对政府采购相关当事人培训的需要，我们组织政府采购专家、学者和专业人士编写了本书，参加本书编写的同志有孙文基、戴民辉、欧国平、吴小明、陶雨花、茆晓颖、陈忠、邵伟钰、孙峻可、龚云峰、华静娴、王建明、陈网英、王坤鹏、陶小星、丁伯文、唐正香、俞雪华等。

本书编写得到了江苏省财政厅领导的关心和指导，得到了苏州大学出版社的大力支持，在此表示感谢。

在教材编写过程中，参考了大量的文献资料，在此，向各位文献资料的作者表示衷心的感谢。

由于时间和水平有限，本书难免挂一漏万，恳请各位专家、学者及同仁批评指正。

编　者

2014年8月5日